2025年度版

公務員試験 小論文の秘伝

TAC公務員講座講師
山下純一

TAC出版
TAC PUBLISHING Group

はじめに

こんにちは。山ちゃんことTAC公務員講座の山下です。

私は、TAC公務員講座の担任として、ホームルームや論文道場という独自の企画を通じて、たくさんの公務員試験合格者の小論文対策のお手伝いをしてきました。その際、最も留意したのが、**小論文のベースに必要な問題意識を持つ**、ということです。したがって、**問題意識をしっかりと持った「チョット賢い受験生」になってもらいたい**、との思いを持って指導してきました。私が直接指導できない人にも、この「チョット賢い受験生」候補者はたくさん存在するはずです。ということで、**本書を通じて「秘伝」を初公開**しようということになりました。

本書は、テーマごとの解答のポイントがわかりやすくなるように、**私と受験生２人のブレストでテーマの概要をかみくだいて**います。また、国家（国家一般職・裁判所職員）と地方上級という**試験種別の編集**をしていますので、より効果的な対策ができます。とりわけ国家一般職は、これから出題されそうなテーマについて**予想問題を中心に掲載**してあります。さらに、入手しにくい**過去問の情報**までも、掲載しました。これらを念頭に、イラストと見やすいレイアウトで「秘伝」を公開しています。

本書を通じて、ぜひ**問題意識に富んだ「チョット賢い受験生」**になっていただけたら、と思います。

2024年１月　山下純一

本書は、私が長年の受験指導によって完成させた独自の小論文試験対策を、公務員試験受験生のためにまとめたものです。まさに「山ちゃんの秘伝」そのものといえる本書で、合格を目指してください。

本書の使い方

◎本書は国家一般職、裁判所職員、地方上級など、公務員試験の小論文試験に対応しています。

◎第１章は、**小論文試験対策をする前に知っておきたいこと**をまとめています。どの試験種を受験される人も、かならずご一読ください。

◎第２章は、四つのパートに分かれています。

(1) テーマ１～10は、**国家・地方上級に共通して出題されるテーマ**です。すべての試験種を受験される方に重要なテーマですので、かならずお読みください。

(2) テーマ11～15は、近年、**独特の出題傾向にある国家一般職について、予想問題を中心に掲載**しています。国家一般職志望以外の人も、時間に余裕のある人は目を通しておいてください。

(3) テーマ16～20は、**地方固有の問題を扱った、地方上級頻出のテーマ**です。地方上級試験を受けない人も、公務員試験全般の傾向をつかむために、ご一読されることをおすすめします。

(4) テーマ21～25は、**これから出題が増加しそうなテーマ**を掲載しました。公務員の小論文試験全般の新傾向をつかむために、ご一読されることをおすすめします。

志望試験種＼本書のパート	(1) テーマ1～10 国家・地方上級共通	(2) テーマ11～15 国家一般職	(3) テーマ16～20 地方上級	(4) テーマ21～25 国家・地方上級共通
国家一般職	◎	◎	○	○
裁判所職員	◎	△	○	○
地方上級	◎	△	◎	○

◎：必ず読んでください　○：読むことをおすすめします　△：時間があったら読んでください

◎読者特典として、ダウンロードサービスにより、各種公務員試験で出題された小論文の問題をご覧いただけます（P.317参照）。みなさんが志望する試験種について、ご確認ください。

◎本書では、試験年度を「実施年度」で表しています。
2023年試験→**2023年に実施された**試験を指します。

●第2章（テーマ1～20）の学習法●

Q1　Q2 類題	代表的な過去問題、類題をピックアップしています(類題は掲載がないテーマもあります)。 国家一般職を中心に、今後出題が予想されるテーマについて、予想問題を掲載しています。
 出題意図と対策	各テーマの出題傾向、公務員試験として出題する意図、対策のポイントをまとめています。
 ブレーンストーミング ～テーマのポイントを探ってみよう	山ちゃん、A君、Kさんの3人によるブレストで、テーマの概要と小論文作成のポイントをわかりやすくかみくだきます。この内容が本書の目玉です。みなさんの問題意識の涵養に役立つものですので、じっくり読んでください。
 答案の流れをつくってみよう	答案作成の前に、A君、Kさんが構成のメモを作り、山ちゃんがアドバイスをします。
 Q1 Kさんの答案例（裁判所事務官）  山ちゃんの講評	A君、Kさんの答案例と、それに対する山ちゃんの講評です。答案例は、合格レベルのものを掲載しています。いくつかのテーマでは、「イマイチ答案」の添削も載せています。添削がどう活かされているかを見比べてみましょう。

以上を参考として、「**あなたの問題意識**」で答案を作成してみましょう。試験で問われるのは、**あなたの考え方**なので…。

CONTENTS

(3) 地方上級

(4) ネクスト5

(番外編)

山ちゃんの小論文道場

コラム 合格者の小論文対策

第１章

小論文対策の前に

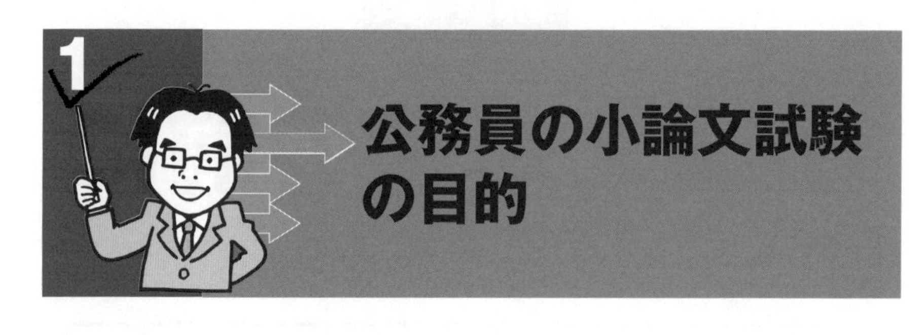

公務員の小論文試験の目的

1 知識ではなく意識を問う

小論文試験で何が問われるか？　その答えは、ズバリ**問題意識**です。公務員試験では、ペーパーテストでさまざまな分野の知識・能力を問われるので、公務員として必要な知識・事務処理能力のスクリーニングは、そこで終わったといっても過言ではありません。したがって、**小論文試験の目的は、さまざまな社会問題に対する問題意識を問うという、別の側面に重点があります。**「あなたの考えを述べてください」という問題設定は、その証です。

公務員は、社会のニーズに敏感に反応し、より豊かな社会を創造していくクリエーターです。しかし、社会の抱える問題は多岐にわたり、それを解決するのは容易なことではありません。みなさんを**公務員として迎える側は、このような問題を日ごろから意識している人を欲しがっている**のです。

小論文試験においては、これを書けば正解というものはありません。問題に対する施策においても、それが正解であればすでに行政は実行しているでしょう。また、そのようにすぐ解決できる問題は、たいした問題ともいえないでしょう。社会問題

のほとんどは、あちらを立てればこちらが立たずといった複雑さをかかえ込んでいます。その解決にあたるのが公務員であり、両者の兼ね合いをどのようにすべきかで悩ましい日々を送っているのです。ですから、**小論文試験で問われるような問題はむずかしい問題なのだという意識を持っているかどうかという点でのスクリーニング、すなわち問題意識を問うことが小論文試験の第一の目的である**と考えます。ある自治体の試験実施要綱には「社会事象への関心、思考力、論理性等を問う」とありますが、これは問題意識が問われていることのなによりの証です。

2 問題意識に基づいた情報であれば加点要素

「小論文試験は情報が勝負だ」ということをよく耳にします。ここにいう情報とは、数値などのデータや自治体の行っている具体的政策などのことを指しています。たしかに、「情報が必要だ」といった側面があることは否定しません。しかし、先ほども述べたように、情報すなわち知識だけを問うのであれば、小論文試験の存在意義はそれほど高いものではありません。**情報というのはいわば素材であり、問題意識という技術があってこそ活かされる**ものなのです。逆にいうと、情報だけを並び立てただけでは、評価を高めることはむずかしいでしょう。**問題意識に支えられた情報であればこそ加点要素と考えて、問題意識に適合した情報を集めましょう。**

3 わかりやすく簡潔に表現する能力

小論文試験で問われるもう一つの要素が、論述力です。いくら明確な問題意識があっても、これを他者に明確に伝えることができなくては、公務員の仲間入りはできません。公務員はみんなで考えた施策を、みんなで実行していくのが仕事なのですから。したがって、**他者にわかりやすい文章を作成する能力が求められます**。また、誤字・脱字＝「明白な誤り」ですから、これらがないことも最低限の基準です。

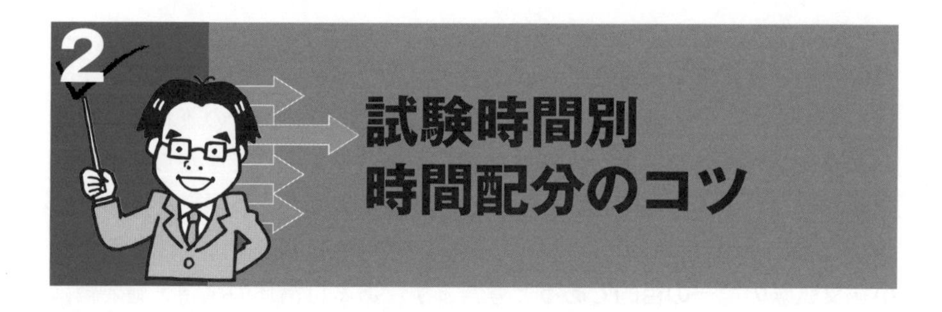

1 考える時間と書く時間を明確に分ける

小論文試験の時間は、一般的に60～90分です。その間に、ⅰ考える→ⅱ構成する→ⅲ書くといった三つの工程を行わなければなりません。そして、このⅰ、**ⅱの工程とⅲの工程を明確に分けた時間配分が必要**です。つまり、**考える時間と書く時間を明確に分ける**ことが肝心なのです。

みなさんの中には、考えながら書いている人がかなり多数見受けられます。しかし、これが失敗の元なのです。これを飛行機でたとえると、フライト中に整備点検をやっているようなものですよ。

2 考える時間と書く時間を半々で

では、どのくらいの時間配分が適切でしょうか。え？　と思われるかもしれませんが、**「考え」を述べるものである以上、ⅰ、ⅱの考える時間が指定時間の半分、ⅲの書く時間が半分**と考えてください。ですから、日ごろから、下記のタイムテーブルを参考に、時間制限をして練習しておきましょう。

●試験時間別タイムテーブル

試験時間	60分	75分	90分	国家一般職(60分)
ⅰ　考える	20分	25分	30分	20分
ⅱ　構成する	10分	10分	15分	5分
ⅲ　書く	30分	40分	45分	35分

※国家一般職は、設問の要求することに応えるうえで、答案の構成の大枠が自然に定まるため、ⅰ、ⅱを合わせた時間を短めに割り当てています。

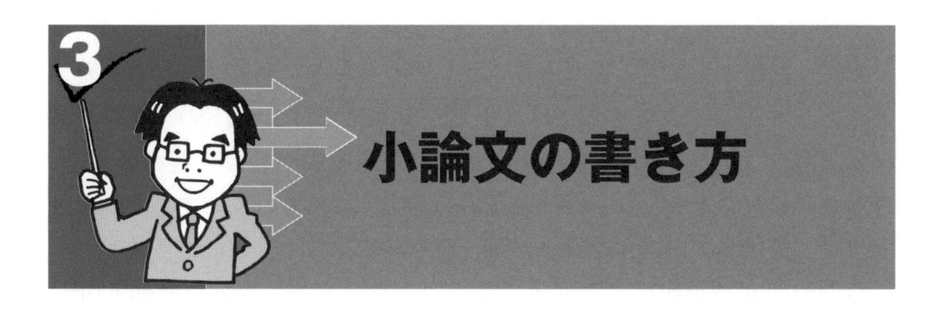

1 小論文を書くために

小論文試験でいちばん大切な「**問題意識**」は、どのようにして身につければよいのでしょうか？

まずは、本書の**第2章をしっかりと読みましょう**。テーマごとのブレストの中で、私と受験生2人の会話の中から、問題意識とはどういうものかが少しずつわかってくるはずです。この本では25のテーマについて論じていますが、もちろんこれですべてではありません。そこで必要なのが、**新聞やテレビなどのメディアを使った問題意識の醸成**です。新聞の場合は、朝刊の社説・論説面や生活面、社会面に目を通しましょう。そして、これ

はと思う記事があったら、スクラップして、ノートに貼りつけ、考えたことなどをメモしておきましょう。また、テレビでは、NHKの「クローズアップ現代」や「NHKスペシャル」などが格好の材料です。テレビは、みなさんに実感をともなった問題意識を残してくれるはずです。それをメモ書きして残しておけば小論文対策になります。

新聞やテレビ番組にアクセスできない人は、有料ですが（月額990円）NHKオンデマンドの会員になって、上に挙げた番組を観ることができます。検討してみてください。

これらを毎日というとたぶん長続きしないでしょうから、**気がついたときに行うように心がけましょう**。そうすれば、合格答案にまた一歩近づくことができるはずです。

2 算用数字・アルファベットの扱い方

算用数字・アルファベットは、１マスに数字二つを書きます。

⇒３桁の場合は、２マスにまたがって数字三つを記入します。

※「6原稿用紙の使い方」も参照

×		○
２０人	⇒	20人で
３０８	⇒	308人
CO_2	⇒	CO_2を

3 論述のパターン　起→承→転→結か序→本→結

よく、文章の見本として挙げられるのが「起→承→転→結」という論述のパターンです。しかし、この「起→承→転→結」がむずかしいのです。たいていは「起→承→転→転」になってしまうのがオチです。しかも、小論文は指定された時間内に書き上げなければアウトです。もし、あの短い時間の中で「起→承→転→結」で書くことができるならば、物書きを目指したほうがいいですよ。それほどの才能が必要なのです。

ということで、**論述のパターンは、「序→本→結」**です。

序論…問題点の具体化・展開→問題意識の呈示

本論…問題点解決の方法の模索

結論…その問題が解決することでどのような社会ができるか

このような流れで論じることができれば、試験の答案としては上出来です。なお、本書に収録した答案例でも各部分との対応をわかりやすく示していますので、答案づくりの参考にしてみてください。

4 小論文の文体

小論文の文体で気をつけなければならないのが、文末表現です。作文型であれば「です・ます」調の文末もダメとはいいませんが、**小論文試験では「だ」か「である」のいずれかを基調にして論じてください。**ちなみに、鷗外ファンの私は、「である」で書きます（森鷗外は、一度も「だ」調を用いなかったといわれています）。

5 小論文の表現に慣れるには

最後に、頭の中にあるものをどうやって文章にしていくか、です。受験生の中には、書くことが苦手…という人がけっこういます。このような人に私が勧めているのが、「**他人のマネっこ**」です。**まずは、誰かの文章を丸写しすることから始めましょう。**まさに写経のように、始めから終わりまで書き写してください。この本に載っている答案例でも結構です。また、新聞に掲載されている学者や専門家などの投稿・寄稿文を丸写ししても結構です。そのうち、どうすれば文章をつなげることができるか、が自然と身についてくるはずです。かくいう私も、大学生のころ、ある新聞記者の文体をまねて文章を書いていました。「**習うより慣れろ**」です。

6 原稿用紙の使い方

原稿用紙の使い方にはルールがあります。例に出した下の文章には、いくつかの問題点があります。問題のある箇所に番号をつけて説明しましたので、このような書き方をしないように、注意してください。

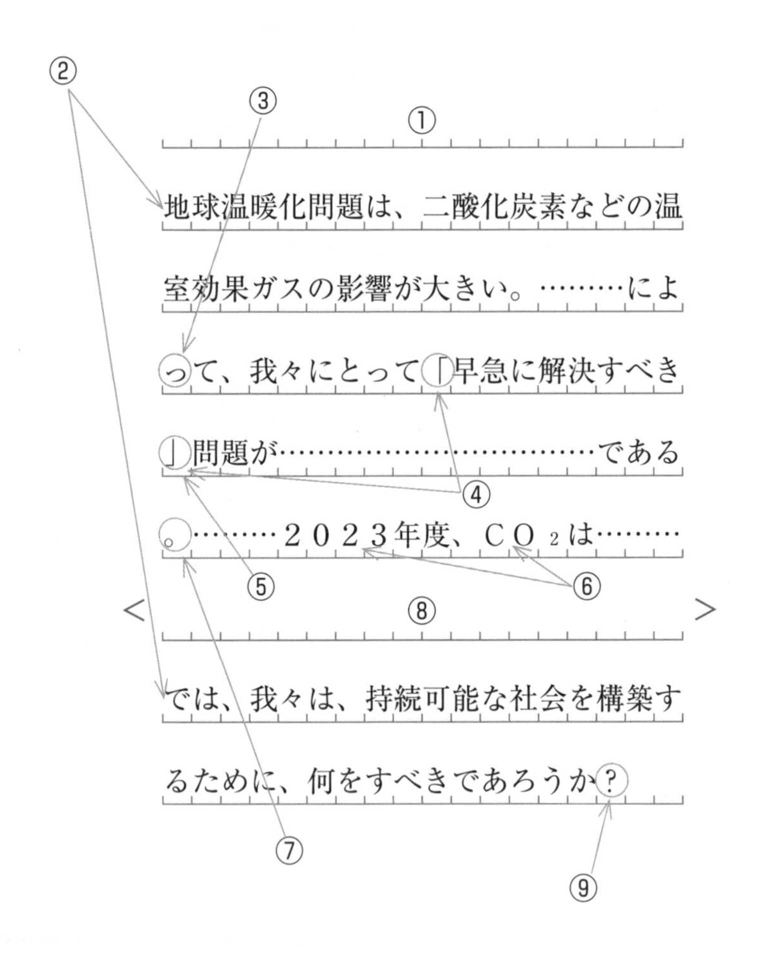

① **書き出しの１行目を空けない**
⇒最初の行から書くこと

② 段落の行頭は１マス空ける

③ 促音（あった）や拗音（しょう）は行頭に置かない

⇒前の行の最後のマスの字と同居させる

④ カギかっこはなるべく強調に用いない

⇒文章表現で強調することを心がける

⇒カギかっこは基本的に問題文などからの引用に用いる

⑤ 閉じるかっこなどの記号は行頭に置かない

⇒前の行の最後のマスの字と同居させる

⑥ 算用数字・アルファベットは１マスに二つを書く

⑦ 句読点は行頭に置かない

⇒前の行の最後のマスの字と同居させる

⑧ 段落の間は行を空けない

⑨ 感嘆符（！）や疑問符（？）は用いない

書き直して字数がマス目に合わなくなった場合で、裁判所の小論文のようにボールペン使用の試験や消して書き換える時間的余裕がない場合には、欄外に追加したり、不要なマスを以下のようにしてつなげればよいでしょう（校正の要領）。

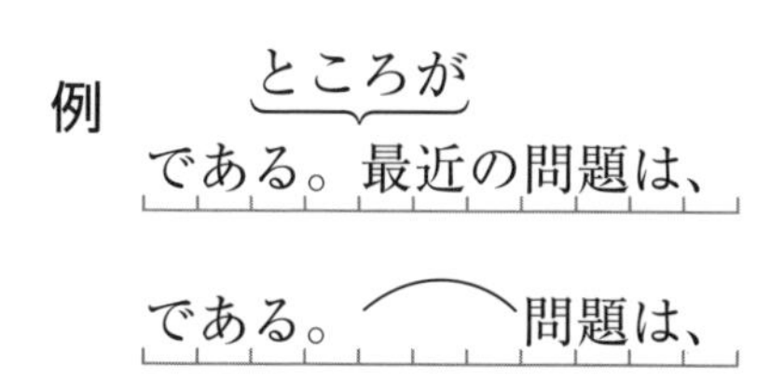

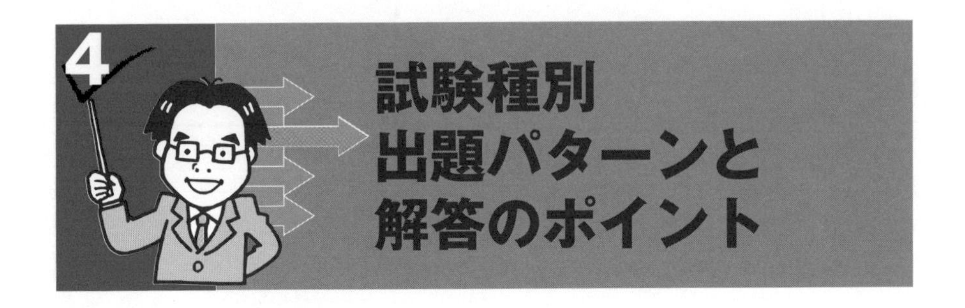

1 国家一般職試験

国家一般職試験の小論文は「一般論文」という試験で、**課題文や数表・グラフを読解したうえで論述を求めるものが主流**です。

その問題設定には、課題文、数表・グラフを参考に、①ある問題の背景や要因、考えを論じさせて、②その対策などを論じさせるという流れがあります。ですから、この流れに即して論述することができるかどうかが第1のポイントになります。逆にいうと、**自分で勝手に問題設定をしてはダメだ**ということになります。

第2のポイントとして、**①から②で要因や社会的背景に絞り込みをかける**ことが求められます。ただし最近では2021年の試験はこの流れに即した出題ではなく、(1)で問題意識を問い、(2)で課題と考えないし取組を提示するというものでした。ただ、(1)の問題意識を前提に課題を提示するという流れはあります。本書を使ってさまざまな問題意識を養ってください。そのときに**「なぜその要因ないし背景か」という問題意識を述べる**ことです。この二つができれば、合格点がつきます。なお、国家一般職では、1,000字以上書かないとダメという噂があります。真偽のほどは定かではありませんが、試験時間を考えると最低でも800字程度は書きたいところです（これまで、1,000字に届かなくても合格した受験生は多数います）。

ポイント

1　問題の要求する流れに沿って論じていく
2　①から②での絞り込みに問題意識を表す

2 裁判所職員試験・地方上級(都道府県、政令指定都市)試験

まず、数行の問題のパターンでは、**問題文の中に論述のヒントがあること**が一般的です。具体的なヒントの捉え方は第２章に譲りますが、この**ヒントを探り出すことが最初にやるべきこと**です。そのヒントを足がかりにして論述の構成を作っていくという解答を心がけてください。

１行問題では、その問題がどのような問題であるのかを具体的に述べたうえで、問題意識につなげていくことが求められます。

ポイント

1　数行の問題文には、必ず論述のヒントがある
　⇒そのヒントを探り出したうえで解答を構成する
2　１行問題は、まず問題の具体例を示す
　⇒具体的に問題を示したうえで問題意識につなげていく

3 地方上級（市役所）試験

社会問題を論じるものである場合は、P.10「公務員の小論文試験の目的」で述べたポイントが該当します。また、作文型の場合は、過去のエピソードなどの事実は、だらだらと書かずに簡潔な記述を心がけてください。

1 国家一般職試験の傾向と対策

2023年の国家一般職試験は、「文化財保護」という誰しも考えたことがないようなテーマでの出題でした。受験生の多くが面食らったことだと思います。添付された資料は、2021年以前と同じ3種類で、さほど読取りが難しいものではなく、①文化財保護法における「文化財」の種類とその対象となるものの一覧、②生活文化等に係る団体のアンケート調査結果、③文化財多言語化解説整備事業の概要でした。資料②は、少子高齢化というわが国の実情がダイレクトに影響を与えていることが明確なもので、これはどう使うかがわかりやすいものでした。しかし、資料①や資料③は文化財保護に関する問題意識とは少し離れた資料とも考えられ、これらをどう使うかについて悩む受験生が多かったかと思われます。私見では、このうち資料③をどう使えたが高得点の要件だったと考えています。詳しくは、第2章番外編1を参考に考察してみてください。

では2024年は、どのような出題が考えられるのでしょうか。

国家一般職の場合、出題論点を考える際に重要なのが、**わが国を取り巻く状況**です。一見これと遠いように見える2023年の出題も、**少子高齢化による文化財保護の担い手の高齢化、その不足が問題意識の一つ**であったことは言うまでもありません。

まずわが国の危機ともいえるのが、「**人口減少**」です。2015年から2020年の人口減少が約95万人で大きくクローズアップされましたが、2021年は1年で64万人強の減少（ただし2020年10月からの1年）が、2022年では55万人強の減少が明らかになっています。2022年では1年の出生児数が77万人あまりと初めて80万人を割り込んでいます。これに対し、死者数は156万人強ですから、わが国は**「少産多死」型という歴史上存在しない人口構成のフェーズ**に突入したわけです。2023年に発表された人口推計によれば、2056年にわが国の人口は1億人を切るものと予想されています。人口の減少は、国力の低下を来し、わが国を先進国の立場から引きずり下ろすかもしれません。**少子化対策ばかりに頼らない人口維持**について考えさせる出題が予想できます。**テーマ2「少子化問題・人口減少社会」**を参考に考えてみましょう。

そして何といっても、2020～2022年はコロナに振り回された期間でした。**国家としての危機管理**に不安を持った国民も多かったのではないかと思います。地方上級ではすでに出題した自治体も見受けられました。**テーマ8「危機管理・災害対策」**に出てくる基本理念を明確にしていれば、論述に深みが出るでしょう。

厚生労働省の「一丁目一番地」（もっとも喫緊の課題を示すことば）とも言われる**「働き方改革」**です。リモートワークこそ浸透しましたが、まだまだの段階にあります。その前提として**AI社会**の浸透をどのようにとらえるのかも重要です。本書の**テーマ5「AI社会」**や**テーマ11「働き方改革」**を参考に考察を深めておきたいところです。

国家一般職は、問い⑴⑵が一つの流れになっていること（2023年は問い⑴で文化財保護の意義、⑵で課題と解決のために行うべき取組）に留意してください。試験である以上、**「問われていることに答える」という答案づくりの基本中の基本姿勢を示す**という点がマストですね。

2 裁判所職員試験の傾向と対策

2022年の「よい説明」という抽象的な論題に変わったことを引き継いで、2023年は「チームワークの必要性」という**抽象的な課題**が出題されました。受験生も「なんだこれ？」という反応が一般的でしたね。これでは小論文というより、作文に近いものです。裁判所は一度論題傾向を転換すると2年は同じ流れで来るので、このタイプの出題が続くかもしれませんと言った昨年の本書の予言はこれのみが当たりました。

ということで、非常に予想を立てにくいのが裁判所です。2022・23年の傾向に乗れば、「あなたが考える『豊かさ』とは」ですかね。これは**テーマ15「豊かさ」**が参考になるでしょう。ただ配点はあまり高くはない（全体の1/10）ので、**論旨が明快な「問いに答えた答案」**を作ることができれば問題はないかと思います。

3 地方上級（都道府県・政令指定都市）試験の傾向と対策

コロナ禍を越え、ようやく明るい未来へ…と思ってはみたものの、やはりわが国が課題先進国であることがよくわかる、さまざまな課題に関わる出題が2023年にはされました。

まずは、多様性を認めあう社会づくりです（北海道、栃木県、名古屋市）。これは国家一般職のところでも取り上げた課題ですが、人口減少をカバーするために考えられる施策の一つが、**国家を開く**というものです。もちろん、従来からの課題でもある男女共同参画の進展もここに加わってきます。単に多様性を持つだけではなく、**多様なものをいかにして包摂していくか（ダイバーシティ&インクルージョン）が重要だ**ということを示したいところです。**テーマ12「男女共同参画社会」**、**テーマ13「多文化共生社会」**でしっかりと考えましょう。

また、国家目標でもあるカーボンニュートラルや、DX（デジタルトランスフォーメーション）も取り上げられています（大阪府、兵庫県、特別区）。前者については、経済活動への影響も考えなくてはならず、温暖化阻止一辺倒では現実的な解決は不可能です。ここで出てくるのが「**持続可能な開発**」という概念です。**テーマ1「環境問題」**でその根本のところから考える力をつけてください。また、後者は世界の発展に追いついていくためには是が非でも実現しなければならない課題です。しかし、これまた推進一辺倒ではなく、**その流れについていくことができない層をどのようにケアするのかという視点**が行政には必要なのです。**テーマ7「情報社会」**は、この視点で示唆を与えてくれると考えます。また、情報化社会の負の部分についての出題もありました（千葉市）。ここも**テーマ7「情報社会」**で取り上げた問題意識です。

2023年も、「地球沸騰化」というグテーレス国連事務総長のことばどおり、異常な気象変動の一年でした。これに伴っての自然災害の多発は、国家ばかりでなく、地方自治体においても大きな課題です。**テーマ8「危機管理・災害対策」**が地方自治体における施策の在り方も示してくれるはずです。

また、当該自治体に特化した内容の出題も、いつも通り多く見かけられました（長野県、愛知県、三重県）。こういった自治体の出題に対応するためには、**自治体の政策に対する一定の知識**が必要となります。採用説明会には必ず出席して、最近の政策に対する知識もインプットしておきましょう。

4 地方上級（市役所）試験の傾向と対策

市役所でも、カーボンニュートラルやDXが問われています（四日市市、昭島市）。広域自治体と異なり、市民生活に近い市役所ならではの取組を考えなければなりません。テーマ16〜テーマ20で**地方自治体をめぐる問題意識**を明確にすることから始めたいところです。そのうえで、各テーマを読んでもらいたいと考えます。

人間ドラマみたいな設例を挙げたうえで考察させる出題が増えてきました（2023年では武蔵野市）。こういった事案分析型は、その場でしっかりと考察する力が求められます。これまでの経験の有無にかかわらず、一度考える機会を作ってください。

また市役所でも、その市独自の政策・状況について出題する自治体があります（八王子市、西宮市）。市役所の説明会はあまり実施されないので、**市のHP等で政策に関する知識を入れておく**ことも必要です。

また、市役所では典型論題である「公務員像」「やりたい仕事」「よい職場」も頻出です。こういった小論文ないし作文を書くためには、**自己分析も十分にやっておかなければなりません**。これは面接試験対策としてもやっておきたいところでもあります。本書の姉妹書である『面接の秘伝』も、きっと役に立つと思います。ぜひ目を通してみてください。

コラム 合格者の

小論文対策①

このページでは、公務員試験の合格者が実際に行っていた小論文対策を紹介します。

テーマごとの情報収集、どうしてた？

小論文を書くためには「答案の書き方」を学ぶことも必要だけど、その前に受験生はいろんなテーマについて情報をきちんと持っていないといけないよね。皆さんはどのように情報収集してたかな？

主な出題テーマについてはこの本を読めば理解を深められると思うのですが、それに加えて、**テレビやSNSで触れられるような最新情報**について、**自分の感想込みでノートにメモ**を蓄積していました。

地方公務員志望であれば、受験先のHPで行政基本計画に目を通すのもおすすめ。

市役所なんかだと「**自分自身」のこと**を問われる出題もあるのですが、あらかじめ採用先のHPを見ておくと、**自治体の求めている人物像**が見えてくるので、自分のどういった点を答案に書き込むかを決めるのに役立ちました。

山ちゃんからのアドバイス

ニュースなどの最新情報に対する自分の見解を盛り込めると、他の受験者の答案との差別化につながりますね。

また、実際に自治体が掲げる中長期計画と絡めた出題もあるので、行政基本計画を見るのも有効でしょう。ただ、政策の細かい知識を求めているわけではないので、これからやろうとしていることの方向性をつかむ程度に利用するのがいいですね。

第2章

山ちゃんの小論文対策の秘伝
～国家・地方別 頻出25テーマの対策～

テーマ 1

環境問題

Q1 環境に関する問題について、特に関心を持っているテーマを挙げ、取り組むべき課題や対応策について論じなさい。

(2007年 裁判所)

Q2 ⑴ 別添の資料から、東京を環境先進都市とするために、あなたが重要であると考える課題を200字程度で簡潔に述べよ。

⑵ ⑴で述べた課題に対して、都はどのような取組を進めるべきか、あなたの考えを述べよ。

なお、解答に当たっては、解答用紙に⑴、⑵を明記すること。

(2017年 東京都)

資料1

3R全般に関する意識の変化

	平成19年度	平成20年度	平成21年度	平成22年度	平成23年度	平成25年度	平成26年度	平成27年度
ごみ問題への関心								
ごみ問題に(非常に・ある程度)関心がある	85.9%	86.1%	82.1%	83.8%	81.2%	72.2%	71.7%	70.3%
3Rの認知度								
3Rという言葉を(優先順位まで・言葉の意味まで)知っている	22.1%	29.3%	40.6%	38.4%	41.7%	39.9%	37.2%	35.8%
廃棄物の減量化や循環利用に対する意識								
ごみを少なくする配慮やリサイクルを(いつも・多少)心掛けている	79.3%	48.2%※	70.3%	71.7%	67.0%	59.7%	59.6%	57.8%
ごみの問題は深刻だと思いながらも、多くのものを買い、多くのものを捨てている	7.0%	3.8%	10.0%	10.8%	11.3%	12.4%	13.6%	12.7%
グリーン購入に対する意識								
環境に優しい製品の購入を(いつも・できるだけ・たまに)心掛けている	86.0%	81.7%	81.6%	84.3%	82.1%	79.3%	78.7%	78.3%
環境に優しい製品の購入を全く心掛けていない	11.0%	14.0%	14.6%	12.5%	14.8%	15.0%	15.4%	15.6%

※:平成20年度調査では「ある程度心掛けている」(47.4%)という選択肢もあったことから、回答が分散したものと考えられる

注:平成24年度はアンケートを実施せず

出典:「環境白書/循環型社会白書/生物多様性白書(平成28年版)」より抜粋
(環境省) http://www.env.go.jp/policy/hakusyo/h28/pdf/2_3.pdf

資料2

本来は食べられる食料が廃棄されることをフードロス（食品ロス）と呼ぶ。国連食糧農業機関（FAO）によると、世界の食料生産量の3分の1に当たる約13億トンが毎年捨てられており、経済損失は約80兆円に上る。飢餓との関係が問題になっているだけでなく、最近は環境への影響も大きいことが分かってきた。

フードロスは食べ残しだけでなく、生産や流通の段階でも発生する。たとえば野菜は形が悪くて出荷されなかったり、店頭で売れずに廃棄されたりする。日本で年間約1700万トンが発生する食品廃棄物のうち、500万～800万トンはフードロスとされる。これは重量ベースで日本全体のコメの収穫量に匹敵する。

食品の廃棄は生産時に使用したエネルギーや水を無駄にすることにもなる。FAOはフードロスに伴う温暖化ガス排出を約33億トン、水の使用量を約250キロ立方メートルと試算。世界全体で排出される温暖化ガスの約10%、河川や地下からくみ上げられる真水の約25%に相当するという。

欧州連合（EU）はフードロス問題を重くみて、2025年までに食品廃棄物の半減を目指す方針を採択。企業を巻き込んでフードロスの削減に取り組んでいる。日本政府も対策に乗り出しているが、企業の動きは一部にとどまる。デロイトトーマツコンサルティング（東京・千代田）の国分俊史ディレクターは「日本企業は対策を取らなければ世界市場から締め出される可能性もある」と警鐘を鳴らす。

世界のフードロスの経済損失の内訳

※編者注：フードロスが生産・物流・製造業をはじめとする企業や家庭に経済損失をもたらしていることを示す円グラフが与えられていました。

出典：平成26年2月25日　日経産業新聞より作成

出題意図と対策

国家・地方を問わず、「**持続可能な開発**」を自分の考えに置きなおして**論ずる**ことが求められます。**Q2**のように、生活と密着した環境で考察すべきものでも、それが地球環境の問題（グローバル・イシュー）と連続しているという視点を持ちたいところです。

ブレーンストーミング
～テーマのポイントを探ってみよう

環境問題を論じる難しさって、何だろうね。

地球規模から身の回りまで、サイズ感が異なるところが難しいですよね。

しかも、それらが連続しているので…。

いいところに気づいたね。そのあたりは後ほどというところで。では、現在の環境問題における基本的な姿勢は何だろう？

そりゃあ、「**持続可能な開発❶**」ですよ。

それって、定義すると、どのようなことになるのかな？

環境と開発を共存するものとしてとらえ、環境保全に配慮した節度ある開発を遂げようとするものです。

自分の言葉でいうと、どうなるの？

……。

そこを考えるのが小論文対策なんだよ。**開発を進めるためには木を切らなければならない**。ならば、**木を１万本切ったら、別のところに１万**

❶持続可能な開発
現在、国際的に広く承認されている環境保全に関する基本認識で、環境と開発を相対立するものではなく、両立しうるものと捉え、環境保全を考慮した節度ある開発が可能であるとする考えをいいます。

本を植えようという考え方なんだ。じゃ、そのような考え方はどのようにしてできてきたと思う？

……。

▶環境問題の根本にある考えとは何か？

唐突だけれど、西洋医学の薬と東洋医学の薬ってどこが違うのかな？

西洋医学の薬は化学的に製造されたもので、東洋医学の薬は医食同源…。

あっ、西洋医学は人間が自然をコントロールしていくという発想で、化学的に製造した薬で自然を変えていこうという思想があるのではないかしら。それに対し、東洋医学の薬は、自然の中にある薬草などを使って自然治癒力を高めるという思想があるのでは？

そうなんだよ。**西洋は、全知全能の神がこの地球をつくった以上、それにいちばん近い存在である人間が自然をコントロールすべきという人間中心主義を基調とする**んだ。これに対し、**東洋は、自然の中の人間という自然中心主義を基調とする**んだ。では、この人間中心主義と自然中心主義で環境を考えたらどうなるんだろう？

人間中心主義だと、開発を進める以上は、自然が破壊されてもしかたない。自然中心主義だと、自然を破壊するくらいなら、人間は開発をあきらめるべきだ、って感じですか？

でも、自然を破壊していくと、結局は、人間の住むところがなくなってしまうのでは…。自分たちは大丈夫だとしても、子孫にそのツケを残してしまうのはどうかしら？

そうか、人間中心主義ではダメなのか。

そうなんだよ。**人間は、次の世代の生活も含めて、環境を考えていかなければならない**はずなんだ。そういった考えを世代間倫理というんだけどね。近代は、キリスト教圏である西洋を中心に開発を進めてきた。しかし、その底流にある人間中心主義も、世代間倫理の前では変容せざるをえない。しかし、自然中心主義に突っ走って、地球環境のためには原始時代に帰ろう、などともいえない。**その中間として出てきたのが、「持続可能な開発」という考え方**なんだ。

へぇ〜、深い話ですね。

▶できない人とできる人をつなぐ

ところで、君たちは、**カーボン・オフセット**❷という制度を知っているかい？

知っていますよ。環境問題の基礎知識ですからね。

では、その根本にはどのような思考があると思う？　さっき考えた「持続可能な開発」に照らして考えてごらん。

開発を進めるために木を切る…。あっ、二酸化炭素を排出せざるをえない人からはお金を徴収するということでしょうか。そして、木を植えるにはお金がかかるので、木を植えるのにそのお金をまわす。

そのとおりだね。では、排出量取引にそれを当

❷カーボン・オフセット
「カーボン」とは炭素、「オフセット」とは相殺・埋め合わせといった意味合いです。二酸化炭素などの温室効果ガスの排出量を削減する努力はするものの、それでもどうしても生じてしまう分を、投資やクレジット購入など別の形で埋め合わせようという考え方をいいます。

てはめるとどうなるかな？

二酸化炭素を大量に排出せざるをえない人は、その削減ができた人から排出量を買い取る、ですね。

そう、そのとおり。炭素税の場合は、そこに税という強制徴収方式を導入するということだね。では、今の例の共通点をくくり出して、抽象化してみてごらん。ここを考えるのが小論文対策だよ。

排出せざるをえない人と排出削減ができる人…。

社会には何かをできる人とできない人が存在するということですか？

そうなんだ。これはパリ協定❸6条2項にある排出量取引の制度にも表れているね。わが国が提案・実施している二国間クレジット制度（JCM）がその具体例だ。**できる人とできない人、その間をつないでいくのが行政の仕事**、そういった視点が小論文対策には必要なんだ。

▶無関心ではいられても無関係ではいられない

さあ東京都の問題はどうかな。

なんだか年を追うごとに関心を持っている層が減少していますよね。

それもそうだけれど、ごみ問題に関心があるとしながらもそれを実践しているかとなると数字が減少しているし、深刻だと思いながらも多くのものを捨てている人も多いというのが気にな

❸パリ協定
2015年12月、フランスのパリで開催された第21回国連気候変動枠組条約締約国会議（COP21）で採択された、2020年以降の温室効果ガス排出削減等のための新たな国際的枠組みをいいます。歴史上はじめて、すべての国が参加する公平な合意であり、世界共通の長期目標として、産業革命前からの世界の平均気温上昇を2℃に抑える目標、平均気温上昇を1.5℃に抑える努力目標を掲げています。

るなあ。

そうなんだよ。その人たちを「隠れ無関心」という層と呼ぶことができるかもしれないね。ならば「グリーン購入[4]」の制度についての数字をどうみるのかな。

この数字が一番大きいですよね。グリーン購入だから安く買うことができるというわけでもないだろうし…。

ちょいとむずかしいかな。でもこういった生活の身の回りにある環境問題って、「**無関心ではいられても無関係ではいられない**」**問題**なんだよ。しかも、それがグローバル・イシュー、すなわち地球規模の環境問題とつながっているんだ。

となると、無関心であってはならない。**関心をどう引き出すかが問題**なんですね。

でも、環境問題に関心がない人に関心を持ってもらうってむずかしいですよね。いろいろな政府広告などでも出されているのに、この現状だもの。ましてや、先生がおっしゃった「隠れ無関心」なんかは「わかってはいるけれどできない」のですものね。

そこからもう少し考えてみよう。さっきの私の言葉を思い出してごらんよ。

「無関心ではいられても…」、あっ、無関係でないことを示すことができればいいんですよね。

そうだ、さすがKさんだ。資料にある「グリーン購入」なんかは、**自分は環境問題と無関係ではないことに気づいてもらえる方法**なんだね。

❹グリーン購入
製品やサービスを購入する際に、環境を考慮して必要性をよく考え、環境への負荷ができるだけ少ないものを選んで購入することをいいます。2001年にグリーン購入法が制定され、国等の機関にグリーン購入を義務づけるとともに、地方公共団体や事業者・国民にもグリーン購入に努めることが定められています。

2020年からレジ袋が有料化❺されたけれど、あれなんかも**「無関係でないこと」の気づきを与える政策**なのだととらえることができると思うよ。

▶「無関係」を「関係アリ」とするためには

そこで資料２にあるフードロス❻の問題についてはどうなんだろうね。EUでは企業の協力を得てフードロスの削減に取り組んでいるのに、日本では「動きは一部にとどまる」とある。

ならば日本でも企業に協力してもらえるシステムを作ればいいんじゃないですかね。

意識の高い国民ならば、そのような企業のものしか購入しないというところから、企業にプレッシャーをかけて、企業もそうせざるをえないというところなんだろうけど…。

それが理想だね。でもEUにおいてすらそうではないんじゃないかな。たしかに意識の高い人は多そうだけれど、**自分の生活の周囲にしか関心を抱かない人が多い**のも事実だ。

だから企業にやってもらう…でもそれをどうやってやってもらうかが難しそうですね。たしか国でも「食品ロス削減推進法❼」という法律があるはずですけど、具体的には何もみえないですしねえ。

資料２のグラフよ！　フードロスの経済損失と企業の経済損失を「関係アリ」とできればいいんじゃないですかね。

よく資料に目がいったね。企業はもともと利潤

❺レジ袋の有料化
プラスチックごみの流出による地球規模での海洋汚染を食い止めるため、「プラスチック資源循環戦略」に基づいて2020年7月からレジ袋の有料化義務化がスタートしました。

❻フードロス
フードロスは本来食べられるのに捨てられてしまう食品のことです。食品を生産するには多くのエネルギーが必要であり、廃棄するのにも水分の多い食品の運搬や焼却での余分なCO_2の排出、市町村におけるごみ焼却経費の増加等の問題を生じます。

❼食品ロス削減推進法
2019年に施行された「食品ロスの削減の推進に関する法律」は、フードロス削減のために果たすべき国・自治体・事業者の責務、消費者の役割として、貧困・災害対策のためのフードバンクの取組みや、食品リサイクル法に基づく事業者からの食品廃棄物抑制などを掲げています。

追求が本質だ。すると「損失」は企業の敵ともいえるだろうね。そこを訴えるのがいちばんだろう。ただ、積極的なインセンティブも必要だね。東京都独自の推奨マークなどを作って、フードロス削減に協力的な企業にその使用権を与えるのもよいだろうね。そのマークがついた商品を「関係アリ」と気づいた都民が購入するという方法だ。

SDGs[8]の12番目の目標「つくる責任 つかう責任」の中にも、フードロスの削減が具体的目標として挙げられているけれど、まずは「つくる責任」からということになるんだろう。

でもフードロス以外はどうなのでしょうね？

そう。設問は「東京を環境先進都市とする」が目標だからね。すると、前半に話していたことをつなげられるかな。

あっ「**できる人とできない人がつながる**」ですね。

そう、フードロスの例だと企業ができる人で、**できない人にも「関係アリ」という意識を持って生活してもらうことができる都市というのも、「環境先進都市」の一つの像**といえるかもしれないね。

東京都には1,400万人もの人々と、多くの企業が集まっているのですからね。「できる人」も多数存在するんでしょうね。

そうだね。その意味で、**東京は「環境先進都市」のポテンシャルが最も高い都市ということもできる**だろう。では、裁判所をKさん、東京都を

[8] SDGs
「Sustainable Development Goals（持続可能な開発目標）」の略称で、2015年９月の国連サミットで採択された、「持続可能な開発」を具現化した目標をいいます。国連加盟193か国が2016年から2030年の15年間で達成するために掲げた国際社会共通の目標で、17の目標と169の具体的なターゲットで構成されています。

A君に書いてもらいましょうかね。

ありがちなイマイチ答案

Q2  **A君の答案**（東京都）　約960字

⑴について

資料1を分析すると、ごみ問題に対する関心が近年になって徐々に低下していることがわかる。また、その他の項目についても、平成20年代後半に入ってから環境に対する意識の薄れを見て取ることができる。環境問題は無関心であっても無関係ではいられない問題である。したがって、❶こういった関心を持てない層の人々にも環境に関する行動をとってもらうことが課題となる。

⑵について

❷⑴でも述べたように、環境問題は無関心であっても無関係ではいられない問題である。日ごろの生活で壊し続けると、回復不可能なまでに壊してしまい、まさに自分で自分の首を絞める結果を招いてしまう❸問題なのだ。

❹環境問題における基本理念は、「持続可能な開発」である。その理念を平易にいえば、開発のために木を百本切らなければならないのであれば、木を百本植えようということである。この理念❺を鑑みれば、❹木を植えることができる人と木を切り続ける人を結びつけるということである。後者の人々は日常生活に追われ、なかなか関心を持てずにいる。そういった人々に関心を持ってもらうのは至難の業であろう。

そこで私が注目するのは、資料1にある❸「グリーン購入に対する意識」だ。近年でも4分の3を超える人々が積極的取り組みをしてくれている。たとえ日常の中では無関心であったとしても、無関係ではないことに気づいて行動することは不可能ではないことの表れである。

では、どうすれば具体的な気づきを与えることができるであろうか。資料2で出てくるフードロスを考えると、商品への表示である。そして、その気づきを与えることができるのは、生産・流通・製造の側、すなわち生産者の側である。であるとすれば、❻企業に対して、都はフードロスの削減及びそれに関する表示を義務づけていくべきである。

❼前にも述べたように、環境問題の基本理念は「持続可能な開発」である。それを実現するためには、施策ができる人とできない人を結びつけていく必要がある。フードロスの場合は、前者が生産者側、後者が消費者である。ロスの削減・その商品への表示という前者の取組みが、関心を持て

ない人々に無関係でないことの気づきを与え、行動を変えてもらうことができる。❽これが1400万人もの人口を有する東京都で実行できれば、東京都は論題にある「環境先進都市」に近づいていくはずである。

山ちゃんの添削

❶ 「こういった」はどこを指すのでしょうかね。そもそも、前の部分では資料の分析、すなわち環境問題に対する関心の薄れしか述べておらず、「人々」に関する記述がありません。**指示語の指すものが存在しません。**ごみ問題に関心を持てない層や、深刻な問題ととらえながらも行動に移せない層についての考察を加えましょう。

❷ 記述からも明らかなとおり、(1)でも述べたことを繰り返しています。こういった**主張の繰り返しは、文章構成でマイナスとなる**ばかりではなく、**書くことがないから書いたと勘繰られてしまいます。**そもそも(1)では、環境問題に対して言及する必要性がありますか？

❸ 文末表現が、2か所で「だ」調に変わっていますよ。**表現を統一しましょう。**

❹ このたとえ話…必要ですか？　そもそも「持続可能な開発」を論じなさいというものではないのですから、これはカットしましょう。

❺ **答案あるある**…ですね。近世までの文には「を」を受けている記述もあるようですが、現代語では「鑑みる」は「に」しか受けない語です。そんなに難しい言葉を使わなくてもいいから…（笑）。

❻ 企業をどのように説得するのでしょうね。もう少し資料2を分析したいところです。

❼ ここでも「前にも述べたように」ですか…。**構成を再考しましょう。**

❽ 1,400万人もの人口と「環境先進都市」に因果関係は？　ここは小論文の結論ともいうべき内容ですから、段落を別にして、1,400万人もの人口⇒多くの「できる人」の存在という都市としてのポテンシャルをしっかりと述べていきたいところですね。

全体の講評　限られた字数の中で同じ主張を繰り返さない！

まず、同じフレーズの繰り返しが出てきて、構成不足を感じさせます。また、(1)でA君の考える「環境先進都市」の像が示されていませんね。これはこの小論文の軸となるものですから、これを(1)で示したいところです。そのうえで課題を述べましょう。そして(2)では、なぜそのような課題が生じるのかを明らかにする⇒施策を考える⇒「環境先進都市」という小論文の軸に当てはめて考える⇒結論、という流れにしたいものですね。

また一応1,000字以上という制約が東京都にはあり、「論文文字数が1,000字に満たない場合は採点されないことがあります」と問題用紙に書いてあるので、もう少しボリュームがほしいですかね（もちろん、これくらいの不足だったら、大丈夫ですが…）。

答案の流れをつくってみよう

Q1 Kさんのメモ(裁判所)

1 **特に関心のあるテーマ**…地球温暖化
　なぜそれに関心があるのか？

自分の関心のあるテーマをまず最初に出す

2 **地球温暖化防止で取り組むべき課題**
　温室効果ガスをどう削減するか？

小論文の軸となる課題をズバリと出す

3 **対応策**
　人間中心主義の変容と持続可能な開発
　できる人とできない人
　　できる人…行政による認証
　　できない人…金銭の負担
➡できる人とできない人をつなぐ

国家レベルの問題ならば、深い考察も出してよい。最後は、自分の思考の枠組みを論じる

4 **まとめ**

答案例をみてみよう

Q1 Kさんの答案例（裁判所）　約810字

　環境問題で、私が特に関心を持っているのは、地球温暖化問題である。それは、パリ協定の今後の実行が危ぶまれているということよりも、温暖化による海面の上昇で、動物園の人気者であるシロクマの生息場所が消滅の危機にあるとか、ツバルのように海面に没してしまう国家が存在するという事実も大きく影響している。なぜなら、私たちの排出した温室効果ガスが、なんら罪のない動物や排出の少ない発展途上国の人々を苦しめていると考えるからである。

●設問が求めている「特に関心のあるテーマ」について、具体的に提示できています。

　では、地球温暖化対策においては、まず何を課題とすべきであろうか。もともと、環境問題は、近代科学の基

●「では、…何を課題とすべきであろうか」

調である人間中心主義がひき起こした問題である。しかし、その社会構造そのものをドラスティックに自然中心主義に変え、人類の発展を止めてしまうということは現実的に不可能である。とはいえ、私たち現代人は、将来の世代にも生存にふさわしい環境を残す義務もある。よって、温室効果ガスの排出削減を図っていくほかはないことになるであろう。

と問いを立て、それに「温室効果ガスの排出削減」と答えることで、数ある課題の中からこの小論文が何にフォーカスしようとしているのかを示しています。

本論

そこで出てくるのが、現在の環境問題の準則とされる、持続可能な開発の考え方である。この考え方を、温室効果ガスの排出削減に当てはめると、カーボン・オフセットや炭素税といった対応策が出てくる。社会には削減できる人と削減できない人が存在する。削減できない人からは金銭を徴収し、それを資金にして温室効果ガス削減を行おうというものである。その両者のつながりをつくっていくのが行政のやるべきことであろう。なかでも、私は、カーボン・オフセットのような自発的に金銭を納付するという方式が有効であると考える。税のような強制徴収方式では、自発的意識を育てることはできないと考えるからである。

私たちは、地球という名の宇宙船の乗組員でもあり、かつ将来の人類にもその環境を保全する責任がある。カーボン・オフセットによる温室効果ガスの削減を通じて、その責任を強く意識することができ、他の環境問題にも対処できるであろう。

山ちゃんの講評

Kさん

私のむずかしい注文に応えて、人間中心主義の変容まで言及してくれました。もちろん、これをメインにして論じると論題から外れてしまいますが、この程度に触れることができれば、「教養」をチラリとみせることができて、効果的ですね。

答案の流れをつくってみよう

Q2  **A君のメモ（東京都）**

⑴について

1 **環境先進都市とは**

2 **資料１から読み取れる課題**

> 目標の明確化・資料を用いた課題提示
> 環境問題のむずかしさを明示

⑵について

3 **「無関心であっても無関係ではいられない」という気づきをどう与えられるか**

> 資料をまんべんなく使う
> 東京都のポテンシャルと結びつけて締め

4 **資料２のフードロスを例に展開**

5 **企業に対する施策**
資料２のグラフを用いる
独自の施策⇒「関係アリ」を自覚
東京都の「環境先進都市」としてのポテンシャル

序論（1〜3） 本論（4〜5） 結論（5）

答案例をみてみよう

Q2  **A君の答案例（東京都）** 約1,130字

⑴について

序論

　私が考える「環境先進都市」とは、多くの住民の中で環境に対する意識の薄い人であっても、日常生活の中で環境問題との関係に気づくことができる都市である。その視点から資料１を分析すると、ごみ問題に対する関心のある層が徐々に減少し、さらには深刻な問題ととらえながらも行動に移していない、いわば隠れ無関心層も少なからず存在する。こういった関心を持てない層にも行動を取ってもらわなければならないということが課題で

●設問の指定にあるとおり、資料から読み取ったことを示しながら課題の設定をしています。

あると考えられる。
(2)について

序論

そもそも、環境問題は無関心ではいられても無関係ではいられない問題である。日ごろの生活で壊しつづけると、回復不可能な事態を招いて結局は自分の首を絞めてしまう問題だからである。

しかし、日ごろの生活に追われる人々も多く、関心のない層に関心を持ってもらうことほど難しい問題はない。もちろん、そのための施策を否定するものではないが、この問題が喫緊の課題であることを考えれば、それ以外の方法を考えるのが先決である。

● 「そもそも…（そのテーマの本質）」、「しかし…（現状）」、「そこで…（こうしたらいい、という提案）」という展開で、自分の考えを示す道筋を作っています。

本論

そこで注目したいのが、資料1にある「グリーン購入に対する意識」である。近年でも4分の3を超える人々が積極的な取り組み姿勢をみせている。たとえ日頃無関心であったとしても、無関係ではないことに気づいて行動することが可能であることがわかる。2020年から実施されているレジ袋有料化もその側面から分析することができるであろう。

では具体的にどうやって気づきを与えるのであろうか。資料2にあるフードロスを考えると、気づきを与えることができるものは商品への表示である。それができる人は生産者の側であることは間違いない。フードロスに積極的になるべきはやはり生産・流通・製造の側からである。もちろん、その義務づけには抵抗も強いであろう。しかし、資料2にある経済損失の額の大きさは経済動物ともいえる企業においては大きな関心を得ることができるであろう。また、「グリーン購入」同様の表示権限を東京都が付与するという形でインセンティヴを与えることもできる。

環境問題における基本理念は「持続可能な開発」である。この理念を実現するためには、そのための施策ができる人とできない人を結びつけていくことが不可欠である。フードロスの問題では、前者は企業であり、後者は無関心にとどまっている都民である。前者の取組みが、

後者に無関係ではないという気づきを与え、行動に移してもらえるのである。

幸いなことに、東京都には1400万人もの人口と多くの企業が存在している。その中には、できる人も数多い。すなわち東京都こそもっとも「環境先進都市」たるにふさわしいポテンシャルを有しているともいえる。都は、できる人とできない人を結びつける政策で、その目標を実現していくべきであろう。

結論

山ちゃんの講評

A君

イマイチ答案の添削で指摘された難点をきちんと克服しました。(1)で論述の目標＝ゴールを示し、それに向けての課題を示すという形で、うまく論じていますね。(2)でも資料をすべて使う形で、環境問題の本質・それをどう克服すべきかという視点を示しながら論じることに成功しています。一つ上の評価をもらえる答案だと考えます。

コラム 合格者の 小論文対策②

このページでは、公務員試験の合格者が実際に行っていた小論文対策を紹介します。

合格者の小論文対策ノートを公開！❶

テーマ：少子化

◆出題意図（社会への影響）

出題意図から考えておくことで他のテーマとも結びつけやすくなります

・人口減少
・労働力不足　；将来の国の担い手
・社会保障費減；社会が高齢化していることとのバランスの悪さ
・子どもが減ると地方が衰退

特に答案に使えそうな部分をマーキング

◆なぜ少子化が起きたか（背景）

	①未婚化・晩婚化	②出生率の低下
経済的理由	・収入が少ないため結婚に踏み切れない人が多い	・教育費
社会的理由	・出会いがない	・仕事と子育ての両立の難しさ ・サポートが得られない

◆どうすればよいか（取組み）

未婚者の結婚支援	仕事と子育ての両立支援
⇒若者に対する経済的・雇用安定政策	⇒働き方の見直し 子育てサポートの充実

２点ずつくらい考えておくと答案に使いやすくなります

山ちゃんからのアドバイス

小論文の一般的なテーマについて考えをまとめたノートの例ですね。いわば本書のブレーンストーミングを自分なりにもノートにまとめたようなものです。

答案では、「なぜ少子化が起きたか（背景）」は序論に、「どうすればよいか（取組み）」は本論に書く内容になっており、このように答案構成に沿ったまとめ方をしておくと使いやすくなりますね。

テーマ2

少子化問題・人口減少社会

Q1 我が国の生産年齢人口は1990年代をピークに減少を続けており、今後も減少が続くと推計されている。この生産年齢人口の減少に伴う生産力の低下によって、我が国の社会経済に大きな影響を与えることが懸念されている。

この状況に関して、以下の問いに答えなさい。

(1) 生産年齢人口の減少による生産力低下に影響されることなく、中長期的に経済成長を実現していくために解決すべきと考える課題を、以下の図①、②を参考にしながら、二つ述べなさい。

(2) (1)で挙げた二つの課題を解決するためには、それぞれどのような取組が必要となるか。あなたの考えを具体的に述べなさい。

(2018年 国家一般職)

図① 我が国の年齢階級別労働力人口比率(2016年)

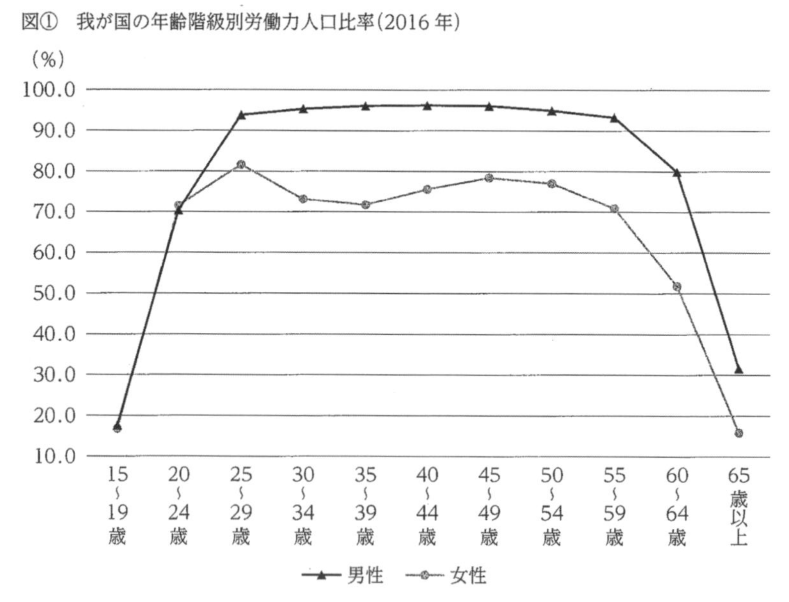

(総務省「労働力調査」に基づき作成)

図② OECD 諸国における実質労働生産性の水準（2005 年～2013 年までの平均値）

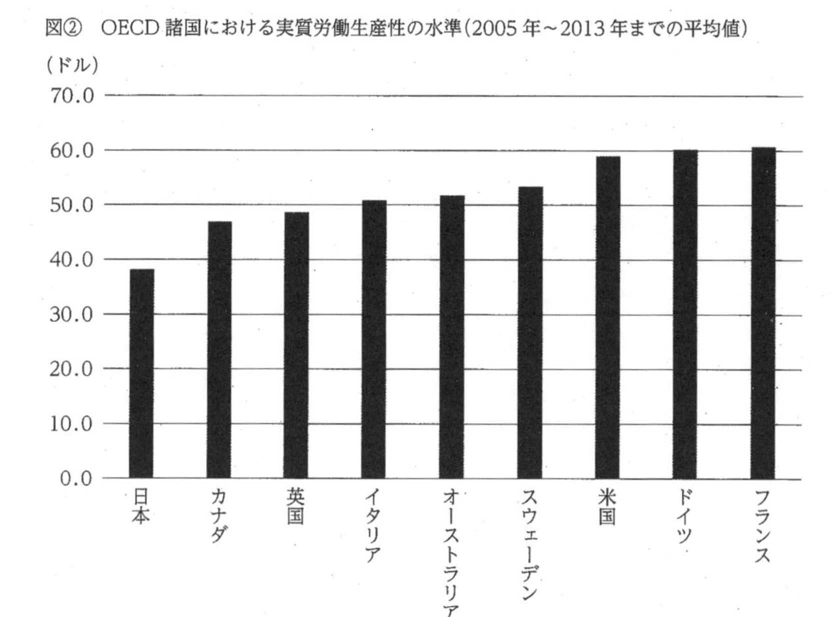

（注） 労働生産性は，マンアワーベースで算出したもの。

（平成 28 年版労働経済白書に基づき作成）

Q2 新潟県の人口は、平成９年の249.2万人をピークに減少が進み、平成30年６月１日現在で225.0万人となっている。自然増減数（出生数－死亡数）、社会増減数（県外からの転入数－県外への転出数）ともに減少が続く中、社会増減数では、特に「15～24歳」の減少が大半を占め、減少の理由は「20～24歳」では「職業」が最大、「15～19歳」では「学業」が最大となっている。

上記の状況を踏まえ、新潟県として人口減少へ向けた取組をどのように進めるべきか、あなたの考えを述べなさい。 （2018年 新潟県）

出題意図と対策

少子化が問題となりはじめたのが1.57ショックの1990年。そこから、さまざまな対策が採られてきたにもかかわらず、**根本的な解決には至らない問題**です。もちろん、根本的な解決策はなく、どうしたら人口減少を緩やかにするかという策となっています。もちろん、国家レベルでは**育児に対する既成概念を変えたうえでの法律制度の整備**が必要です。しかし、地方においては、**いかに育児のしやすい社会をつくるのか**という視点が必要になります。ここを取り違えないように考えたいですね。

そして、さらに難問が人口減少社会です。もちろん、国家でも喫緊の課題ですが、それ以上に地方では深刻な問題です。**いかに若者を地方に定着させるか**という視点で考えたいところです。

ブレーンストーミング

~テーマのポイントを探ってみよう

今回の設問では直接問われていないけれど、人口減少の前提には少子化の問題がある。まずは少子化対策から考えてみよう。少子化はずっとずっと、わが国の問題だったけれど、解決にはほど遠い状態だ。現在の人口を維持できる人口置換水準は2.07だ。それに対して合計特殊出生率❶はどんな値かな。

2005年が過去最低で、そこから少し持ち直したのですが、2017年から減少傾向に入り、2021年は1.30、2022年はコロナ禍の影響もあり、再び過去最低と並ぶ1.26でした。

でも、その数字って少子化を実感できるかな？

たしかに…。なんか理論上のものでしかないよ

❶合計特殊出生率
15歳から49歳までの女子の年齢別出生率を合計したもので、１人の女子が仮にその年次の年齢別出生率で一生の間に子を産むとしたときの子の数に相当します。この数値が人口置換水準（2.07）を下回ると人口を維持できなくなります。2005年の1.26が最低で、そこから持ち直したものの、2017年から減少傾向に入り、2022年は1.26となっています。

うに思えます。

現実に、子どもとして扱われる年少人口（15歳未満人口）の国民は何パーセントくらいいるんだろう。

総人口が１億2,500万人くらいですよね。

そのうちの1,500万人弱で、12％に満たないんだ❷。

ということは、**10人に１人ちょっとしか子どもがいない**ということですね。そういう数字だと「少子」が実感できます。

▶少子化の背景には何があるのか？

では、少子化の背景には何があるんだろうか？

女性の社会進出、**子育てにお金がかかるという経済的な理由**が考えられますね。

それから、**男性の育児への不参加**、核家族化や地域社会のつながりのゆるみからくる**育児サポートの不足**というものもありますね。

女性が社会進出すると、どうして少子化に至るのかな？

それは、女性が高学歴になり、社会に出て仕事をすると、どうしても結婚が遅れるじゃあないですか。

でもそれは、晩婚化❸の理由にはなりえても、少子化の直接の理由にはならないでしょ。女性の生き方というものから考えてごらんよ。

女性の社会進出により、女性のライフスタイルが変わった？

変わったというよりも、**これまでの結婚→出産**

❷年少人口の割合
2020年に行われた国勢調査によれば、総人口に占める15歳未満人口の割合は11.9％であり、2015年の前回調査時における値（12.6％）を下回りました。

❸晩婚化
「令和４年版 少子化対策白書」（内閣府）によれば、2020年における平均初婚年齢は、夫が31.0歳、妻が29.4歳でした。1985年と比較すると、夫は2.8歳、妻は3.9歳上昇しており、女性の初婚年齢の上昇幅が大きいことがわかります。

→子育てという一元化された流れ以外のものが出てきた、ということではないかな。
これまで以上に、生き方の選択肢が増えた、これがライフスタイルの変化というものなんだね。ということは、この選択肢に、何かを加えてもよいのでは？

結婚抜きの、出産→子育てという選択肢ですか？　いわゆるシングルマザーって話ですね。

そう、この選択肢を社会が受け入れていく形での少子化対策も考えられるね。もちろん、社会意識の抵抗はあるだろうけれど…。

▶子ども特定財源もよい発想

では、**子育てにお金がかかる**というのは、どうかな？

22歳までの養育費に加えて教育費を合わせると、数千万円という記事を見たことがあります❹。

そう、それに出産・子育てによる母親の収入減もあるから、大変だ。ではどうすればいい？

国が子育て支援金として、子育てをしている人に経済的な援助をすればいいじゃないですか。

えっ、その財源は？　ただでさえ財政難なのに…。

いやいや、あながち荒唐無稽な考えというものでもなさそうだよ。子育て支援のお金は、確実に消費にまわるからね。よく公共工事の乗数効果ということがいわれるけれども、これが実は、最近では効果が乏しいといわれているんだよ。
道路特定財源ではなく、子育て特定財源という

❹子育てにかかるお金
子ども１人に対して幼稚園から大学までの教育にかかる費用の目安は、すべて私立だと2,547万円、すべて公立でも1,043万円とされます。このほかに養育費がかかることになります。

考え方もありだと思うよ。

▶男性の育児参加を進めていくには?

では、**男性の育児への不参加**❺という点はどうかな?

これは、育児・介護休業制度が整備されて、これからに期待、なのではないですか?

制度ばかりつくっても、社会の意識が変わらなければ、「仏造って魂入れず」になってしまうよ。

やはり、**男性の育児休業取得を権利として考えるのではなく、義務に近づけて考える必要がある**と思います。

たとえば、どういうものかな?

スウェーデンやノルウェーなんかで採用されている、**パパ・クオータ制**❻**の導入**なんかも考えてよいのではないでしょうか?

ノルウェーでは、男性が育児休業を取らないと、夫婦そのものの休暇が短くなるという制度だね。でも、企業の抵抗はないのかな?

子育てに力を入れている企業を公的に認証し、手を抜いている企業は公表していけば、企業の社会的責任(CSR)の観点からも、受け入れられるのではないでしょうか。前者は、次世代認定マーク「くるみん」というものでやっていますが、2005年の開始から15年以上経っても認知度はいま一つですし、企業名の公表は実現できていません。

そうだね、子育てにやさしい企業は、新卒者の採用なんかでも有利になりそうだし。何よりも、

❺男性の育児休業取得状況
2022年の男性の育児休業取得率は調査を開始した1996年以来最高の17.1%でした。ただ、2025年までにこれを30%に引き上げるという政府の目標にはまだまだ遠く、取得者のうち過半数は2週間未満の取得日数(2021年)でした。

❻パパ・クオータ制
「クオータ(quota)」とは「割り当て」という意味で、パパ・クオータ制とは、育児休暇のうち一定割合を父親が取得すべきものとして割り当てる制度をいいます。本文にあるとおり北欧を中心として広まったもので、父親が割り当てられた休暇を取得しないと、その分育児休暇の権利を失うことになります。

優秀な女性を採用できるからね。

▶子育てを地域でどうサポートするか？

では、**地域のサポート**は？

それはもう、地域の高齢者と子育てに悩む母親を結びつけて…。

そこが問われているんだよね。そもそも、わが国では、ここ近年でそれほど出生が増えたわけではない。しかも、待機児童解消策はさまざまな形で取り組まれているんだ。でも、待機児童は解消されない。おかしくないかなあ？

たしかにそうですね。でも、景気が悪くなって、家計を支えるために母親も働かなければならなくなって、ということではないでしょうか？

だったら、そういった母親が子どもを預けることができる施設をつくるべきなのでは？

でも、景気は変動するものだよ。好景気になったら、どうなると思う？

❼人口減少
2005年、我が国の人口が「減少局面にある」と総務省が発表し、そこから数年の「人口静止社会」を経て、2008年に人口減少元年を迎えたとされています。その後、合計特殊出生率の改善と外国人人口の増加により2011年が人口減少元年と改められました。さらに将来の人口推計では、2056年に１億人を割り込み、2070年には約8,700万人になるとされています。これは現在の人口の70％程度に減少することになります。

……。

施設がだぶついて、職員のリストラなんかも問題になってしまいますね。やはり、地域で子育てを支えていくというシステムづくりが必要になります。その場を自治体が提供し、待機児童と地域の子育てをできる人を結びつけて待機児童の解消を図るべきだと思います。

そうだね、いわば景気変動の安全弁ではないけれど、**子育て支援の面でも、地域の活用が重要になってくる**んだね。

▶人口減少社会の現状

続いて人口減少社会だが、いつくらいからわが国は人口減少[7]の局面に入ったのかな。

調べたところ、だいたい2010年前後だったようです。

そうだね。これから先も人口減少は変わらず、2100年の総人口は7,000万人くらいといわれている。これは戦後すぐの1945年と変わらない数字だ。

うわ～、お先真っ暗って感じだぁ。

▶生産年齢人口の減少をどう補うのか

まずは、生産年齢人口[8]の確保が急務ということになるよね。その問題意識が問われたのが、この国家一般職の問題なんだ。

図①から出てくる課題は、女性の労働力活用、つまり**M字カーブ[9]をどのように是正していく**かですね。そして、図②は**労働生産性をどのよ**

❽生産年齢人口
15歳以上65歳未満の人口を指し、生産活動の中核をなす年齢層であることからこう呼ばれます。2023年９月１日現在の日本の生産年齢人口は約7,401万人で、総人口のおよそ６割となっています。これが2040年には総人口の53.9％に減少すると推計されています。

❾M字カーブとＬ字カーブ
長らく、わが国の女性就業率は、結婚や出産を機にいったん離職し、育児が一段落したら再び働きだす女性が多く、M字の形になっていることから「M字カーブ」と呼ばれていました。しかし、育休制度等の浸透により、近年では図①のように台形に近い形になっています。因みに、女性の正規雇用比率は、25歳から29歳の58.7％を頂点にそこから次第に低下しており、Ｌ字を回転したような形になっていることから「Ｌ字カーブ」と呼ばれています。

うにして向上させるかですけど…。

図①から65歳以上の高齢者の労働参加が急に落ち込んでいることを考えると、高齢者の労働参加に加えて、そしてこういった従来労働参加していなかった層も含めた上での労働生産性を向上させることを考えないといけませんね。

いい視点だね。でも、女性のM字カーブは完全に解消できるのだろうか？

確かに解消は課題ですけれど、完全には無理でしょうね。

これからは高齢社会、それも超高齢社会なのですから、高齢者にどれだけ労働に従事してもらえるのかですよね。

そのためには**健康寿命を延伸させる**ってことですか？

いやいや、もちろん、それも重要だけれど、健康寿命が多少伸びたところで、労働に耐えうる健康を伸ばすという意味ではないからね。あくまで前提だろうよ。

だったら、技術開発によって、力の不足を補うためのパワードスーツ開発やロボット導入、さらにはAI導入によって、高齢者にも労働に参加してもらえるような環境作りが必要ということですかね。

▶労働生産性って何だろう?

そもそも生産性ってどのような指標なんだろうね？

労働生産性とは投入した労働量に対する産出量

の割合です。労働者1人あたり、もしくは労働者1人が1時間あたり、**どれだけのモノやサービスを生み出せているか**を知ることができる指標です。

実は、労働生産性には二つの定義[10]があるんだ。一つは、生産物の個数や大きさ、重さといった物理的な量を産出量として見たときの労働生産性で、これを物的労働生産性というんだ。そして、もう一つが、付加価値労働生産性、すなわち**新しく生み出したモノやサービスの金銭的な価値**を産出量として見たときの労働生産性だ。実は、わが国で問題となるのは、後者の労働生産性なんだよ。

あっ、だとしたら、高齢者の労働参加によって得られるのは前者の物的労働生産性だから、後者の向上にはつながらないんですね。

そういうことになるね。

あのう…私のサラリーマン時代のブラックな思い出なんですけど…。

いいよ、話してごらん。

仕事内容自体には達成感を味わうこともできたのですが、会議のための資料作りとか、報告書の作成とか、そういったことが山積みだったことで心が折れたんですよね。なんだか、本来の仕事というより…大事かもしれないけれど、なんだか情報共有という名の内部の締め付けというか…。

そのとおりだね。わが国の付加価値労働生産性が低い理由として、そういった「**仕事のための**

⑩2種類の労働生産性
端的にいえば、物的労働生産性は「生産量÷労働量」、付加価値労働生産性は「付加価値額÷労働量」と表現できます。労働生産性を国際比較する場面などでは、付加価値労働生産性をベースとすることが多いです。

⇒**テーマ11**も参照

シゴト」が多いことが問題とされているんだね。付加価値を産み出すことのない「シゴト」を組織のために延々とやらされているんだ。

ではどうすれば？

だからこそのAI導入だし、DXなんじゃないかなあ。

そうだね。AIという情報処理能力が秀でているものにそのような「シゴト」は任せて、**労働者は本来の仕事における付加価値を高めていく**ことに専念できる環境が整うともいえるよ。

▶国を開く

ところで、マクロ経済でY（国民所得）＝C（消費）＋I（投資）＋G（政府支出）という式を習ったよね。これまでの世界では、経済成長は人口増加期に生じるものとされていた。人口が増加すれば消費が増加し、それを見込んで企業等の投資も増える。また税収も増えるから政府支出も増加する。戦後すぐの1945年には7,000万人の人口だったわが国が、１億人の人口に達する（1967年）過程で、あの高度経済成長が生じたことはその好例だよね。それを考えると、現状はたしかにお先真っ暗とも言えないわけじゃない。でも、人口減少下でも経済成長というモデルを世界に示すチャンスでもある。

ピンチをチャンスに変える、ですね。でも国内消費の減少はいかんともしがたいのでは…。

だから「**国を開く」ということも大切**だよ。人口が減るのであれば、海外から来てもらえばいいのではないかな。現在は、海外からの旅行者大歓迎、労働者も大歓迎、でも「生活者」としては…という状況だ。これを**「生活者」として受け入れるという選択肢もあってよい**だろうと思うよ。

そのためには何が必要ですか？

異文化がわが国で共生できるようにしなければならないし、生活者として受け入れるということになれば、医療・教育・福祉も日本国民と同等にしていく必要があるね。

でも、一部の層からは反発がありそうだよ。

そこに配慮してわが国が矮小化していくのって、ダメじゃないか。2023年のラグビーW杯の日本代表[11]をみてごらんよ。あれこそ、ダイバージョン（多様化）の象徴ではないかな。わが国の喫緊の課題を解決するには、思い切った転換も必要だと考えるけどね。

特に、海外のお金持ちに来てほしいですね。そして、わが国の消費を支えてほしい。

そうなんだよ。世界の富裕層のモビリティは非常に高い。そういった富裕層に、シーズナルな生活者（春や秋をわが国で生活する人）になってほしいもんだね。この問題は、**異文化共生社会とも絡む話**だから、そこでも話してみよう。

⑪ラグビーW杯における多様性
ラグビーは国籍を保有しなくともその国の代表になれるため、2023年の日本代表は、日本人17人に加えて、トンガ、ニュージーランドなど7か国16人のメンバーで構成されていました。

⇒**テーマ13**も参照

▶地方における人口減少

さあ、これが大きな課題だし、設問にもなっている。

地方の人口減少は、少子高齢化も原因ですが、若者の人口流出という社会減[12]が最も大きいですよね。

地方から東京・大阪・名古屋等の三大都市圏への流出人口の累計は、2000年以降で200万人を超えるとされる。流出の理由の筆頭が「良質な雇用機会の不足」、そして「社会インフラ（交通、病院、商店等）の不足」「娯楽施設の不足」、それに続いて「良質な教育環境（大学、高校）の不足」となっている。

新潟県の問題にもある「学業」「職業」といったところですね。

たしかに、私の大学の友人も、大学から東京に出てきたのだけれど、高卒時に**「地方に残る」「地方から出る」の選択を迫られる**といっていたなあ。

そして、**「地方から出る」選択をすると、就職で「地方に戻る」という選択肢はあまりにも少ない。**

そして、高校卒業時に「地方に残る」選択をしても、就職で「地方から出る」を選択する。

すると…。

地方の人は「残る」「出る」しかないんですね。**「戻る」をどうつくるかがポイント**なんだ。教育を理由に「出る」を選択した人も、就職で「戻る」があればいいんだ。

鋭いね。そうなんだよ。これは地方創生にもかかわるので、そこでも話すけれど、**いったん「出る」選択をしても、「戻る」選択肢をいかに創出できるか**がカギなんだ。

⑫社会減
人口の増減には、出生と死亡の差によって生じる自然増減と、転入と転出の差によって生じる社会増減があります。本文で話題になっているとおり、地方から都市圏へ人口が流出することによる「社会減」が、地方にとって人口減少の大きな要因となっています。

⇒テーマ16も参照

セカンドライフにおける地方への「移住」[13]は使えませんかね。

たしかに、それも社会増になるけれど、これからの人口減少社会では、人の奪い合いにつながりかねないよね。ましてや、生産年齢人口が欲しいのであれば、ターゲットにはならないよ。

地方の社会減・都市の社会増って、せっかく地方のお金を使って育成した人材が、都市に取られてしまうという、いわば**受益と負担の不平等**でもありますよね。

おっ、やるなあ。そうなんだよ。もちろん、それは本問で論じることが求められているわけではないんだけどね。では、どうすれば、「戻る」選択肢をつくることができるかなあ。

それこそ、地方創生ですよね。先生は、よく「**その地方でなければならないという必然性」を持った産業の育成が必要だ**といわれますよね。

そうそう、せっかく育った産業が、その地方から出て行ってしまったら元も子もないからね。やはり、その地方の必然性を持った産業＋その周辺産業で働くという場をつくらなければならない。君たちは、「猿払事件」は知っているよね。

憲法を学習すると出てくる、公務員の政治活動の自由に関する判例ですよね。猿払って、たしか北海道の小さな村だったと記憶しています。

その猿払村[14]だけど、東京都港区、千代田区に続いて、住民１人あたりの平均年収が、全国３位だったこともあるんだ（2017年）。

えっ、北海道のけっこう貧しい村だとどこかに

⑬地方への移住促進
たとえば総務省では「地域おこし協力隊」という取り組みによって、都市部に住む人を人口減少や高齢化の著しい地域に移住させ、地域おこし活動に従事してもらいながら定住化を促しています。

⑭北海道猿払村の平均年収
総務省「令和４年度 市町村税課税状況等の調」によると、2022年の北海道猿払村の順位は６位で730万円超でした。

書いてあったような記憶が…。

たしかに、昔はそうだったらしいけど、今ではホタテ漁（畜養に近い漁法）で、それを海外に輸出して潤っている。もちろん、これは天然の恵みを利用してのものだけど、それを輸出する産業などの周辺産業も育成すれば、さらに働き口も増える。このように**地方独自のポテンシャルを活かして、「戻る」選択肢をつくっていく**んだ。

でも、流出要因にあった社会インフラはどうなるのでしょう？

交通はクルマ社会だし、病院はお金持ちの住民が増えれば自然に増えるものだよ。もちろん、そううまく流れるということでもないかもしれないが、好循環を生み出せば…ではあるよ。なんたって、**地方にしかない「生活の質」がある**からね。それは地方創生でまた話そうか。

そこに、さっき出てきた富裕層の外国人が、シーズナルな生活者として…。

そうなれば、人口増加につながるね。
では、**Q1**をＫさん、**Q2**をＡ君が書いてみましょうか。

答案の流れをつくってみよう

Q1 Kさんのメモ(国家一般職)

1 (1)導入
本問の目的達成
図①：女性のM字カーブ・60歳以上の労働力人口の急減の改善
➡労働者数の増加
図②：わが国の労働生産性の低さ
➡労働の質の向上

労働者数の増加＋労働の質の向上

序論

2 (2)課題の解決
超高齢化社会➡60歳以上の労働参加を促す➡「健康寿命」＋「労働寿命」概念の明確化
AI社会の進展➡AIに「仕事のための仕事」をさせる

労働に参加できる健康な高齢者の増加を促す＋労働参加しやすい労働環境の整備
労働者は付加価値の高い仕事に専念＝AIとの共存

本論

3 まとめ
高齢者の労働参加＝労働力の増加＋高齢者自身の精神面での健康向上
AIとの共存という新たな社会構造の創出＝次なる豊かさへの第一歩

わが国の中長期的な経済成長を実現し、更なる豊かさ

結論

答案例をみてみよう

Q1 Kさんの答案例（国家一般職） 約1,240字

問い(1)について

わが国が、生産年齢人口の減少による生産力低下に影響されることなく、中長期的に経済成長を実現していくためには、本問の図①から労働者の数、図②からは労働の質に関する課題を解決しなければならない。数量と質

序論

●本問で示された資料は２つとも「現状」に関するデータといえるため、「序論」における課題設定のためのガイドラインとして利用しています。

の課題を解決してこそ、上述の経済成長が実現すると考えるからである。

具体的には、図①からは、女性のM字カーブと60歳代以上の労働参加の急減が問題となる。これからのわが国社会が超高齢社会であることを念頭に置くと、後者の労働参加をいかにして促すかが課題といえる。

序論

また、図②からは、労働生産性の低さ、すなわち付加価値を生み出す労働について、いわゆる先進国と呼ばれるG7の中で最低であることが問題となる。よって、労働生産性を上げることが課題となる。

問い(2)について

●図①、図②からそれぞれ1つずつ課題を立てたので、本論では「まず」と起こして1つ目、「次に」と話題を転換して2つ目と、順に述べています。

まず、高齢者の労働参加については、高齢者の社会参加意欲の高さを活かすために、労働に耐えうる健康な身体を維持してもらうことができる取組を考えたい。高齢になると、力そのものの衰えは否めない。しかし、パワードスーツなどの技術的発展を借りれば、そこは補うことも可能である。

問題は、労働に耐えうる健康である。現在平均寿命とともに「健康寿命」というものが、自立した生活を送ることができる期間として提唱・測定されているが、これを一歩進めて「労働健康寿命」というものに変えて、提唱・測定し、かつ向上させていくための政策を実行すべきと考える。この「労働健康寿命」の提示により、働き手の高齢者ばかりでなく、使用者側の高齢者雇用に対する意識も変わるであろう。もちろん、高齢者が自分の「労働健康」にあった形でフレキシブルに働くことができる労働環境も必要であるが、労働者が労働参加の主体であることを社会全体が認識できる指標が、その前提として必要なのである。

次に、労働生産性の向上であるが、これは現在の働き方で問題となっている仕事のための仕事を、いかにして減少させるかにかかっている。会議のための資料作成や、情報共有のための長時間のミーティングなど、付加価値を生み出さない仕事のための仕事が、わが国では多

すぎるとされる。

しかし、これからAIが社会のすみずみにまで浸透してくる時代が始まる。このAIという情報処理の天才に、これらの仕事のための仕事の大部分を任せてしまい、人間は付加価値を生み出す労働に専念する。こうすれば、無意味な長時間労働は減少し、労働生産性も向上する。

したがって、AIをいち早く社会に浸透させるだけでなく、AIをどのように使うべきかのモデルケースを明確にし、AIと競うのではなく、AIと共生していく方法を労働の現場に示していく取組が必要となる。

本論

これからのわが国は、人口減少、技術力の衰退などの不安に包まれている。しかし、労働者を確保し、AIという新たな武器を使いさえすれば、それらの不安を解消して、さらなる中長期的な経済発展を実現することは不可能ではない。よって、上述の取組により、量・質両面からの労働の充実を図るべきである。

結論

山ちゃんの講評

Q1

Kさん

図からは、誰しもが同じような問題点を導き出すであろうことから、問題点を量と質の問題に還元して論じているところはよいですね。A君の経験を聞いて「仕事のためのシゴト」の話をうまく使えています。社会に出て組織に所属したことがある人ならば、みんなが共感するのではないでしょうかね。

答案の流れをつくってみよう

Q2  **A君のメモ**（新潟県）

1 **問題文のデータの分析**
：わが国の人口減少よりも早い時期からの人口減少➡社会減

> 問題文の数字を活かす

（序論）

2 **独自の分析**
地方に「残る」選択肢と地方から「出る」選択肢➡「戻る」がない

> より深い考察がポイント
> ⇒「残る」「出る」「戻る」というキーワードをうまく使う

3 **どうやって「戻る」をつくるのか**
：問題文データ「学業」「職業」
➡県のポテンシャルを活かした産業の育成

> 施策⇒抽象的でよい（具体策は求められていない）

（本論）

4 **まとめ**
新潟県の「生活の質」をも活かして、新潟県で「生活する」選択肢をつくる

> 新潟県の小論文としての締めを忘れずに

（結論）

答案例をみてみよう

Q2  **A君の答案例**（新潟県） 約830字

（序論）

わが国の人口減少元年は2011年とされていることを考えると、新潟県では、それより13年も早く人口減少が始まっている。その理由は少子化はもちろんであるが、問題文にある社会減が大きいと考えられる。

（本論）

問題文にもある理由の「学業」「職業」ということから、「15～19歳」と「20～24歳」のある時期に、県内の若者は、県に残るか、県から出るかの選択を迫られる。そして、最も大きな問題は、県から出た若者に、県に戻るという選択がむずかしいことにあると考えられる。もちろん、「学業」を理由に県から出ていくのを防ぐこと

●制限時間が少なく小論文全体のボリュームもそれほど大きくない答案なので、「序論」部分はシンプルに、論述の中心としたい課題に言及しています。

も考えられる。ICTの利活用による大学講義の遠隔化などはそのための施策として有効であろう。しかし、「学業」を理由に県から出た若者に、戻る選択肢があれば問題は解決するのである。

では、新潟県に戻るための施策とはどのようなものだろうか。上述のように、新潟県に戻るためには、職業の場である産業を育成することがポイントとなる。ここで考えるべきは、新潟県の必然性を持った産業でなければならないということである。これは地方創生にもつながることであるが、企業誘致などでは、この地域との必然性を欠くために、そのうち産業移転が生じて、育成策は元も子もなくなってしまうからである。

本論

では、新潟県の必然性を持った産業とはどのようなものだろうか。新潟県は、食料生産の場、一次産業の県である。これからの世界食料市場の需要増大を考えれば、高品質の農作物を世界の富裕層用に輸出し、生産ばかりではなく、加工・流通を含めた六次産業化によって、これらにかかわる職業を育成するのである。そうすればさまざまな場面での雇用が生まれ、新潟県に戻って就職することが可能となる。

新潟県には、都市にはない生活の豊かさがある。その豊かさを享受しながら生活をするという、新潟県で生活するという選択肢をつくり出せれば、人口減少を食い止めることができると考える。そのためには、新潟県でなければならないという必然性を持った産業の育成こそが大切である。

山ちゃんの講評

Q2

A君

少し分量が少ないように思うかもしれませんが、新潟県の小論文は1,000字以内なので、これで十分の量です。問題文で与えられたデータを、自分なりに分析し、「戻る」という選択肢に焦点を当てて、一点豪華主義的に論じました。小論文では、このような答案が評価されると考えます。

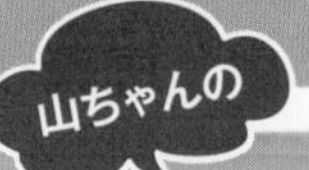

小論文道場

〈第１回〉設問の要求にきちんと答えよう！

添削指導で小論文の答案をよりよいものに改善していきます。
設問の要求を外れた答案がみるみるうちに「合格答案」に！

きちんと情報収集して、自分の考えもまとめて書いているつもりなのに評価が上がらなくて…、先生、私の答案、どこが悪いんでしょうか？

なるほど、じゃあとりあえず書いた答案を見せてごらん。

【問題】

環境に関する問題について、特に関心を持っているテーマを挙げ、取り組むべき課題や対応策について論じなさい。　裁判所2007

2016年のダボス会議で発表された報告書によると、世界では毎年800万トンものプラスチックごみが海洋に流出しており、仮にこのまま何の対策もとらなかった場合、2050年には海洋に存在するプラスチックの重量は魚の重量を上回るとのことである。

プラスチックごみの種類は多岐にわたり、海辺に不法投棄されてしまった発泡スチロールのブイ、漁網といった大きなものから、洗剤容器、ポリタンク、ペットボトルなどの日用品を由来とするもの、スーパーやコンビニエンスストアで買い物をしたときに受け取るレジ袋、ストロー、フォークなど枚挙にいとまがない。これらのプラスチックごみは次第に細かくなるが自然分解されることはなく、微細になった状態で海洋を漂い続けることになる。

こうしたごみの被害を真っ先に受けるのは海の生き物である。５mm未満の大きさになったマイクロプラスチックを食べてしまったり、釣り糸や釣り針を体に巻きつけたままで動けなくなってしまったりする。海岸に打ち上げられたクジラの胃から数十kgのビニール袋が見つかったと報じられたこともあった。また、めぐりめぐってごみを投棄した当事者である人間自身の被害にもつながることがある。海の生き物がプラスチックごみを摂取することで体内に有害物質が蓄積し、これらは食物連鎖を通じて生物濃縮していくからである。最終的にその生き物を人間が食べることで蓄積された有害物質の影響を受け、ガンの発生リスクが高まったり、生殖能力が損なわれたりすることが考えられる。

日本の民間企業では、レジ袋を有料化したり、飲食店で供するプラスチックストローを紙製に変更したり、使用済みのプラスチックボトルなどを分別回収したり、商品を量り売りすることで容器を削減したり、プラスチックの原料を植物由来のもの・リサイクル素材に変えたりする動きが広まっている。

また行政としては、都道府県や市町村に対して、海洋ごみに関する地域計画の策定を促したり、これらを削減するための事業に対し補助金による支援を行ったりしている。より幅広く国際社会に目を向けると、SDGsの目標として、2025年までに海洋ごみや富栄養化を含む、特に陸上活動による汚染など、あらゆる種類の海洋汚染を防止し、大幅に削減することが掲げられている。

プラスチックを使わないことが当たり前という社会を作ることで、人間にも人間以外の生物の暮らしにも配慮しつつ、持続可能な我が国にしていくべきである。

先生、私の答案はどうだったでしょうか？

論述のボリュームは問題ないし、テーマについてもきちんと調べているね。でも、う〜ん、不合格！　足切りにはならないだろうけれど、ちょっと合格には届かないかな…。

えっ…、かなり自信があったのに…。なぜ不合格なんですか？

いくつか直すべき点があるけど、じゃあ１つずつ見ていこう。今回のテーマは、**「設問の要求に答える」**こと！

設問の要求に答える…？

当たり前すぎてピンとこないかな？　でも実際、受験生の作る答案の中には、**設問の要求にきちんと答えていないせいで評価が低くなってしまうものはけっこうある**んだ。そもそも今回の論題は何かな？

環境問題です。

それはそうなんだけど、注目してほしいのは後半の**「取り組むべき課題や対応策について論じなさい」**というところ。

確かにそう書かれていますね。

「取り組むべき」というのは**「これから取り組むべき」**ということだよね。**自分が挙げた課題に対して、どのような施策を取るべきかを述べなければならない**。これに対して君の答案は？

ほんとだ！　**すでに実施されていることばかり書いていますね。**

それではダメだよね。ほら「**設問の要求に答える**」**ができていないでしょ！**

ポイント

受験生の答案では第４段落（「日本の民間企業では…」）と第５段落（「また行政としては…」）で、プラスチックごみ問題への対策が話題に上っていますが、これから取り組むべきことではなく、すでに実施されている取組みばかりになっています。

他にも何かありますか？

強いていえば、「**特に関心を持っているテーマを挙げ**」という部分も意識したいところだね。

答案で中心的に取り上げたのは海洋プラスチックです。

そうだね、答案を読めば海洋プラスチックに関心があることはわかるよ。でも、要求を正確に満たすならきちんと、「**この答案ではこの問題を中心に扱いますよ**」と**明確に宣言**するといいんじゃないかな。

そうか、そうすると答案の道筋がくっきりしますね。

「**序論**」のところで「**これから何の話をするか**」**を明示**しておくと、採点者にとっても読みやすい答案になるよ。

山ちゃんからの指導

- 「**取り組むべき課題や対応策**」という**設問の要求にきちんと応えよう！**
- 「**特に関心を持っているテーマ**」を**冒頭に明示しよう！**

他にも、受験生が陥りがちなパターンをまとめておこう。

「設問の要求に答える」ができていないありがちパターン

❶ 「これからすべきこと」が求められているのに「すでに実施していること」ばかり書いている
❷ 「資料を参考にして」とあるのに資料を活用していない
❸ 「具体例を挙げながら」とあるのに具体例を示していない
❹ 「簡潔に述べなさい」とあるのにだらだらと長く論述している
❺ 自治体でできる取組みを求められているのに、国レベルでないとできない取組みを挙げている

うわ〜、思い当たるふしがありすぎて怖くなりました…。

問題文をきちんと読んで、それに答えなきゃいけないことがわかったかな？

はい、思い知りました…。

じゃあ次回は、この点を改善した答案を作ってみよう！

ポイント

例えば国家一般職のように設問が長い出題の場合、要求事項がたくさんあって一見大変そうに感じるかもしれませんが、素直に設問の要求に従っていくと答案の流れができるようになっていることがほとんどです。このように、設問の要求は受験生の答案構成を助けてくれるものでもあります。逆に地方公務員で見られるようなテーマだけを端的に提示している１行問題のような場合はこのような制約がありません。この場合は逆に、設問に要求がなくても自分で答案の流れを作る必要があります。

⇒　次の小論文道場はP.198！

テーマ3

高齢社会

Q1 我が国では、2040年頃には、いわゆる団塊ジュニア世代が高齢者となり、高齢者人口がピークを迎える一方、現役世代が急激に減少する。そこで、2018年10月に設置された「2040年を展望した社会保障・働き方改革本部」の取りまとめにおいて、「健康寿命延伸プラン」が作成され、2016年時点において男性では72.14年、女性では74.79年となっている健康寿命を、2040年までに男女ともに３年以上延伸し、75年以上にすることが目標として掲げられた。なお、健康寿命とは、平均寿命から寝たきりや認知症など介護状態の期間を差し引いた期間である。

このような状況に関して、以下の図①、②、③を参考にしながら、次の⑴、⑵の問いに答えなさい。

⑴ 我が国が健康寿命の延伸に取り組む必要性について、あなたの考えを述べなさい。

⑵ 健康寿命の延伸を阻害する要因は何か、また、健康寿命を延伸するために国としてどのような取組が必要となるか。あなたの考えを具体的に述べなさい。

(2020年 国家一般職)

図① 健康寿命と平均寿命の推移

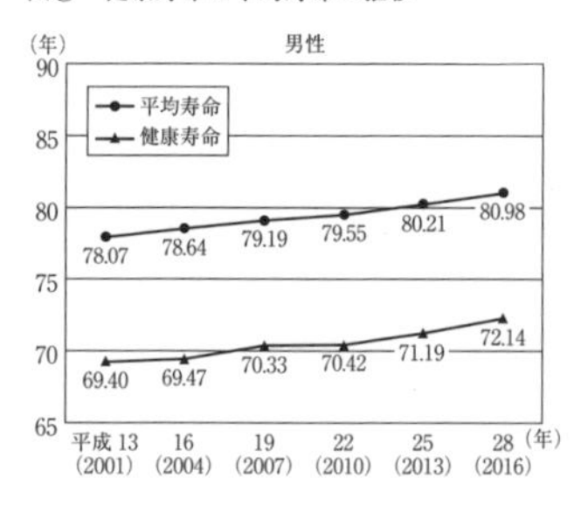

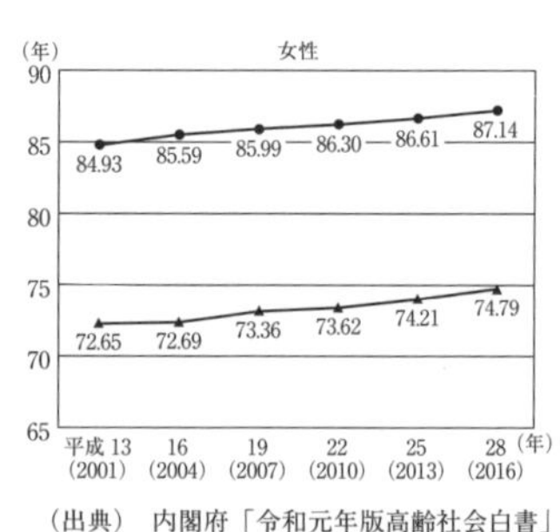

(出典) 内閣府「令和元年版高齢社会白書」

図② あなたは、何歳頃まで収入を伴う仕事をしたいですか (2014年)

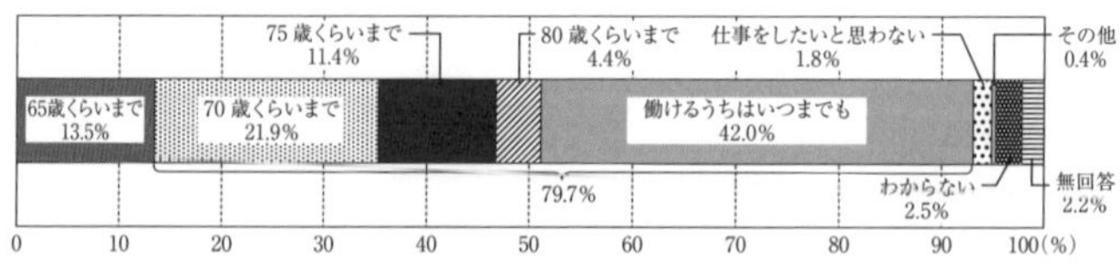

(注) 調査対象は、全国60歳以上の男女で現在仕事をしている者

(出典) 内閣府「令和元年版高齢社会白書」を基に作成

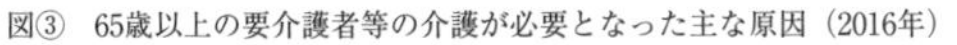
図③　65歳以上の要介護者等の介護が必要となった主な原因（2016年）

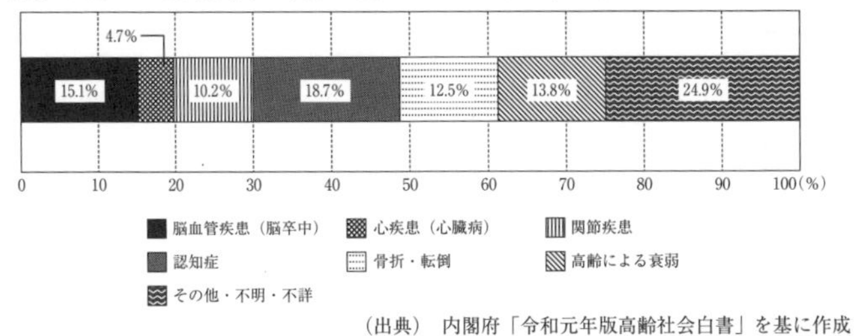

（出典）　内閣府「令和元年版高齢社会白書」を基に作成

Q2　長寿化が進み、「人生100年時代」が訪れようとしている。人生100年時代に向けて、群馬県はどのような施策に取り組めばよいか、あなたの考えを述べよ。　（2019年 群馬県）

※人生100年時代：ある海外の研究では、2007年に日本で生まれた子供の半数が107歳より長く生きると推計されており、日本は健康寿命が世界一の長寿社会を迎えています。（人生100年時代構想会議中間報告より引用）

類題　「人生50年」といわれた時代から現在では「人生80年」といわれる時代になった。一方で、こうした中、長い老後の生活に不安を持っている人も多い。企業退職者に対して行われた調査によると、心配事、不安として、健康問題のほか、「独り暮らしになること」「孤独になること」「生きがいがないこと」など精神面での問題を挙げる者が見られた。

このような心配、不安に関連して次の①および②について答えなさい。

① 将来における精神面での心配や不安に対するため、青年期、壮年期を含めた時期の生き方、考え方等、個人として行なうべきこと、心がけることとしてどのようなことが考えられるか、あなたの意見としてできるだけ具体的に述べなさい。

② 老年期の人々の上記のような精神的な心配や不安に対応するため、将来に向けて行政あるいは社会システムをどのように改善していけばよいと考えるか、あなたの意見を述べなさい。　（1999年 国家Ⅱ種）

出題意図と対策

2025年には、いわゆる団塊の世代が75歳以上の後期高齢者となる2025年問題が発生すると言われています。さらに、問題文にあるとおり、その先にも高齢者人口が急激に増加する時期が見込まれています。

これまで、高齢社会に関する出題は「高齢者が豊かに暮らす社会」をどのように構築するかという視点からの出題が主流でしたが、近年では「高齢者がいかに健康に暮らすか」という視点からの出題も多くみられるようになりました。もちろん、高齢者の社会参画や高齢者同士のつながりを作るという前者の視点からの取組も必要です。

ブレーンストーミング

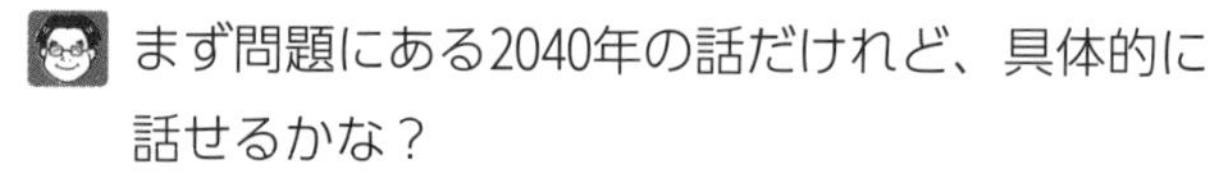

まず問題にある2040年の話だけれど、具体的に話せるかな？

いわゆる団塊の世代❶が後期高齢者となる2025年問題は有名ですけど…。問題文にあるように、この団塊の世代の子どもたちの世代❷、俗にいう第２次ベビーブームの世代が2043年にはすべて高齢者となるということですよね。その時の高齢者数の推計は4,000万人弱で史上最多となると推計されています。

▶健康寿命延伸の必要性

その人たちすべてが介護の対象（65歳）になったら大変だね。後期高齢者（75歳）になるのはその10年後だけれど…。

❶団塊の世代
第二次世界大戦の終戦直後である1947年（昭和22年）～1949年（昭和24年）に生まれた世代のことをいいます。「団塊の世代」の３年間で800万人以上の出生数があったため、第１次ベビーブーム世代とも呼ばれます。

❷団塊ジュニア世代
1971年（昭和46年）～1974年（昭和49年）に生まれた世代のことをいいます。毎年200万人以上の出生児数があり、第２次ベビーブーム世代とも呼ばれます。

そう考えると、健康寿命の延伸に取り組む必要性がわかるよね。

総人口は減少、しかも少子化なので、生産年齢人口が大きく減少するということですよね。つまり**高齢者は増えるけれど、それを支える人が減る**。だから、**健康寿命を延伸して、高齢者にも支える側に回ってほしい**ということでしょうか。

普通に考えればそうだね。他に何かないかな？

図①を見ると、健康寿命と平均寿命はシンクロして上昇していますよね。つまり、医療技術の向上等により平均寿命が上昇したけれど、それに合わせて健康寿命も上昇した。いわば「自然増」ということですよね。

これから平均寿命が従来通りの上昇をすれば健康寿命も上昇するけれど、そううまくいくのかってことじゃないかな。

そのとおり、いいところに気づいたね。群馬県の出題には「人生100年時代❸」と言われているけれども、果たしてこれまでどおり平均寿命は上昇するのか…。そうならなかったときでも、健康寿命だけが上昇するという流れを作らないと2040年問題、その先の2050年問題を乗り切ることができないのではないかという問題意識なんだろうね。国家一般職の論題にある「健康寿命延伸プラン」にもある、2040年段階で健康寿命を75年以上にするという目標は、その意味ともとることができるだろう。

しかも、**社会保障、とりわけ保険部門や医療現**

❸人生100年時代
アメリカのカリフォルニア大学、ドイツのマックス・プランク研究所による共同研究によると、2007年に日本で生まれた子どもは50％の確率で107歳まで生きるとされます。

場にも深刻な問題がありそうですね。

そこまで言及できれば高評価になるんじゃないかな。図②はどう使うのかな？

「働けるうちはいつまでも」という回答が一番多いこと、「70歳くらいまで」～「80歳くらいまで」を合計すると37%くらいあることを考えると…。やはり高齢者自身の希望としても働くための健康、**健康寿命が望まれている**ということですね。

そうだね。そこはシンプルに高齢者側の希望として論じればよいだろう。

▶健康寿命延伸のための施策

では、健康寿命を延伸させるためにはどうすればいいのかな？

図③から改善の余地がありそうなところを探してみると、いわゆる成人病である血液・循環器系の疾病、関節疾患が大きな壁ですよね。これらって、高齢者になる前の生活習慣がモノを言うんですよね。

そういえばA君はサラリーマン時代、会社の健康診断を受けていたよね。君自身というより、オジサマ方の反応はどうだった？

もちろん真面目に受け止めて改善に努めようとする人もいましたけど、少数派でしたね。それよりも「数値悪い自慢」をする人が大半で…笑い話にしていましたよ。

そうなんだよな。自営業の人なんかだと、健康診断すら受けようとしない…❹。どうすればい

❹健康診断の受診率
会社員の健康診断受診率が８割程度であるのに対し、フリーランス／個人事業主のそれは３割に満たないとするデータがあります。

いんだろうね？

ここはやはり金銭的なインセンティブ（誘因）が必要かと思います。健康診断減税なんかはどうでしょうか？

いや〜財政難のこのご時世で、いわば自己責任ともいえる健康管理で、「ごほうびあげるから…」っていうのも変な話ではないかね。

そうかあ…。ならばマイナスって話だよね❺。そうだ、健康診断を受診し、その結果に応じて健康保険や各種保険の保険料が変わるという制度はどうだろう。

そうだね。**健康管理ができない人には負担を多くする**という考え方もアリかもしれない。

❺健康増進目的の課税
アメリカには「ソーダ税」、ハンガリーには「ポテトチップス税」、台湾には「ジャンクフード税」と呼ばれる税制度の例があります。

▶「人生100年時代」の分析

続いて、群馬県の問題だ。こちらは、類題にもあるように、1999年（平成11年）に国家Ⅱ種（現在の国家一般職）試験で出題されたものと類似しているね。ただし、その時は「人生80年」が前提だったけれど。その問題の構成は非常に参考になりそうだね。

そうか！　「長寿化が進み…」と問題文にあるから、どうしても高齢者が「健康に暮らす」という方向で考えがちだけれど、**人生100年を通じて考えなさい**という問題ですものね。

そうだね。「**生き生きと**」「**豊かに**」**という前提から考えないといけない**ということだね。

▶「生き生きと」「豊かに」暮らすためには

「生き生き」だとか「豊かに」生活するって、どういうことなんだろうね？

物質的な側面はもちろんですが、**精神的側面が重要**だという風に類題にはありますね。

⇒**テーマ15**も参照

そうだね。「人生100年時代」ということになると、健康面ばかりでなく、「孤独」「無縁」という不安が出てくるものだよね。

65歳、長くて70歳まで働くとしても、その後に30年もあるんですから。

その間に配偶者が亡くなり、周囲の人間も減っていく…どうなる。

考えられないくらいの孤独感がありそうですね。

でも退職したら会社仲間とも縁も切れがちだし、家族はもともと核家族…。あっ、でも、**地域とのつながり**[6]**を持つ**ことができれば、少なくとも「孤独」ではないですよね。

❻地域との交流の場
埼玉県北本市にある北本団地はひとり暮らしの高齢者が多く集住する空間でしたが、2010年に中心部の商店街の空き店舗を使った「リビングルーム」というアートプロジェクトがスタートし、大人から子どもまで住民が集まる「居間」のような空間ができあがりました。同様のプロジェクトが他の土地でも行われています。

▶行政の取るべき施策

もちろん、働く意欲があればいつまでも働くことができる社会というのも必要ですよね。

ただ、それは国家レベルの話になるから、県レベルの施策では難しいだろうね。それから、Kさんの考えだけれど、**青年期や壮年期から地域とのつながりを持つ**というけれど、それを阻む要素はないのだろうか？

そのような**時間的余裕がないことや地域への関**

心が薄いことも青年期の課題だと考えられますよね。時間的余裕に関しては、働き方改革が推進役になりそうですが、県の施策ということになると…。

でも、DXやAIの導入で、時間的余裕は作られていくのではないかな。また、リモートワークが当たり前という社会になれば、地域の中で仕事も生活もということになる。それを前提に話を進めてもよさそうだ。

地域での活動というとボランティア活動がすぐに思い当たるのですが、どうやって活動を探すのでしょうね。

⇒テーマ9も参照

確かに都市部だと、NPOなどがネット上でボランティア検索のHPを立ち上げたりしているけれど、地方だとそうもいかないかもしれない。

民間活力を使えないとなると…。

行政だ！

そうだね。個人化が進んでいる現代は、なかなか他者の状況に関心を持ちにくい。だから、誰がボランティアを必要としていて、だれがそれを提供できるのか確定して、それらの人をつながなければならない。それを**つなぐという役割が行政の責務**なんだろうね。

自分の持っている能力をどのように発揮できるのかがわからないという人もいそうです。

そういう人たちへのコーチングも必要ですね。

もちろん、青年期・壮年期ばかりではなく、高齢者になってもそのような施策は生きてきそうだ。

▶地域とつながることができない高齢者はどうすればよいのか

でも、そういった地域とつながるための活動ができない、とりわけそういった機会を持てなかった高齢者なんかはどうすればいいんでしょう。

良い視点だね。そう言った人も視点に入れるのが行政の役割でもある。そもそも、ボランティアだって、NPOや行政がコーディネートしてつながる､いわば**人為的なコミュニティ**だよね。これは、**血縁や地縁という従来の自然発生的なコミュニティが機能しなくなったことから生まれたもの**ともいえるだろう。すると、高齢者は誰とつなげるのだろうかね。

高齢者同士のコミュニティ形成というのもありそうですね。

そのとおり、現在では高齢化率が28%を超える超々高齢社会[7]が到来している。そのような社会では、もはや**高齢者同士でつながってもらってもいい**のではないだろうか。たとえば、コレクティブハウス[8]なんかが挙げられるだろう。多数の高齢者が共同生活を行い、サポート可能な人はサポートの必要な人をケアする。もちろん、介護などの専門的なことは職員がやるけれども、日常生活上のことは入居者同士で助け合う。そして、サポートできなくなったら、新たに入居したサポート可能な人が…という風に、**高齢者世代内で循環していく**というものだ。

❼超々高齢社会
高齢者割合が7％以上を高齢化社会、14％以上を高齢社会、21％以上を超高齢社会と呼びます。28%を超えると超々高齢社会というのは山ちゃんの勝手な造語です。

❽コレクティブハウス
スウェーデン、デンマークなどを発祥とする、生活を共同で営むライフスタイルをいいます。家族など血縁関係にない者どうしが共同生活することで、孤独感や社会的な無縁性を克服できるという長所が考えられます。

それだと、日常生活の他愛もないやり取りの中から生まれる喜怒哀楽の感情が、精神的な豊かさにも通じるでしょうね。

一人暮らしを狙った犯罪も予防できそうだ。

そのとおり、このように**人為的なつながりを作るというのも、これからの行政に求められる働き**だろうね。

では、国家一般職をA君、群馬県をKさんに書いてもらいましょうかね。

答案の流れをつくってみよう

Q1　A君のメモ(国家一般職)

序論

1　**(1)健康寿命延伸の必要性**

個人における必要性

社会全体における必要性

：医療費・介護費の増大

➡社会保障財源のさらなるひっ迫

：医療現場における負担の増大

図②の数値から、健康に働けることで収入を得ていく個人の豊かさの実現のため

自分の経験を絡める

本論

2　**(2)国の取組**

前提：平均寿命と健康寿命の平行線

⇔平均寿命の天井の存在

➡健康寿命のみを延伸させる必要性

要因：個人の生活習慣・健康状態への自覚の不足

施策：健康診断の検査種類の拡大・受診徹底

受診者の健康保険料減額or未受診者の保険料増額

3　**結論**

「これからの社会における豊かさ」＝「生活の質の豊かさ」の前提となるのが健康寿命

答案例をみてみよう

Q1 A君の答案例（国家一般職） 約1,300字

問い(1)について

我が国において健康寿命の延伸の必要性は、国民一人ひとりの個人としての必要性と社会全体における必要性の両面から考察されるものである。

まず、個人としての必要性は、図②から明らかなように、高齢者の過半数は最低でも75歳くらいまでは収入が得られる働き方を望んでいることから導かれる。彼らは、働くことによって得られる経済面の豊かさそして精神面での豊かさ、これらを合わせた生活そのものの質の豊かさを実現することを望んでいる。そのためには、最低でも75歳までの健康寿命の延伸が必要となる。

また、社会全体における健康寿命延伸の必要性とは、社会保障の持続性を図る点での必要性と医療現場の負担を軽減するための必要性である。これ以上の医療費や介護費の増大は社会保障財政のさらなるひっ迫を招来するであろう。また、図③から見受けられる介護に至る原因は循環器系や整形外科の医療現場にさらなる負担を強いることになってしまう。これらを解消するには、個人個人の健康寿命を延伸するのが一番の近道であろう。

序論

●全体として見ると少し長めの「序論」ですが、2つある問いの1つでもあるため、必要性を「個人として」､「社会全体」の2側面から論じています。「まず､…」､「また、…」として話題を転換しています。

問い(2)について

図①から明らかなように、これまで健康寿命は平均寿命と歩調を揃えて伸びてきた。しかし、平均寿命の延びに天井があることが明らかである以上、健康寿命そのものの延伸を考えなくてはならない。

そこで、その阻害要因の探求が必要となる。

私は、国民一人ひとりの自覚の不足が健康寿命そのものの延伸を妨げているのではないかと考える。この自覚の不足は、TV番組で芸能人の血液ドロドロを笑って観てはいるものの、自らの健康状態には疑いを持たないところ等によく見て取れるものであろう。認知症は措くと

●順序はともかく、与えられた資料をまんべんなく活用するようにしましょう。

しても、脳血管疾患や関節疾患などの介護を必要とする原因の多くは、食生活等の生活習慣から派生するものである。しかし、なかなか個人では、「他人のふり見て我がふり」を直せないのが実情である。やはり自分の状況を数値という明らかなもので示されなければ、個人が独力で生活習慣の改善を図ることは難しいのである。

となると、国の取組としては、個人の自覚を引き出すための策が必要となる。個人の自覚、すなわち気づきを与えるものは個人の生活状況・健康状態を見える化することである。そのためには健康診断において、上述の原因を見える化する検査項目の拡充と受診の徹底が必要となる。特に前者については財源の確保が必要となるが、見える化不在の下での将来の医療費の増大に比べれば安くつくのは火を見るよりも明らかであろう。また、受診をしない層については、受診による健康保険料など各種保険料の減額、ことによっては未受診を理由とする増額というペナルティも考えてよいであろう。さらには、診断結果による増減額も考えられる。

本論

我が国における豊かさの指標は、モノの量の豊かさ、モノの質の豊かさと変遷してきた。これからの人口減少一途の社会において、次なる豊かさの指標は、生活そのものの質の豊かさになると考える。もちろんこれ以外の豊かさも考えられるが、いずれにおいても国民の健康の維持がその前提となることは言うまでもない。健康寿命の延伸が必要となる真の理由はそこにある。

結論

山ちゃんの講評

Q1

A君

(1)では、健康寿命延伸の必要性を整理して述べることに成功していますね。幅広く社会を見ることができている証です。また、(2)については自覚の不足という点の一点突破で論じています。もちろん、ここでも広く考察しても良いのでしょうが、(1)でそれを示しているので、ここは深く論じるのもアリですね。

答案の流れをつくってみよう

Q2 Kさんのメモ(群馬県)

1 「人生100年時代」の意味

「人間50年」➡「人生80年」➡「人生100年」

➡将来定年年齢の上昇⇔その後の25年の生活

> 青年期・壮年期を通じて一生のあり方を構築していくことが要求される

（序論）

2 地域とのつながりを作る

わが国の豊かさ＝モノの豊かさ＋ココロの豊かさ

➡前者：経済成長で達成

⇔後者：課題として残る

ボランティア活動➡地域とのつながり

➡時間的余裕＝働き方改革➡国の施策

⇔DX・AI導入・リモートワークの実現

県の取り組むべき施策：

人と人をつなげるコーディネーター

⬅NPOなどの欠如

> 青年期・壮年期からこれまではつながらなかった人たちとのつながりを作る取組の必要性⬅核家族化・退職・死亡による離別

> 時間的余裕＋地域に対する関心

3 地域とつながれない人のつながり

高齢化したのちに孤独になる人

➡血縁・地縁にも頼れない

➡コレクティブハウスの創設

> 高齢者世代内における世代交代・喜怒哀楽の実感を共にする＋犯罪被害者ともなりにくい

（本論）

4 まとめ

人生100年すべてにおいて他者とのつながりが持てる群馬県

（結論）

答案例をみてみよう

Q2 Kさんの答案例（群馬県） 約1,300字

序論

戦国のある武将は「人間50年」と歌って生を終えたとされる。そして現在の平均寿命は80歳を超える「人生80年時代」である。そして、論題によれば、将来的には、「人生100年時代」が訪れる。たとえ、将来定年年齢が75歳となったとしても、その後の25年の生活の豊かさを考えなくてはならない時代となったということである。

このような長寿の社会にあっては、高齢者となった後のみの豊かさを考えるべきではない。人間関係は形成・継続・消滅を繰り返す以上、その前の段階である青年期・壮年期のあり方も考えていくべきである。

●この答案では、高齢者になる前からの、精神的豊かさを醸成することを通じて「健康に生きる」ために県ができることを示そうとしています。本論の冒頭で、そこに注目していることを宣言しています。

そして、わが国の豊かさが物質的豊かさが先行して、精神的豊かさが課題となっている以上、この精神的豊かさをどのように青年期・壮年期から形成・継続していくかが重要となる。「孤独」や「無縁」が精神的貧困の基になることから考えて、他者とのつながりをどのように形成・継続するかが精神的豊かさの大きな要素であることがわかる。この他者とのつながりを作るうえで最も大きなベースとなるのが地域の人とのつながりであろう。

そして、そのつながりのきっかけとなるのが、ボランティア活動である。青年期・壮年期のうちから、ボランティア活動に参加し、地域とのつながりを形成・維持していくことが求められるのである。

しかし、そのためには青年期・壮年期の時間的余裕が必要となる。それは国レベルの働き方改革によるところが大きい。ただ、社会の技術的発展、DX・AI導入・リモートワークの恒常化によって、将来的にはこの時期にも時間的余裕が生まれる。そして生活区域で働くことにより、地域に対する関心も醸成されるであろう。

すると、問題はボランティアを必要とする人とそれを提供できる人をどうつなぐのかということになる。都市

部であればこれを実行するNPOなどが存在し、コーディネーターとなっている。しかし、それほどまでに民間の活動が活発でない地域では、その役割は行政が果たすよりほかはない。行政が両者をつなぐための施策として、プラットホームの設置や活動の補助を果たしていくべきである。

また、高齢者になった後に、つながりが持てなかった人々のケアも必要となる。血縁や地縁に頼ることができずに孤独を感じながら生活する人も少なくないのである。

本論

こういった人々については、県がコレクティブハウスのような集合住宅を設置し、そこで共同生活を営むという施策が考えられる。縁もゆかりもないが、共同生活する中で、動くことができる高齢者が、動きに不自由さのある高齢者の日常生活のサポートをしていくのである。そして、サポートする側も、いずれは新入居者のサポートを受ける側に回る。そのような高齢者内部の世代交代を実現していくのである。これにより、喜怒哀楽という日常生活上の実感、すなわち生き生きと暮らすための要素も満たすことができる。もちろん、孤独を感じる可能性も少ないだろう。犯罪被害の防止にも役立つはずである。

以上のような施策により、「人生100年時代」においても豊かに暮らすことができる群馬県が、全国に先駆けて実現できることになるであろう。

山ちゃんの講評

Kさん

文学部らしい入口から、「人生100年時代」を分析していますね。そして、ブレーンストーミングで話した、高齢期だけではない広い視点からも論述が展開できています。高得点が期待できる答案だと考えます。

テーマ4

格差社会

Q1 近年、我が国では生活保護受給者数（被保護人員）が急増し、平成22年（2010年）度には195万2,063人となった。生活保護世帯（被保護世帯）に支給される生活保護給付費も、平成22年度で約3.3兆円となり、国や地方公共団体の財政にとって大きな負担となっている。

このような状況に関して、図①、②を参考にしながら、以下の問いに答えなさい。

(1) 生活保護制度については、憲法が保障する健康で文化的な最低限度の生活を守るためのセーフティーネット（安全網）であり、国民に与えられた当然の権利であるとする意見がある一方、生活保護制度への過度の依存は、かえって個人の自立を妨げ、貧困や経済的格差の固定化につながりかねないという意見もある。この点に関するあなたの考えを簡潔に述べなさい。

(2) 近年、生活保護受給者数が急増している要因として考えられるものを挙げた上で、生活保護制度を効果的、効率的なものとするために有効と考えられる行政の施策について述べなさい。
なお、雇用・年金など他の社会保障制度との関連や、国や地方公共団体の財政、現行の生活保護制度の問題点等に留意すること。

（2012年 国家一般職）

図①

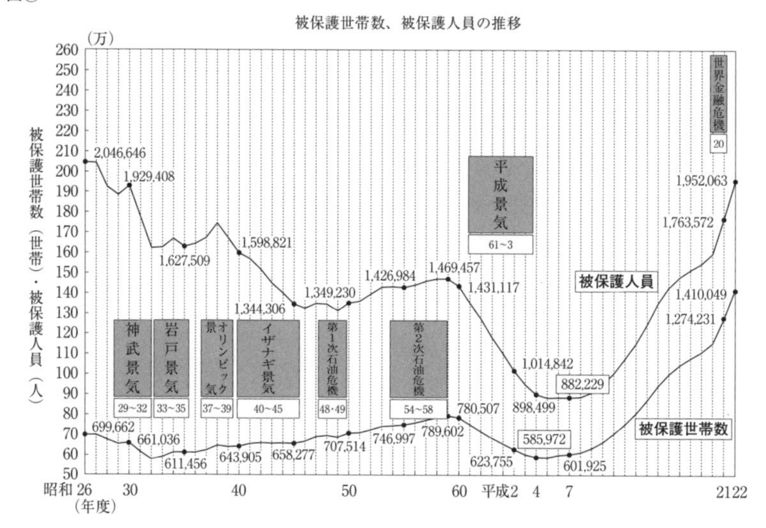

（厚生労働省社会保障審議会資料等に基づき作成）

図②

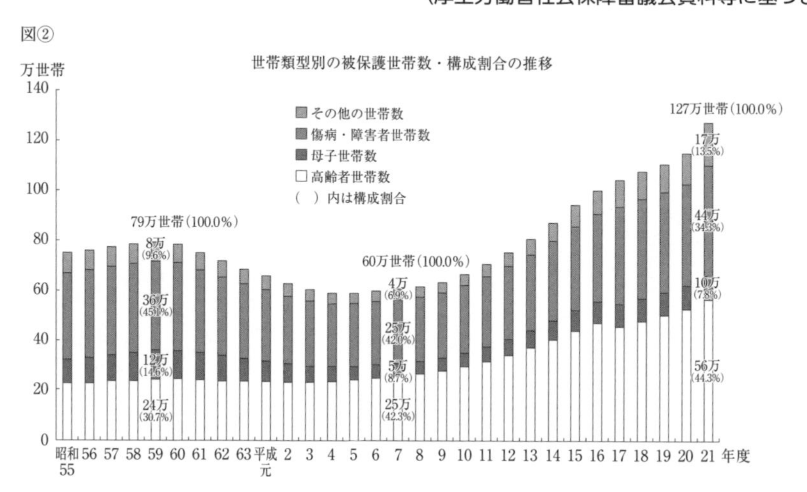

（注）表中に記載の数値は概数のため、合計が必ずしも一致していない。

（厚生労働省社会保障審議会資料等に基づき作成）

Q2 日本の将来を担う子どもたちは国の一番の宝であり、子どもたちが自分の可能性を信じて前向きに挑戦することにより、未来を切り拓いていけるようにすることが何よりも重要です。しかし、現実には、貧困が世代を超えて連鎖し、子どもたちの将来がその生まれ育った家庭の事情や環境などによって左右されてしまうことも少なくありません。このような状況を踏まえ、社会における子どもの貧困問題について、特別区の職員としてどのように取り組むべきか、あなたの考えを論じなさい。

（2018年 特別区）

出題意図と対策

昭和の時代には「一億総中流」といわれたわが国社会も、現在では格差が当然の社会となってしまいました。格差社会にある失業、貧困。その表れが近年の生活保護受給者の増大となるわけです。そして、**この格差は教育の格差を通じて、格差の連鎖・世襲につながっていきます**。その先にあるのは**階層社会**です。どうやって、**この格差の連鎖を断ち切るのか、貧困に陥った人々が、どうすれば元の層に戻っていけるのか**を考えなければなりません。

ブレーンストーミング
～テーマのポイントを探ってみよう

まずは、**Q1**から考えよう。生活保護制度自体の是非を考えるというものだよね。

たしかに後段の否定論にも考えるところはありますが、さらに高齢社会が進展していること、受給世帯の半数近くが高齢者世帯であることを考えると、肯定せざるをえませんよね。

そうだなあ。やはり公務員志望である以上、**資本主義の大原則である自助努力を強調するのは、福祉国家否定になってしまう**からね。でも、否定説の考えを完全に切り捨てるというのもダメではないかな。

そうでないと、この調子で増加一途だと、財政が破綻してしまいますよね。

そこを条件にあるとおり「簡潔に」論じて、本丸ともいうべき(2)に入っていこう。 まずは、条件である「近年、生活保護受給者が急増している要因」を考えようか。

最初は、高齢化社会が原因かと考えたのですが、近年といっても1995年くらいからの急増なんですよね。

そうだね。本問のグラフに経済循環も資料として加わっていることに着目してみようか。すると、急増の前にある「平成景気」とは？

いわゆる「バブル景気❶」ですよね。生まれる前の話ですけど…。

❶バブル景気
1986年12月から1991年2月頃までの好景気をいいます。急激なドル高に対する各国への協調行動が発表された「プラザ合意」に端を発し、株価や不動産の地価が上昇しました。さらに個人資産の増大により社会全体が好景気を実感した時期となりました。バブル崩壊後は長い景気低迷へと入りました。

そうかぁ、君たちはバブル後世代なんだ。時間の経つのは早いもんだな。

感慨にふけってないで、ブレストしましょうよ。

ごめん、ごめん。では「世界金融危機」というのは？

これは知ってます。「リーマンショック❷」ですよね。

そのとおり。経済学者のポール・クルーグマンは、「第二次世界恐慌」だといったくらいの経済的危機だったんだ。

でも、それよりも前から急増は始まっている…。

そうなんだよ。もちろん、始まりはバブル経済の崩壊だけれど、1999年には労働者派遣事業法が改正❸されて、派遣業種の大幅な拡大が認められたんだ。その後、2004年には製造業への派遣が解禁される。つまり…。

非正規雇用の増大だ！

そのとおり。**非正規雇用という不安定な雇用が一般化し、その不安定さが露呈したのが、世界金融危機**なんだね。

なるほど、でもグラフにある「その他の世帯数」というのがわからないんですよね。

ちょっと調べてみたところ、この「その他の世帯数」の割合が、この問題の出題後も増加してるんです。

その層は、失業などによって、無職・無収入・無資産となった世帯なんだよ。2009年に厚労省からの通達で、**働くことができる層であっても生活保護が受給できる**ようになったんだ。

❷リーマンショック
2008年９月に、アメリカの有力投資銀行であるリーマン・ブラザーズ・ホールディングスが破綻したことが契機となって生じた世界的株価下落、金融危機、同時不況をいいます。

❸派遣法の改正
本文にあるとおり1999年の改正で対象業務が原則自由化されたことは、非正規雇用の拡大につながりました。同法はその後改正を重ねる中で派遣労働者の待遇改善も行っており、2020年に施行された改正法では、正社員と比較した派遣労働者の不合理な待遇差を解消すること（同一労働・同一賃金の実現）などが定められています。

ということは、高齢者や母子家庭ばかりでなく、若い世代でも生活保護受給者が相当数存在するということなんですね。

残念ながら、**一度生活保護を受給すると、それが「ゆりかご」になってしまってね**。だから、増加の一途なんだよ。

そうか。この層への保護については別建てして考えないといけないということですね。

「ゆりかご」ではなく、「トランポリン」にならないと。

うまいたとえだね 。そうそこに、(1)で出てきた否定論の、「自立」の思考が入ってくるんだ❹。**いったん生活保護受給層になったとしても、そこから自立して、逆に税を払って制度を支える側にまわるという層になってもらわなければならない**ということだね。そのためにはどうすれば？

やはり雇用政策と結びつけないといけませんね。

そうだ。セーフティネット❺一辺倒という制度は高度経済成長期にふさわしい制度であって、**時代と社会が変わっている以上、それに合わせた制度変革が必要だ**ということだね。では、**Q2**にいってみようか。

▶貧困の連鎖

子どもの貧困率❻は低下傾向にあるとはいえ、問題にもあるとおり、**「子どもたちの将来がその生まれ育った家庭の事情や環境などによって**

❹生活保護受給者の「自立」
保護受給者は経済的な困難だけでなくひきこもりなど社会生活上の困難も抱えているケースがあります。こうした現状において自立を支援するための、生活困窮者自立支援制度との連携が模索されています。

❺セーフティネット
あらかじめ予想される危険や損害の発生に備えて、被害の回避や最小限化を図る目的で準備される制度です。

❻子どもの貧困率
「国民生活基礎調査」によれば、1985年から上昇傾向にあった子どもの貧困率は、2012年の16.3％をピークに低下傾向にあり、2021年では前調査の2018年（14.0％）から2.5％低下し、11.5％まで改善しています。これは子どもがいる世帯の母親の就労率が2012年（63.6％）から増加した（2021年で75.7％）ことから、世帯の稼働所得（労働によって得られる所得）が増加したことによるものと考えられています。

左右されるという」ことは、大きな問題だよね。

「親ガチャ」って呼ばれているとおり、自分がどのような家庭に生まれてくるか、子どもは選べないですからね。

しかも自分の努力によってこれを変えることもできない。

貧困家庭では、子どもの生活の様々な部分において格差を生じさせるけれど、どの面での格差がとりわけ問題なんだろうね。

それは、やはり**教育**ですよね。貧困家庭では、子どもの教育に十分なお金をかけることができない。結局、子どもたちは学歴社会の下で、貧困層から抜け出すことができない。そして、またその貧困がさらに次の世代へと引き継がれていく。

⇒テーマ6も参照

そのとおりだね。すると、**格差が階層となって、日本にも階層社会が形成されていく**ことになる。

それから、**医療**も問題になるのではないでしょうか。知り合いの歯医者さんから聞いたのですが、生活保護受給家庭の子どもたちを検診すると、歯の状態がひどい子どもがびっくりするくらい多いんだそうです。

切実な話を聞いたね。確かにその通りで、ここにもメスを入れなければならないのは事実だ。ただ、本問は貧困の連鎖が問題文にもあるので、教育について話してみよう。

▶貧困家庭の教育をどうすべきなのか

まずは、教育資金の補助ですよ。若者に対する投資は未来への投資ですからね。国レベルでの話かもしれませんが、財政的に他の地方よりも余裕がある特別区だからこそ可能なのではないでしょうか。

そういえば、港区が区立中学の修学旅行先を、原則海外にするというニュースを聞いたよ。

なに～！　まだオレですら行ったことがないのに…（怒）。

まあまあ、個人的な怒りはブレストの敵だよ（笑）。でも、**せっかくの教育資金も、キチンと子どもに使われるのかな。**

そうですよね。家庭自体が貧困なんですから…。食費などに消えていく可能性が十分にありますよね。

悪い親だと、自分のために流用したりする人もいるだろうしなあ…。

ここが悩みどころだね。ところで、民法で成年後見制度[7]について学習したかな？　あれを参考にして考えてみようか。

あっ！　**子どもを教育面でのみ支えていく制度を創設する**ということですね。

そうだ。いわば**教育後見人ともいうべき存在を創り出す**ことではないかと考えるね。超々高齢社会のわが国には、教員経験を持つ人など、教育に知識・経験が豊富な人も多い。この人たちに、教育補助の資金を渡して、その子どもの教育に必要と考えられる支出を任せるという制度だ。もちろん、親の教育権や民法上の制度といった壁はあるかもしれない。けれども、教育面における金銭の使途についてのみアドバイスするという程度のものであれば、自治体レベルにおいても創設できるのではないかな。

さて、今回の問題は**Q1**はＡ君、**Q2**はＫさんにお願いできるかな。

❼成年後見制度
判断能力が十分でない人が財産管理や契約にあたって不利益を受けないよう、成年後見人というサポーターを立てて支援する制度です。本文ではこの制度になぞらえ、教育面に限って子どもに必要な支出を管理していくしくみを提起しています。

 答案の流れをつくってみよう

Q1  A君のメモ（国家一般職）

⑴について

1 **近年の増加⇒否定論にも理解**
⇔福祉国家観・生存権保障から肯定論

（問題文にある意見に対する自己の考え）

⑵について

2 **図から考える要因：非正規雇用の増加・リーマンショック・生活保護受給要件の緩和**

（資料の分析）

［序論］

3 **効果的・効率的な運用**
財政の観点：このままでは破綻
問題点：「ゆりかご」でしかない
施策：受給層に合わせて雇用促進と絡めた新たな制度の創設

（現行制度の問題と、有効と考えられる施策を考える）

［本論］

4 **まとめ**

 答案例をみてみよう

  A君の答案例（国家一般職） 約1,200字

⑴について

設問中の生活保護制度への過度の依存を理由とする否定論は、図①の近年の被保護人員・非保護世帯数の急増を見ると、なるほどと思わざるをえない一面がある。しかし、それは、セーフティーネットであるべき生活保護が、いわばゆりかごのように機能してしまっている生活保護制度周辺部分の未整備によるものであり、生活保護制度自体の問題ではないと考える。生活保護が、他の社会保障では救えない場合の最後のセーフティーネットで

●設問に「簡潔に述べなさい」とあるとおり、⑴にあまり多くの紙幅を割きすぎずに⑵のテーマに移るのがよいバランスといえるでしょう。

あるという原点を考えれば、やはり、これは肯定すべきものと考える。

⑵について

近年、生活保護受給者数が急増している要因としては、2003年の法改正による製造業派遣の解禁、それによる非正規労働者の増加、リーマンショック以降の派遣切りという一連の流れが考えられる。新自由主義経済への転換は、近代にも経験された資本主義の格差を再登場させたが、まさにそれを象徴するのがこの生活保護受給者数の急増だったのである。経済システムのみが独り歩きして、雇用・年金といった他の社会保障システムの未整備が招いた結果ともいえよう。そのため、政府は、2009年から働くことができる層にも生活保護を支給する方針転換を行わざるをえなかったが、これも急増の要因となってしまった。図②でその他の世帯数の割合が1995年時の倍となっているのはその表れである。

このまま生活保護受給者が増加すると、設問中の否定論が述べる貧困や経済格差の固定化につながるだけではなく、ただでさえ先行き不透明な財政状況を破綻に向かわせる推進力ともなりかねない。

ではどのようにすれば、生活保護制度を効果的、効率的なものとすることができるのであろうか。私は、現行の生活保護制度は、高度成長期のそれを依然として引きずっていることに大きな問題があると考える。求人に事欠かなかったその時代においては、生活保護は一時的なセーフティーネットとして機能することが期待され、実際そのように機能してきた。しかし、労働構造そのものが変化した現在では、一度職を失った人が、何もスキルのないままで再就職を果たすことは非常に困難を極めるものとなっている。必然的に、生活保護制度も一時的なセーフティーネットから半永久的なゆりかごと化してしまったのではないだろうか。

したがって、私は、再就職支援システムと結びつけた形での生活保護制度の再構築こそが急務であると考え

序論

本論

●⑵の設問が要求する骨子は「要因分析」→「施策の提案」ですが、それ以外に「雇用や年金との関連」、「財政」、「現行制度の問題点」など触れるべき事項が多くあります。構成段階できちんと整理して、これらをまんべんなく満たした答案を目指したいところです。

る。そうすることで、生活保護制度を、失業による貧困から脱出するためのトランポリンとして機能させることができる。そして、そこから脱却できた人は生活保護制度の原資となる税金を納付する側にまわり、財政的な裏づけも強固となるであろう。

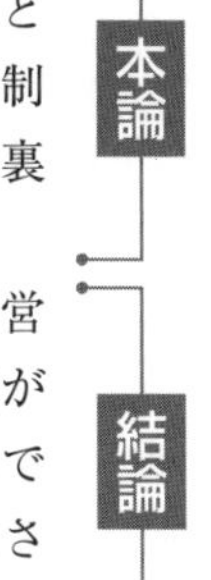

わが国は、国民一人一人に「健康で文化的な生活を営む権利」を憲法で保障する福祉国家である。社会構造が変化すれば、その理念を支える制度も変化させるべきである。上に述べた、新たな生活保護制度の構築は、まさにその一つである。

※本解答では、論題どおりに、「セーフティーネット」と表記しています。

山ちゃんの講評

Q1 A君

ブレストで出てきた話をうまく文章化できていますね。資料の分析をはじめ、問題文中にある条件をすべてクリアする中で、自分の考えを述べることにも成功している合格答案です。

答案の流れをつくってみよう

Q2  Kさんのメモ(特別区)

1 **現状**
子どもの貧困：減少傾向⇔10人に１人が相対的貧困層
「親ガチャ」=自らの努力で変えられない
貧困の連鎖➡階層社会
子ども＝「日本の将来を担う……宝」

2 **特別区の取組**
子どもの貧困
➡医療と教育に大きな格差を生む
教育における格差の是正策
➡教育補助金の支給
⇔教育に消費されるのかという疑問
補助金の適正な使途の確保
⇔親の教育権・民法上の制度

3 **まとめ**
現在のわが国＝「失われた30年」以降の閉塞状況

序論
この解消は喫緊の課題

本論
貧困の連鎖・階層化を考えると、教育が最も大事
補助金支給と教育後見制度の創出＝元教員などの活用
教育における金銭使途に関してのみの介入＋アドバイザー的存在…自治体でも創設可能

結論
この政策で「子どもたちが自分の可能性を信じて前向きに挑戦することにより、未来を切り開いていけるように」できる

答案例をみてみよう

Q2  Kさんの答案例（特別区） 約1,060字

序論

長らく上昇し続けていた子どもの貧困率は低下傾向にあるとされる。しかし、それでも子どもの10人に1人が相対的貧困の中にある。「親ガチャ」とも呼ばれる、「子どもたちの将来がその生まれ育った家庭の事情や環境などによって左右されてしまう」状況は、子ども自らの努力によって払拭できないものである。この貧困による格差が子どもの生活のあらゆる場面に影響し、貧困の連鎖が続く。この連鎖によって、貧困は階層となり、わが国も階層社会が形成される可能性がある。論題にもあるとおり、子どもは「日本の将来を担う国の一番の宝」である。この宝を守るためにも、子どもの貧困の解消は、特別区にとっても喫緊の課題である。

本論

子どもの貧困による格差は、特に医療と教育に現れるとされる。その中でも、教育における格差は、上述の貧困の連鎖・階層化の大きな原因となるので、教育における格差をどのように縮めるかがカギとなる。

●自由度の高いテーマなので、「教育」に的を絞って論じようとしていることを本論の最初に示しています。

ここでまず考えられるのが、教育補助金の支給である。しかし、この補助金が本当に子どもの教育のために費消されるかどうかは疑わしい。そもそも貧困家庭では、食費等の生活に必要な支出すらギリギリの状態だからである。

そこで、私が考えるのが教育後見人制度の創設である。民法にある成年後見制度のように全般的に財産管理をするのではなく、子どもの教育における金銭の支出についてのみ、後見人が子どもたちをフォローするものである。教育補助金は教育後見人に渡され、その使途については、子どもの状況に従って、最も適切な支出を図っていくのである。特別区には、元教員などの、知識・経験が豊富な人材が多数存在する。こういった人々に、教育後見人として活躍してもらうのである。このことは、高齢者の社会貢献につながるものでもある。

ただ、親の持つ教育権に対する介入となる点は否定できない。また、民法上の親権制度との整合性も問題となるかもしれない。しかし、教育における金銭の使途についてのみの介入であり、しかも強制力を伴うものでもないとすれば、自治体においても創設可能なものであろう。特別区には、制度の創設や教育後見人育成のための制度設計が望まれる。

本論

わが国は、「失われた30年」を経て、将来に対する閉塞感が充満している。上述のような政策で、「子どもたちが自分の可能性を信じて前向きに挑戦することにより、未来を切り開いていけるように」できるのであれば、こういった閉塞状況に風穴を開けることができるであろう。日本の中心にある特別区から、そのような風を起こすべきであると考える。

結論

山ちゃんの講評

Q2

Kさん

子どもの貧困がなぜ問題なのかといったところから、教育の格差に課題を絞り込み、施策につなげることができています。施策に関する問題点にも言及できていて盤石の答案となっています。最後の結論部分では、特別区からわが国全体に…という素晴らしいクロージングですね。非常によい答案です。

テーマ5 AI社会

Q1 近年、人工知能の開発が目覚しい速度で進んでいるが、人工知能が社会に及ぼす影響と課題について、具体例を挙げながら論じなさい。
(2016年 裁判所)

Q2 「平成28年版情報通信白書」(総務省) では、「近年の人工知能(AI) 技術やロボティクスの急速な進歩によって、非定型的な知的業務や複雑な手仕事業務も将来的には機械によって代替されるとの見方が強まりつつある」と述べられている。人工知能技術やロボット工学の急速な進歩が、人々の雇用や生活に与える影響についてあなたの考えを論じなさい。
※参考として、①平成28年版「情報通信白書」と②「ニッポン一億総活躍プラン」からの引用文が添付されている。
(2017年 神奈川県)

類題 我が国において、人工知能 (AI:Artificial Intelligence) の研究・活用を進める上での課題及びその対策について、あなたの考えを具体的に述べなさい。
(2017年 国家総合職教養区分)

出題意図と対策

ロボット工学などとともに、第４次産業革命とも呼ばれる多岐にわたる分野におけるイノベーションの大きな要素の一つである人工知能 (AI:Artificial Intelligence) は、近年、国家公務員ばかりでなく地方上級の試験でも出題されるようになりました。**人工知能の導入が社会にもたらすメリット・デメリットを明確にしたうえで、デメリットをどうやって克服していくのかという問題意識を、小論文で強く出すことができるようにした**いところです。

ブレーンストーミング

～テーマのポイントを探ってみよう

人工知能（AI）によって第４次産業革命❶が生じると言われているけど…。AIが社会に及ぼす影響として、大きくは①**倫理的問題**、②**法的問題**、そして③**雇用をはじめとする人間との関係**があるといわれるけれど、Kさん、どうだろう？

▶AIの倫理的問題

悪い人たちが自分の都合のいいようにAIに情報を与えて、社会に害悪を及ぼすような判断がされてしまうという問題があるという話をしたのですが…。

そうなんですよ。だから悪人どもにAIを使わせないようにするにはどうするんだろうって考えているんですよ。

まあそういった問題もあるが、コンピュータやインターネットだって悪用されるおそれはあるからね。程度の問題かと思うなあ。それよりも、①データ取得の範囲・方法、利用可能範囲について、AI使用者と市民の間に利害対立が生じるという**データの取得と利用に関する問題**があるね。また、②**AIが事故を起こすことへの具体的予防策の欠如という問題**、③AIはこれまでにない状況に対する判断能力が低いことから、**従前の行動規範をプログラミングするだけでは倫理的な判断ができないという問題**があるとされ

❶第４次産業革命
IoT（Internet of Things：モノのインターネット）やAI（人工知能）、ビッグデータを用いた技術革新をいいます。これによって今までは大量生産かつ画一的に提供されてきたサービスが個々にカスタマイズされるようになったり、単純労働の自動化が進んだりすることで、AIでは実現できない、よりクリエイティブなことに人々がリソースを割けるようになるとされます。

る。

なんだか理屈っぽくって難しいですね。具体的に展開できそうなのはどれでしょう？

③かな。たとえばAIによる自動運転を行う際に、目の前に歩行者がいて、ハンドルを切れば右側でも左側でも必ず車にぶつかる場合、AIはどのように判断するのだろう？

えっ？　より危険性の少ない判断をするのでは？

すると損害賠償の危険を考えれば、より賠償額の安価な自動車に衝突するという判断をするのかねぇ。また、事故の危険を考えれば、エアバッグ装着車に衝突するのだろうか？

エアバッグを装着してまで安全性を高めた自動車の方が事故に巻き込まれやすくなってしまいますね。

そう。それって、倫理的におかしくないかね。我々の科学技術は、Fail Safe❷思想で進められてきたのだけれど、**AIは誤った判断からさらに誤った判断を導いてしまう可能性がある**んだね。

❷Fail Safe（フェイルセーフ）
機械やシステムの設計などについての考え方の一つで、故障や破損、操作ミス、誤作動などが発生した際に、なるべく安全な状態に移行するような仕組みにしておくことをいいます。

▶AIの法的問題

AIの法的問題については、知っているかな？

こないだ、テレビ番組で、AIが事故を起こしたときの責任は所有者が負うのか、それとも製造者かという問題を議論していました。

AIは契約の主体になれないから、意思決定過程のミスを理由にした民法の条文では解決できないんだ。

さすが法律をよく勉強しているね。もちろん、それも問題なんだけれど、**AIはルールに極めて厳格に従ってしまうため、制限速度などの交通法規を守りすぎて、かえって渋滞を引き起こしてしまう**のではないかという問題もある。

ああ、法令はすべてAI社会以前のものだから、AI社会に合わないんだ。

ほう、キチンとまとめたね。**AIを社会構成員として取り込んだ法整備をしていかないと、社会が機能不全を起こしてしまう**ということなんだ。

▶AIと人間との関係

さあ、これが大物だね。Kさん、どうかな？

あるシンクタンクの発表によると、AIが社会に浸透することで、労働人口のかなりの部分がAIに代替される[3]という結果が大きく報道されました。

そうだね、AIによって失業する人が多数発生するという話だった。でも、それって本当の話なのだろうか？　ファクト・チェックが必要だよね。

でも、あれだけ大々的に発表されたんですよ。本当の話なのでは？

実は、これを発表したオックスフォード大学の学者たちの研究内容についての精査が行われ、米国では47％とされた代替率が９％だということがわかったんだよ。細かくいうと、ある職

❸AIに代替される労働力
2015年、野村総研とイギリスのオックスフォード大学との共同研究として、10～20年後に、日本の労働人口の約49％がAIによって代替可能となる、という推計がなされました。

(job) の仕事 (work) を覆う作業 (task) に分解し、その作業の100%がAIに代替されるときに職が代替されるという、より綿密な計算の結果、そういうことになったんだ。

なんだあ、デマだったんですか。安心しました。

一概にデマというわけではないが、問題なのは、この49%という数字が一人歩きして、**「AIは雇用を奪うか」という二極対立的な議論が展開されているのは、わが国だけだ**ということなんだよ。AIが浸透することによって、**「雇用の未来」がどうなるかとか、「雇用の質」「雇用の構造問題」といった課題の下での議論が少ない**んだ。なんでこうなったと思うかな？

なんだか、AIを人類の敵だと思っているかのような…。

えっ、AIによって、第４次産業革命が起きて人類はさらに進化を遂げるはずなんじゃないの？

「敵」とまではいえないかもしれないけれど、少なくとも「競争相手」と考えているんじゃないかな。

将棋の棋戦なんかでも、プロ棋士がAIに負けたなどという話がよく出てきますね。

そうなんだよ。情報の記憶や処理などについては、人間はAIにかなうはずがないんだ。そのためには、まず**「競争相手」という概念を、「共存相手」と考えて人間社会にとって有用なものとして使っていく相手という風に変えていく必要がある**んじゃないかな。

その概念を前提にして、初めて**「雇用の未来」**

を語ることができるはずだ。AIの浸透により、雇用の世界が変わることも事実だ。AIによって生じる失業もないわけではない。しかし、AIによって生まれる雇用もある。ドイツの研究❹では、AIの浸透により、2025年において、失われる雇用が1,460万人、創出される雇用が1,400万人になると推計されている。重要なのは、**何をAIに任せて、何を人間がやっていくべきなのかを明確にし、「共存」の在り方を模索する**ことなんだ。

具体的には、どのような施策が必要なのでしょうね。

そうだね。まず、AIの浸透により、中レベルのスキルを必要とする職種、たとえば銀行の窓口業務のようなルーティーン業務の仕事は雇用が減少するといわれる。これに対し、高スキルの職種と低スキルの職種の仕事に、人間の職種が二分化するといわれている。わが国では、いまだAIで代替できる部分を人間が担っていて、逆に高スキルの人材の養成が図れていないんだ。だから、**国家が率先して、第４次産業革命を牽引するリーダー人材となるデータサイエンティスト領域の専門家を育成していく必要がある**ね。また、需要が増加する**低スキルの職種の賃金の引き上げ等も実施していかなければならない**と考えるよ。

「競争相手」と考える今の状態が続くとどうなるのでしょう？

そうだね、デメリットばかりを極大化して、AI

❹ドイツの研究
ニュルンベルクのIAB研究所（仕事・雇用研究所）が2016年に行った推計では、本文にあるとおり2025年において失われる雇用と創出される雇用がほぼ同数であることが示されました。

の導入が世界の諸国に遅れてしまったらどうなると思う。

国際競争に負けてしまいますね。

国際競争に負けるような企業は、そして雇用はどうなる？

企業は倒産し、失業者が増加します。

するとAIの浸透による失業どころの話ではなくなりますね。

そうなんだ。だからこそ、**AIと共存する社会の構想づくり**を急がなくてはならないんだ。では、裁判所をＫさん、神奈川県をＡ君に書いてもらおうか。

答案の流れをつくってみよう

Q1  **Kさんのメモ**（裁判所職員）

1 **総説：メリット＝第４次産業革命**
➡人類にさらなる利便性をもたらす
デメリット：三つの課題

> まずはメリットを挙げて課題克服の必要性を論じる

2 **倫理的問題**
㊃　自動運転における判断

3 **法的問題**
㊃　過失責任の責任負担

4 **人間との関係**
㊃　雇用が奪われる

> それぞれの課題と具体例⇒克服のための施策は抽象的でよい

5 **まとめ**
課題の克服＋AIによる利益享受

> １の課題克服の必要性と結びつけて結論

答案例をみてみよう

Q1  **Kさんの答案例**（裁判所職員）　**約960字**

人工知能の社会への浸透は、人類に第４次産業革命をもたらし、さらなる利便性や豊かさを与えてくれるといわれる。とりわけ、労働の分野に関しては、単純労働から人間を解放し、ワーク・ライフ・バランスを実現してくれる可能性も大きい。その反面、デメリットとなる多くの課題も存在する。その課題とは、①倫理的課題、②法的課題、③人間との関係における課題に分類される。

①の倫理的課題とは、人工知能はこれまでにない状況における判断能力が低いことから生じる課題である。具体的には、人工知能による自動運転時に、歩行者をはねてしまうことを回避するために、ハンドルを切れば右に

- 裁判所のこの論題では、影響・課題について「具体例」を挙げるところまでを求めていることから、ブレーンストーミングでの検討になぞらえた３種の分類に沿って記述しています。「序論」では、この小論文がそうした構成をとることを予告しています。
- 「本論」部分では３

も左にも走行中の自動車があって、どちらかに衝突する場合の判断が挙げられる。この場合、安全性を高めるためにエアバッグを装着している自動車を選ぶという判断をするようにしておくと、より安全性に注意した自動車のほうが事故に巻き込まれてしまうという倫理的矛盾が生じてしまう。こういった判断に、いかにしてFail Safe思想に合致した設計をするかが施策として必要となる。

次に、②法的問題とは、たとえば、人工知能が誤発注をした場合、その責任は使用者が負担するのか、それとも開発者が負担するのかという問題である。人工知能は社会の構成要素となっていくにもかかわらず、現行の法制度上は法的な主体としては考えられていない。このことから生じる課題である。この課題を克服するためには、AIを含めた新たな社会に適合した法制度の整備が必要となってくる。

そして、③人間との関係における課題とは、人工知能によって人間の作業が代替され、多くの失業者が生じるのではないかという課題である。この点、作業は代替されるが職そのものまでは代替されないとか、人工知能導入によって創出される職も存在するという反論もある。しかし、最も問題なのは、人工知能が浸透した社会における雇用の姿が不明確な点である。人工知能を使ってできることは何か、そして人間に何ができるのかを確定してこそ、その社会における雇用のあり方がはっきりわかるはずである。新たな社会の構想こそが求められるところである。

本論

冒頭にも述べたように、人工知能の浸透は、人類の生活に新たな局面をもたらすものである。これらの課題を克服して、そのもたらす利益を人類全体で享受できるようにすべきである。

種の課題を次々に扱うため、段落を分けて記述しています。話題の切り替わりでは、「次に」、「そして」などと書き起こしています。

山ちゃんの講評

Kさん

小論文で高得点を取るためには、一つの論点を深く論じるか、さまざまな視点から広く論じるかのパターンがあります。本問は、「社会に及ぼす影響と課題」を求めていることから、後者のパターンが高得点になりそうです。Kさんの答案は、まず三つの分野に分類したうえで、一つ一つを論じており、広い視点ながらもまとまりのある答案になっており、高得点になりそうですね。

答案の流れをつくってみよう

Q2 A君のメモ(神奈川県)

1 **問題文の分析**
➡情報通信白書から出る問題意識

問題文のヒントを活かす

2 **問題意識の考察**
AIを「競争相手」と捉えていないか
競っても負ける領域があること
➡「共存相手」として再構成

より深い考察がポイント
⇒具体例を盛り込むとわかりやすい

3 **「共存」に必要なこと**
➡高スキル人材の育成

施策⇒抽象的でよい(具体策は求められていない)

4 **まとめ**
「共存」を模索し、「雇用の未来」を構想する必要性

AIを恐れるデメリットから論じる

答案例をみてみよう

Q2  A君の答案例（神奈川県） 約1,030字

序論

人工知能（AI）は、人々の雇用や生活に大きな利益をもたらしてくれるといわれる。とりわけ単純労働からの解放は、会議資料の作成などのいわゆる仕事のための仕事から付加価値を生み出す労働へと人々を導き、生産性の高い労働、ひいてはワーク・ライフ・バランスの実現にも寄与するものと考えられる。

しかし、その反面、問題文にもあるように、人々の労働が機械によって代替され、人々の雇用を奪ってしまうともいわれる。あるシンクタンクが、AIの社会への浸透によって、約半数の労働者が職を失うという推計を発表して、大きな話題となった。

●Q2は設問に「雇用・生活」分野という枠組みがあるため、その分野に限定した論述が必要です。ピントがずれた答案にならないように注意しましょう。

本論

この推計に対しては、作業は代替されるが職までも代替されるわけではないとか、失われる雇用があっても創出される雇用もあるといった反論もなされている。しかし、であるにもかかわらず、上の数字は一人歩きし、人々は漠然とした不安を抱えている。世界の諸国を見回しても、AIと人間関係を二極対立的に捉えている国は、どうやらわが国だけであるということらしい。

なぜ、このような視点が出てきたのか。私は、人々がAIを競争相手として捉えて、競おうとする意識が強くなっているのではないかと考える。プロの将棋棋士とAIを戦わせる棋戦があるのはその表れではないだろうか。

しかし、記憶や情報処理の分野において、我々はAIに必ず負けるのである。そうであるならば、AIをうまく使うことによって、どうすれば共存できるのかを考え、その中で雇用の未来を考えるべきではないかと考える。そのためには、学校教育や社会教育の中で、AIとの共存を考えさせる意識啓蒙が必要である。そして、AIをうまく使いこなす人材であるデータサイエンティストの育成も必要となる。さらには、AIでは代替できないとされる低スキルレベルの労働に対する賃金引上げ等も必要となるであろう。

本論

AIは、我々の生活に、間違いなく利便性をもたらすものである。しかし、上に述べたように競争相手として捉えて導入をためらっていると、もたらされる利益を享受できなくなってしまうことはいうまでもない。さらには、わが国企業に先んじてAIを導入した他国企業に、世界の市場で敗北を喫するかもしれない。そうなると、わが国に不況がもたらされ、AIによる失業増加どころではない大きな社会不安を生じさせることになりかねない。AIと共存するという意識の下で雇用のあり方を模索し、その社会で必要とされる施策を実行していくことが、さらに上のレベルの豊かさをわが国にもたらすことにつながるであろう。

結論

山ちゃんの講評

A君

本問は「雇用や生活に与える影響」となっていることから、深く掘り下げて論じることが高得点につながるでしょうね。A君の答案は、わが国固有の社会意識を改革するという視点からとらえたもので、これだけで高得点がつきそうです。そのうえでの、結論部分の展開も非常によいと思います。

テーマ6 教育

Q1 世界は、グローバル化が急速に進展し、人や物、情報等が国境を越えて行き交う大競争の中にあります。日本が将来にわたって国際社会の中で信頼、尊敬され、存在感を発揮しつつ発展していくためには、イノベーションの創出を活性化させるとともに、人材の質を飛躍的に高めていく必要があります。

そのためには、教育の在り方が決定的に重要であり、若者の能力を最大限伸ばしていくことが不可欠です。

⑴ 今日の社会の変化とその背景を述べ、それに対応するため、育成を図るべき能力について、あなたの考えを述べなさい。

⑵ ⑴で述べたような能力を培うために、初等中等教育においてどのような取組を行うべきかについて、具体例を挙げながら述べなさい。

(2014年 国家一般職)

Q2 私が考える教育改革

(2005年 栃木県)

 出題意図と対策

人口減少社会を迎え、生産年齢人口の減少により、わが国の生産力は徐々に低下していきます。そのような社会の中で、**わが国が持続可能な発展をしていくためには、生産力の低下を補う個人の能力の活用が必須**となります。そこで重要になるのが教育です。**将来への投資として位置づけて論じていく**ことが求められるところです。

ブレーンストーミング

～テーマのポイントを探ってみよう

さて、教育は難問だね。近年では、「アクティブ・ラーニング[1]」ということがより取り上げられているけれど、実は、**わが国の教育は、昔から知識重視型と経験重視型の間を行ったり来たりしていたんだよ**。知識重視型が批判されると、経験重視型が採用され、それが学力低下を招くと批判されるとまた知識重視型が導入され…といった具合なんだ。なかなかビジョンが定まらなかったということだね。

教育をテーマにした問題では、そのビジョンから書くことが要求されているのですか？

そうだと考えるよ。やはり、**教育は、何らかのビジョンを持って臨まなければならないテーマ**だからね。そもそも、教育とは、どういうものなんだろう？

将来の日本を構成する国民を育んでいくということだと思いますが…。

ならば、教育のビジョンを考えるうえで、必要なことは何かな？

将来の日本…、あっ、将来のわが国の社会がどのような社会になっているか、ということですか。

そのとおり、**これからの教育を考えるにあたっては、社会の将来像が不可欠**なんだね。やはり、その社会像のもとで、どのような国民を育むこ

❶アクティブ・ラーニング
学修者の能動的な参加を取り入れた教授・学習法をいいます。発見学習、問題解決学修、体験学習、調査学修等が含まれますが、教室内でのグループ・ディスカッション、ディベート、グループワーク等も有効なアクティブ・ラーニングの方法です。

とが求められるのか、そういった流れで考えていくべきだろう。PISA❷の調査で、一時期わが国の上位にあったフィンランドでの教育は、**「教育は将来に対する投資である」との考え**から、不況下にありながら教育予算の大幅な増加を行って成果が出たとされているんだ。
では、どのような社会がこれから展開されるのかな？

少子高齢社会、グローバル社会、異文化と共生する社会、格差社会…、挙げていくとキリがないですね。

そこに、AI（人工知能）が入り込んでくるということも考えないといけませんね。

そうだね。さまざまな社会像が考えられるし、それに合わせての教育のビジョンというものもバリエーション豊かなものになる。だから、答案としては、十人十色になってしまい、評価しづらいかな？ **Q1**で、「グローバル化」におけるイノベーションの創出という限定がなされているのは、やはり評価の一元化を考えてのものだろうね。ただし、「グローバル化」の進展とともに、現在では地域内の競争の激化も伴う「グローカル化」が進んでいるといわれている。その中で、どのような国民が必要とされるかということだね。

イノベーションの創出ということは、やはり新しい価値を創出するということですよね。

そうだね。現在のわが国は、これまでの価値が通用しない社会となってきているんだよ。これ

❷学力調査
日本が参加している国際的な学力調査として、OECDが実施しているPISA（ピザ）があります。これはProgramme for International Student Assessmentの略で、2000年から３年ごとに行っている学力調査です。単なる知識や技能だけではなく、それらを活用して日常で直面する複雑な課題への対応力を問うものです。一方、国内で実施しているものとしては全国学力調査があります。こちらは2007年から、文部科学省が実施している小中学校の児童・生徒を対象とした学力調査で、国語と算数または数学について、知識面と活用面について調査するものです。

までは、以前の社会を軸にこれにマイナーチェンジを加えて発展させていくという…。

インクリメンタリズム[3]！

そのとおり。しかし、21世紀に入って、そうもいかなくなったんだ。**Q1**の問題文にあるグローバル化の中で、新興国が台頭して、わが国は往時のような地位を維持できなくなってきているからね。ということで、**新たな価値を創造することができる人間を育むことが求められる**んだね。そのためには、何が必要なんだろう？

それは、やはり知識なんじゃないですか？　知識のベースがなければ、新たな創造なんてできないんじゃないでしょうかね。

でも、それだと、高度成長期の教育と同じものになるのではないですか？「脱ゆとり」の詰め込み教育と同じになってしまうのでは…。

そうだね。高度成長期と同じ教育をやって、同じ失敗を繰り返したのでは、何も学んでいないことになる。そもそも、創造の源泉って何だと思うかな？

やはり**好奇心**なのではないですか？

私もそのように考えるね。やはり、**好奇心があって、初めて人は知的に背伸びをしようとする。**この知的な背伸びがないと、ただの詰め込みに終わってしまうのではないかな。高度成長期の詰め込み教育にはこの欠点があったんだと思うよ。すると、子どもが自分の持つ好奇心に気づきを与える教育とはどのようなものなんだろうね？

❸インクリメンタリズム
政策決定にあたり、抜本的な改革ではなく漸増的修正によりその変化を増分だけにとどめようとする行動様式をいいます。

好奇心って、**「すごいなぁ」と思う気持ち**がベースになっているように思いますが…。

あっ、何かで読んだのですが、大学の先生が子どもたちの前で実験をして、「すごい」と思わせたうえで、将来このようなことを勉強するためには、今は、たとえば算数のこの勉強を頑張りなさいと指導する、というのがあったんです。

別に、大学の先生ばかりではなくてもよいだろうね。たとえば、痛くない注射針❹をつくり出す町工場の技術者だって、子どもたちに「おおっ、すげえ」と思わせることができるだろう。そういった人たちにも教壇に立ってもらうことが、まずは必要なのではないかな。

でも、教壇に立つためには、教員免許がないと…。

そこの発想から変えていかないと。もちろん、ふだんの学習は、教員免許を持った先生が担当する。しかし、彼らには「気づきの学習」の時間は担当させない。なぜならば、好奇心を引き出すための経験が彼らには期待できないから

❹痛くない注射針
糖尿病に苦しむ子どもたちがインスリン注射をする際に痛みを感じないようにと開発された注射針です。医療機器メーカーの要請に応じて、東京の町工場の職人によって開発されました。

だ。やはり、**さまざまな現場に立って仕事を続けた人たちだけが語れることも多い**といえるのではないかな。

すると、やはり、**地域の人が教育現場に入っていける環境**をつくらないといけませんね。文部科学省が進めているコミュニティスクール❺なんかがよいのでしょうか？

コミュニティスクールは2004年から始まった制度で、2022年では、全国の公立学校の42.9%の15,000校以上の学校が認定されている。けれど、あくまでも学校の運営に地域協議会が関与するというだけであって、教壇に地域の人が立つというところまでには至っていないんだ。

では、**教員免許のあるなしにかかわらず、多様な人材から子どもたちが教わる機会がこれからは必要**、ということになりますね。

そうだね。幸いなことに、わが国には、高度経済成長期を担った人材が豊富だ。これこそ、「気づきの教育」の大きな資産となるのではないかな。国家レベルでは、そこがポイントかな。では、地方レベルではどのようなことが必要になるかな？

地域のどのような人に、教壇に立ってもらうべきかという選考ですか？

もちろん、それも必要だけれど、その人材は地域的に偏りを生じることがあるよね。たとえば、東京でいえば、先ほど私が例に挙げた、町工場の技術者は下町という地域に多い。それに対し、山の手と呼ばれる地域には、そのような技術者

❺コミュニティスクール
学校だけでなく保護者や地域住民がともに知恵を出し合い学校運営に意見を反映させることで、「地域とともにある学校づくり」を進める仕組みです。

はあまり存在しない。すると、**自治体の枠を越えて、これらの人に子どもたちの前に立ってもらうための斡旋も必要**となる。これを県のレベルでやっていくことが必要なのではないかと思うよ。

ここでも、**人と人をつなぐ**、ということですね。

そのとおり。では、**Q1**をA君、**Q2**をKさんに書いてもらおうかな。

答案の流れをつくってみよう

Q1 A君のメモ(国家一般職)

1 ①グローバル化とグローカル化
②20世紀の経済成長

まずは社会像ですね

2 ①における交渉能力、②における内的な能力を備えた人材の育成
➡個人の能力の特化・その発揮の複眼的教育
➡そのための「気づき」を与える教育

そのうえでどのような人材が必要となるかを確定させる

3 教育を与える側の多様性
➡地域社会を巻き込んだ教育

そのような人材を育むために必要な教育とは何か

4 まとめ

答案例をみてみよう

Q1 A君の答案例(国家一般職) 約1,210字

序論

(1)について

わが国を取り巻く今日の社会変化として、問題文に示された①グローバル化とともに進展しつつあるグローカル化による地域内競争の激化と、②人口減少社会における生産年齢人口の大幅な減少が挙げられる。

①のグローカル化は、わが国を包み込む東アジア圏において急速に進みつつある。ものづくり産業における中国・韓国の進展ばかりでなく、人口増加の著しいインドネシアや工業化の著しいベトナムなどとの競争が激化しつつある。しかも、それらの国のさらなる成長を考えると、わが国においては、自らが優位性を持つ分野を特化し、その分野における競争でわが国の豊かさを支えてい

●(1)の問いは自由に考えを述べてよいようにも見えますが、問題文で与えられた「グローバル化」というキーワードを考察のヒントにしています。このように、国家一般職の問題では設問で与えられている枠組みをうまく答案構成に取り込むことを意識するとよいでしょう。

く必要がある。この状況で要求される人材とは、競争相手に対して、わが国の優位性を前面に出しつつ、相手国とのウィンウィンの関係を構築していく交渉能力を持つ者ではないかと考える。

また、その昔わが国で達成された経済成長の背景には、生産年齢人口の増加があったことは明白な事実であるとされている。となると、②の人口減少社会における生産年齢人口の減少の下では、これまでのわが国が達成した経済成長は望むべくもない。

したがって、わが国でさらなる経済成長を図るためには、わが国が優位性を持つ分野において、新たな創造を作り出す人材が必要となる。

⑵について

それでは、どのようにすればそのような人材を育成できるのか。

①の交渉能力と②の創造力とは、相反するものではない。両者を兼ね備えたゼネラリストも少なからず存在するし、そういった人材も必要であることはいうまでもないだろう。

本論

しかし、生産労働人口が減少する社会においては、そういったゼネラリストに引っ張られての、往時のような経済成長ではなく、個々人の能力が十分に発揮されたうえでの経済成長が模索されるべきであろう。したがって、個人の能力を特化させ、それぞれの能力が発揮できるような教育、すなわちスペシャリスト教育が必要となる。

●**テーマ2**で扱った人口減少社会とも関わる話題です。「人口減少社会において経済成長するには？」という観点で問われた際にはこの論述の枠組みを当てはめることができるでしょう。

そのような教育のうち、初等中等教育において必要なことは何であろうか。私は、子どもたちの、自己の中に眠る能力への気づきや物事に対する関心を引き出し、それを育むことが要求されると考える。そのためには、やはり教育を与える側の多様性が必要となる。教育を与える側に、教員ばかりでなく、地域・社会が教育の現場に参加し、子どもたちの気づきや関心を引き出し、育むことが要求されることになるのである。

幸いなことに、高度経済成長期の資産として、これに携わった人材が、わが国には多数存在する。そのような存在に積極的に教育現場に参画してもらうことで、子どもたちに気づきと関心の芽を与え、育むという、これからのあるべき教育の姿が実現されるであろう。これにより、わが国が優位性を誇る分野で世界に誇れるモノを生み出し、それを世界に出していく、それぞれの場で力を発揮できる人材を輩出することができ、わが国のさらなる経済成長につながるものと考える。

山ちゃんの講評

A君

参考文章を、自分なりにアレンジして社会像を提示し、そこで求められる人材、それを育むための教育という、設問の要求に沿えています。

答案の流れをつくってみよう

Q2  Kさんのメモ（栃木県）

1 **私が考える教育改革**
これからの社会像⇒あるべき教育の姿
子どもたちの好奇心

まずは、課題に対する答えを出す
事実はコンパクトに記述する

2 **地域の人を巻き込んで、好奇心を育む教育**
そのために必要なこと
国家レベル・地方レベル
県が行うべきこと

ここで論述の軸となるビジョンを出す

3 **まとめ**

国家レベルは軽く触れ、県レベルをくわしく述べていく

答案例をみてみよう

Q2 Kさんの答案例（栃木県） 約1,160字

序論

私は、子どもたちの好奇心を育む方向に教育を改革すべきであると考える。なぜなら、これからの社会は、これまでの価値が通用しなくなるまで構造が変化し、新たな価値の創造が必要となる社会が到来するものと考えられ、その新たな価値の源泉こそが好奇心にあると考えるからである。実際、子どもたちに好奇心がないわけではない。最近では、子どもたちに理科の実験を体験させる民間教育機関が、あちこちの学校に出前実験教室を行っているほどである。好奇心の種が学校に存在する以上、これを育んでいくことが不可欠だろう。

●一行問題なので、まず端的に結論を示してから説明に入る構成をとっています。

本論

私は、地域の人たちが教育の現場に入って、子どもたちに自分たちのスキルをみせていくのがよいのではないかと考えている。地域には、団塊の世代をはじめとして、さまざまなスキルを持った人たちが存在する。このような資産を教育の現場で活かさない手はないだろう。たとえば、痛くない注射針を作る技術者、平らな金属板を叩き出して球面を作り出す板金工など、子どもたちに「すごい」と思わせる人々に、教壇に立ってもらうのである。すごさを感じた子どもたちは、そのような技術の習得の前に、どのようなことを学校で学ぶべきかという目標設定もできるはずである。そして、将来を夢見て、知的に背伸びをする子どもも生まれてくるだろう。このような子どもこそ、新たな価値を創造してくれるはずである。

このような地域の人々に教壇に立ってもらうためには、まずは教員免許のあるなしにかかわらず、多様な人材が教壇に立てる制度が必要であるが、これは国家レベルで取り組むべき問題である。県は、そのような制度ができなければ、「総合的な学習」担当助手などの名目で、それらの人々を雇用すればよいだろう。問題は、県内に

●序論で「好奇心を育む」という教育像を示したことを受け、本論で具体的な内容に分け入っています。

存在する人材の配置である。地域の資産ともいえるこのような人材は、どこの地域にも存在するわけではなく、特定の市町村や地域に偏在するものである。これを市町村単位で採用するということになると、どうしても手の届かない分野が生じてしまう。こういったときこそ、広域的行政である県の出番である。県は、このような人材を集めて、教育人材バンクをつくり、市町村の壁を越えて、人材の斡旋を行うべきである。このようにスキルのある人材とそれを必要とする子どもたちをつないでいくのが行政の役割でもある。

本論

これまで、知識を重視すべきか、それとも経験を重視すべきかで、幾度となく教育改革が行われてきた。しかし、それは目の前の現象に振り回され、二つの軸の間を右往左往していたとも取れるものであった。将来のわが国の社会の中で新たな価値を生み出す人間を育てていくには、地域のさまざまな人材が教育に関与し、子どもたちの好奇心を育んでいくことが必要である。教育改革は、そのような教育を実現する方向に進められるべきものだろう。

結論

山ちゃんの講評

Q2 Kさん

こちらは、「教育改革」が軸として求められています。このような論題だと、どうしても事実を書いてしまいがちですが、Kさんのように論題にある「私が考える」ことを書かなくては、評価されないので気をつけましょう。

コラム

合格者の 小論文対策③

このページでは、公務員試験の合格者が実際に行っていた小論文対策を紹介します。

合格者の小論文対策ノートを公開！❷

1/13 ●●新聞（防災） ＜情報源をメモしておくと便利！＞

・都心のビルの地下に、地震発生時に備えた地下倉庫
・定期的に帰宅困難者の受入れ訓練を行う企業
・都庁舎には東日本大震災時に多くの帰宅困難者が押し寄せた
　⇒これを受けて都は震災翌年に「帰宅困難者対策条例」を制定
〈課題〉
・都民アンケートの回答・帰宅困難な状況で約4割「とにかく歩いて帰る」
　⇒“災害時に会社にとどまる”という意識が刻まれておらず
　　歩いて帰れてしまったという成功体験はむしろ危険
・帰宅困難者を受け入れる施設も不十分で、
　増やすには民間事業者の協力必要
　⇒「責任の所在」が問題
　　帰宅困難者受入れに協力した施設で起こった事故などの責任

＜得られた情報を論述しやすい形にまとめると答案に使いやすい！＞

3/5 Twitter（健康・医療）
・練馬区：区の保有する医療データを高齢者の疾病予防に活かすことを
　　　決定。データによってリスクの高い人を抽出し、戸別訪問や
　　　イベントを通じて生活習慣の改善を促す
　⇒データを活用した予防事業は全国的にも珍しく、先進的取組みといえる

山ちゃんからのアドバイス

こちらは、メディアなどから得た情報を自分の小論文答案に活かすために整理したノートの例ですね。いつ、どのメディアから、どんなテーマに関連して、どのような情報を摂取したのかをまとめておくのがポイント。

このようなノートを残す習慣をつけておくと、入ってくるいろんな情報を実際の答案構成にあてはめながら整理できます。また、模範答案からでなく自分で得た情報という価値もありますね。

テーマ 7
情報社会

Q1 21世紀に入っての情報社会の進展は著しく、近年ではWeb上で社会的ネットワークを構築するSNSが一般化しています。この普及に伴い、インターネット上で気軽に自由なコミュニケーションを行うことができるようになった一方で、匿名のまま不特定多数に向けて特定個人の誹謗中傷を書き込んだり、特定個人のアカウントに対して一方的に誹謗中傷のメッセージ等を発信したりする事例も発生しており、インターネット上の誹謗中傷が深刻な社会問題となっています。

このような状況に関して、以下の資料①、②を参考にしながら、次の⑴、⑵の問いに答えなさい。

⑴ SNSにおける誹謗中傷がSNSのどのような特性から生じているのかについて、あなたの考えを述べなさい。

⑵ ⑴で挙げた特性を考慮したうえで、SNS上での誹謗中傷を法規制すべきか否か、規制するとすればどのようなことについて配慮すべきか、あなたの考えを述べなさい。

(予想問題)

資料①

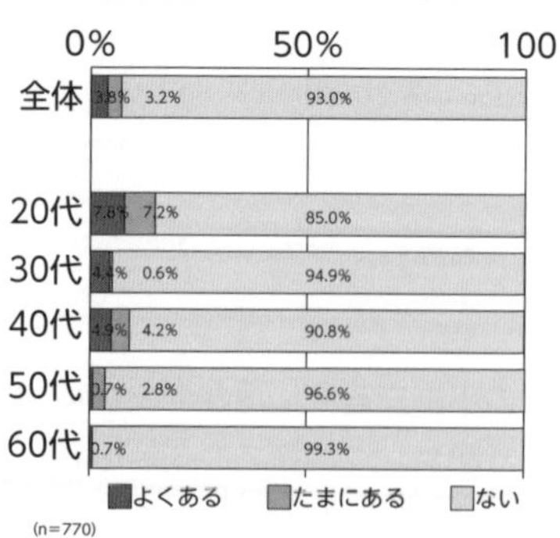

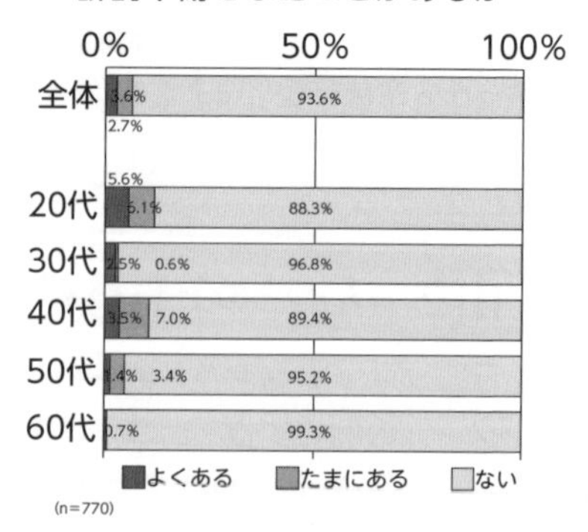

SNS で他者の誹謗中傷をした理由
（複数回答）

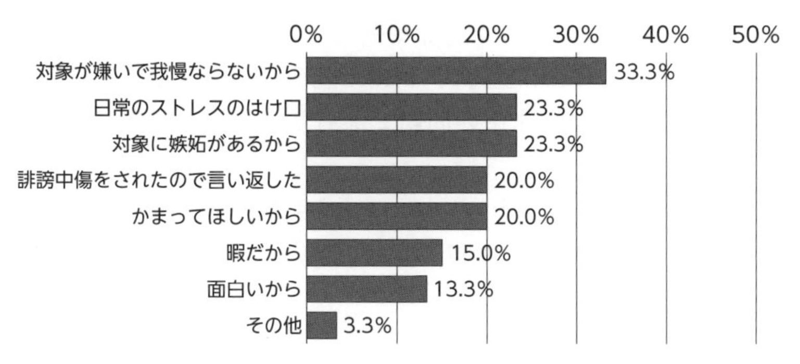

（出典）「withコロナ時代のストレスに関する調査」BIGLOBE調べ（2020年）

資料②

SNS における誹謗中傷に対して
法規制が必要か

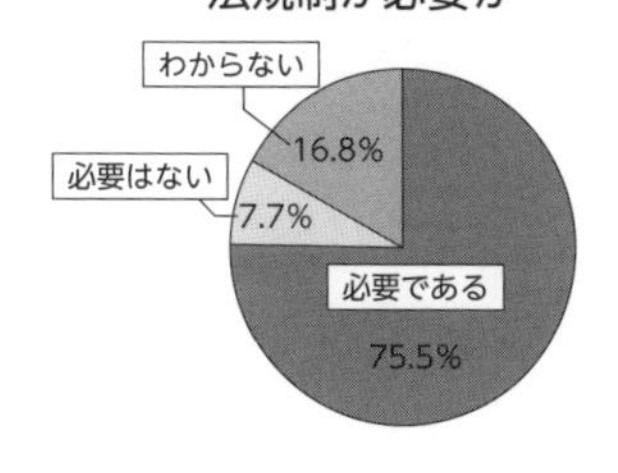

法規制が必要・不必要と考えた理由

必要である		
1位	風評被害や誹謗中傷を受けた人を守るため	64.1%
2位	誹謗中傷にあたる表現が多いから	61.7%
3位	違法投稿を規制する必要がある	40.4%
4位	厳罰化が誹謗中傷発言を抑止する	39.2%
5位	違法投稿の定義が不明確だから	35.6%

※6位以下は、次の通り。
「その他」（1.5%）

必要はない		
1位	個人の自覚の問題	49.4%
2位	あくまで表現の自由を優先すべき	33.8%
3位	国に情報統制される恐れがある	27.3%
4位	プライバシー侵害の恐れがある	24.7%
5位	通信の秘密は守るべき	24.7%

※6位以下は、次の通り。
「まずSNSの運営会社がルールを適正化すべき」（19.5%）、
「内部告発などの萎縮」（11.7%）、
「その他」（5.2%）

（出典）日本財団調べ 「18歳意識調査」第28回（2020年）

Q2 現在、国ではICT（情報通信技術）に関する施策を広く推進しているが、さらなる環境整備や活用が求められている。このような背景を考察した上で、行政としてどのように取り組むべきか、あなたの意見を述べよ。

（2020年 広島市）

出題意図と対策

平成の時代には、インターネット犯罪や個人のリテラシーを題材とした出題が多かったところですが、近年では**SNS上の誹謗中傷が大きな問題**となっています。国家系では未出の問題ではありますので注意が必要です。

地方では地域社会におけるコミュニケーションはSNSのようなネット上のものに限られず、**生活圏でのコミュニケーションという広い概念**で考えるということを忘れないでおきましょう。

ブレーンストーミング
～テーマのポイントを探ってみよう

君たち、SNS上で誹謗中傷されたら、どうするよ。

そりゃあ、アクセス権（反論権）ですよ。言われたら言い返す！

そんなことしたら、相手の思うツボじゃないかしら…。資料①の誹謗中傷した理由をみてごらんよ。「かまってほしい」「暇だから」「おもしろいから」なんだよ。

そうなんだよね。それどころか「日常のストレスのはけ口」なんて、SNSをストレスのトイレと勘違いしているような理由が上から２番目だよ。なぜ、こんなことが可能なんだろうね。

▶SNSの中に住む匿名性という魔物

それは、匿名❶だからではないですか。匿名で

❶匿名性とSNS
設問の資料としても掲げられている「18歳意識調査」第28回においては、「SNS上での誹謗中傷の原因は何だと思うか」という問いに対して「匿名性」という回答が最多となっています。一方で、韓国では2007年からインターネット掲示板の利用に実名制を採用していましたが、誹謗中傷の抑制効果は小さいまま書き込み数自体を減少させる効果しか得られず、表現の自由の委縮を招くとして2012年に廃止された経緯もあります。

あるのを隠れ蓑にして、自分は反撃される余地はないと考えて誹謗中傷しているんですよ。卑怯者め…。

まあ、気持ちはわかるけれど、そうエキサイトしないで…。もちろん、それが問い(1)の答えとなるところだろうけれどね。そこに非対面性というのも加わるだろうよ。対面なら相手の苦痛や不快の表情を読み取ることで攻撃が抑制されるのだけれど、**匿名性のゆえにその歯止めが利かない**んだ。そこが、対面ではできない誹謗中傷を可能にしてしまう。でも、そもそもどうしてそんな心理になるんだろうね。そこにまで言及できると深みが増すよ。

心理学の講義で聴いたことなんですが、**人はSNSを通じて発信することによる「自己表現の欲求」と、発信に対する反応によって「承認欲求」を充たすことができる**らしいです。また、「欲求不満－攻撃仮説❷」という理論もありました。その中では、自己が正義という感情によって罪悪感すら感じなくなるんだそうです。

しかも、そういった誹謗中傷のほうが拡散機能等によって広まってしまう。そこには何があるのだろう。

そこは、非常に偏った情報が多いとわかっていても、**知らないことはネットの情報に影響されてしまうという現代人の特性**があるそうです。

そうだよなあ。自分だって、某グルメレビューサイトの評価を鵜呑みにしているもんなあ。

そうだね。それがSNSの中に住む別の魔物なの

❷欲求不満と攻撃性
イエール大学のダラードとミラーは、人間は欲求不満になると攻撃衝動が高まるという仮説を示しました。

かもしれないね。

▶SNS上の魔物に対する法規制

では、法規制の可否を考えようか。

資料②によると、必要ではないという意見も少数ながらありますね。個人の自覚や表現の自由などが理由として挙げられています。

でも、こんなに被害が出ているのに、もはや表現者の人権の問題といえないのではないですかね。**被害者の人権保障も考えなければならない**のではないでしょうか。SNSの拡散力は対面よりもはるかに強力ですし、さっきのＫさんの話ではないですが、真実か虚偽であるかを検討することなしに拡散されてしまうのですからね。

そうなんだよ。SNSに対する法規制というと、必ず表現の自由や通信の秘密などという話が出てくるんだ。でも、これって表現手段の規制だよね。もちろん、憲法の専門記述ではないから違憲審査基準なんかを語る場面ではない。小論文はあくまで政策論だからね。そもそも法規制、すなわち刑事処分を持ち込む必要性はどこにあるんだろうね。

以前プロバイダ責任制限法❸の話が出て、くわしいことはわからなかったんですが、結局は泣き寝入りになるという話で…。

これは細かな知識だから小論文で書くべきことではないけれど、民事でいくと、プロバイダが発信者情報の開示を拒否した場合には、被害者側は訴訟を起こさなくてはならない。すると、

❸プロバイダ責任制限法
その名のとおり、プロバイダ側が負うべき責任の範囲を制限する法律ですが、2022年10月から改正法が施行されており、被害者が従来２段階にわたって行うこととされていた手続が１段階に圧縮され、被害者救済の迅速化が目指されています。

裁判管轄の要件から、多くはプロバイダの本社がある東京地裁に裁判を提起しなきゃならないんだよ。それに勝訴して、加害者を特定してから改めて損害賠償請求訴訟となると…。

気が遠くなりますね。これが刑事訴訟だとどうなりますか。

刑事事件になると、令状に基づいて発信者情報の開示を命じ、そこで加害者が明らかとなる。そうすれば、刑事裁判だけでなく、民事裁判も起こしやすくなるよね。

なるほど、その意味では被害者救済がかなりやりやすくなりますね。

そして、これらの規制は、SNSの表現者の規制のようにみえるけれども、その本質は、**SNSの持つ人間の邪悪な心理を引き出してしまう魔性に対する規制でもある**と考えることもできるかな。

拡散する層に関してはどうでしょうか。

そうだね、そこまで一律に論じてはならないよ。それが論題の求める配慮の一つではある。彼ら自身は、誹謗中傷に加担してはいるものの、加害者自身ではない。さっきKさんが言っていた、知らないことはネットの情報に影響されてしまうという点だよね。しかもなぜか匿名の情報のほうを過信してしまうんだ。そこはやはり、**情報を受け取るときには、主張にしっかりとした根拠があるかを確認すべき**というもので、法規制の対象ではないんだろうね。それは**教育の領分**だよ。

そこはITリテラシー[4]の問題だということですね。

▶リテラシーを身につけることができない層

そのようなリテラシーを身につけることができない人々はどうするのかな。

デジタルデバイドってことですか。

もちろん、それもあるけれど、ITリテラシーはそればかりではないよね。たとえば、高齢者なんかは、慣れによってスマホの操作はできるかもしれない。しかし、情報セキュリティなどのリテラシーについては認知機能の衰えなども手伝って、不可能になるかもしれない。

確かに、利便性を享受できるだけではないですからね。個人情報保護の観点でのリスクも考えなくてはならない。もし、自己に関する情報が独り歩きするような状況に至ったとしたら…。

もちろん、これは高齢者に限ったことではないかもしれない。私を含めて、**利便性の陰に隠れたリスクには目を向けようとはしない**からね。

そのために個人情報保護制度[5]があるのではないですか？

確かに、2023年施行の新法において、個人情報保護については一歩進んだ制度設計が図られている。しかし、そのことをどれだけの国民が理解しているのだろうね。また、情報漏洩があった時などに、どれだけの国民が自らのリテラシーを発揮して、適切に対応することができるの

❹ITリテラシー
ITに関する理解・活用スキルをいい、情報基礎リテラシー（数ある情報の中から正しく取捨選択して活用できるスキル）、コンピューターリテラシー（PCやITツールなどの操作ができるスキル）、インターネットリテラシー（ITを安全に活用するための情報セキュリティやコンプライアンスの知識）の３要素で構成されています。

❺個人情報保護制度
個人情報保護については、情報の①取得・利用、②保管管理、③提供、④開示請求等への対応について、個人情報保護法が制定されています。2023年４月からは、従前は国・公共団体を対象とする法律と事業者などを対象としていた法律が一本化されました。その中では、EU諸国の通則であるGDPR原則等との国際的制度調和も図られています。

だろうか。さらにいえば、これからITに関する製品やサービスはさらに進化していくだろう。それについていきながら、個人情報を自らの手で守るというのは至難の業なのではないだろうか。そして、そういった「できない層」をカバーしていく主体は、行政なんだよ。

行政からの救済は、どうしても後手後手になりますしね。**事前的な手立てとしては、やはりリテラシーしかない**ということですよね。

ならば、だれかリテラシーのサポートができるようにすればよいのではないでしょうかね。

おっ、やるなあ…。でも人間がやるの？

それこそ人工知能AIの出番なんじゃないでしょうか。

そうだね。せっかくのイノベーションなんだから、それを最大限に使う。それこそが、**人間が主役の社会**ともいえるだろうよ。
では、**Q1**をA君、**Q2**はKさんで書いてみてくれるかな。

答案の流れをつくってみよう

Q1  A君のメモ（予想問題）

問い(1)について

1 資料①の誹謗中傷の対象・理由の分析

> 資料①に基づいた分析

2 結果⇒加害者の心理⇒匿名性というSNSの持つ魔性

序論

問い(2)について

3 資料②の法規制反対論に言及
⇔被害の大きさ・(1)の魔性の規制

> 資料②に挙がる反対論に言及
> ⇒自論の展開

4 法規制肯定論

> 問題の条件を忘れずに

5 誹謗中傷者自身への規制と拡散した者に対する規制を分けて考える

6 結論

結論

答案例をみてみよう

Q1  A君の答案例（予想問題） 約990字

問い(1)について

資料①によれば、SNSを使ったうえでの誹謗中傷の対象は、著名人・一般人でそれほどの差がないものとなっている。著名人であれば対面上では決して口に出せない誹謗中傷をしてしまう。また、一般人であっても顔見知りであれば同様であろう。このSNSの非対面性という特性が原因となっていると分析される。そして、資料①の誹謗中傷した理由の多くが、「好き嫌い」や「嫉妬」という感情、「ストレスのはけ口」「かまってほしい」「暇」という個人的な事情にある。これらはいわば劣等感の裏

序論

返しとしてなされるものであるため、対面上であれば罪悪感を伴うものである。しかし、SNSの持つ匿名性という魔性によって、その罪悪感も払拭されてしまうのである。

問い(2)について

では、こういったSNSによる誹謗中傷に対して法規制を行うべきなのであろうか。

●問い(2)ではまず「法規制すべきか否か」と問われていますので、具体的な法規制の内容を挙げる前にまずその点を問い直し、立場を明らかにする文を置いています。

これを否定する人も存在する。その理由は、個人の自覚といったモラル論や、表現の自由・通信の秘密という憲法論である。

しかし、誹謗中傷が原因となる自殺者が生じたり、その被害に対する民事・刑事の裁判も提起されている。それをモラルの問題で片づけることはできないであろう。そして、この規制は個人の自由の内容そのものの規制というよりも、非対面性と匿名性という特性を持ったSNSが人間の持つ自己表現欲求や承認欲求という心理をもてあそぶ魔性を規制するものにほかならない。しかも対面上の表現をはるかに超える拡散力を有し、虚偽の情報でも瞬時にして地球の裏側にまで届いてしまうのである。これがSNSによる誹謗中傷に対して法規制を及ぼすべきであると私が考える理由である。

もちろん、この規制は誹謗中傷をした表現者に対するものであって、その表現を拡散した者にまで及ぼすものではない。彼らは、知らないことはネット上の情報に影響されてしまうというリテラシーのなさから拡散しているにすぎないからである。主張に根拠があるかを探るリテラシーは教育によって身につけるものであり、その欠如を法で規制するのは教育の怠慢を棚上げにするものでしかない。

私たちは、これから「ソサエティ5.0❻」という新たな社会に発展する途上にある。SNSというシステムは、その社会の中で知識や情報を共有させ、分野横断的な連携を果たすという大きな役割を担っている。その発展を持続的に実現していくためには、それが持つ魔性を克服し

❻ソサエティ5.0

サイバー空間（仮想空間）とフィジカル空間（現実空間）を高度に融合させたシステムにより、経済発展と社会的課題の解決を両立する、人間中心の社会(Society）をいいます。

なければならないのである。

山ちゃんの講評

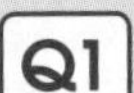

A君

⑴で資料を使いながら特性を明確にし、⑵ではその特性が持つ魔性を規制するという論理展開で、うまく流れを作っていますね。最後の結論部分は、ブレストでは出てこなかった話ですが、ここでもうまく「持続可能な開発」という理念につなげています。これには私も頭が下がりました。

答案の流れをつくってみよう

Q2 Kさんのメモ(広島市)

1 背景 【序論】

ICTの環境整備や活用の進展
⇔個人情報保護の面では、多大なリスク
改正個人情報保護法施行
⇔法・行政による救済は事前に不可能
これからのIT社会の発展➡後手後手ではダメ

> さらなる利便性・豊かさ

> 情報の主体によるリテラシーの向上の必要性

2 行政としての取組 【本論】

リテラシー教育の徹底
➡義務教育課程での必須化・大人の教育システム
⇔教育によってもリテラシーを身につけられない層
リテラシーサポート制度の創設
＝AIの活用によって、リテラシーを身につけることができない層をフォローする
⇔マンパワーでは手が届かないところもカバーできる

> これをフォローするのが行政

3 まとめ 【結論】

情報リテラシーを育て・サポートすること

> 情報社会の果実を手にしつつ、個人情報保護におけるリスクをヘッジする

答案例をみてみよう

Q2 Kさんの答案例（広島市） 約710字

序論

国が推進するIT環境の整備・活用によって、私たちの生活は利便性の向上による豊かさを受け取ることができる。その反面、個人情報保護の面では、それに比例したリスクを抱えることにもなる。これに対応するため、改正個人情報保護法が施行された。この法律はEU諸国の通則とも国際的制度調和を図った、最新の制度に近いものである。しかし、法律や行政による保護は事後的なものがほとんどである。情報が瞬時に拡散し、事後的には原状復帰が不可能であることを考えると、個人情報保護には穴があると言っても過言ではない。

●序論では、論題の求める「背景」の考察を行っています。

本論

ここでカギとなるのが、個人それぞれの情報リテラシーである。これさえ備わっていれば、事前に自己責任・自己決定の下で個人情報を守ることができる。したがって、行政には、義務教育課程でのリテラシー教育を必須化し、大人に対する教育システムを構築することが求められる。

●「リテラシー教育」という、この答案が照準した領域に一気に話題を絞っています。

しかし、教育によってもリテラシーを備えることができない層が一定数存在することも否定できない。そして、このような層こそ、行政がフォローしなければならない。そこで考えられるのがリテラシーサポートの制度である。AIを用いて、個人情報が危機に瀕しようとしているときに個人に最善の方法を教えるシステムである。これを人の力で行おうとすると、マンパワー不足やさらなる個人情報のリスクという壁が存在する。しかし、AIを用いることで、この壁を超えることができる。このシステムを構築し、社会に実装することが行政には求められる。

情報リテラシーを育て、サポートすることによって、これからの技術進展の果実を享受しながら、そのリスクを低減させる。これこそが、人間と技術のあるべき関係

と言えるであろう。

山ちゃんの講評

Q2 Kさん

広島市は60分で800字程度のものを論じるという試験ですから、このように簡にして要を得た（簡単ではあるが、要点をつかんだ）答案づくりが求められます。行政の役割の本質にも言及できている良い答案だと考えます。

テーマ 8 危機管理・災害対策

Q1 2011年の東日本大震災から2020年の新型コロナウイルス感染症の流行に至るまで、我が国には多くの危機状況がありました。とりわけコロナ禍に関しては、感染防止・経済の沈滞・罹患者の人権保障など多くの課題が絡み合い、我が国の政策決定に大きな課題を与えました。

このような状況に関して、以下の図①、②、③を参考にしながら、次の⑴、⑵の問いに答えなさい。

⑴ 我が国の危機対応について解決すべきと考える課題を二つ述べなさい。

⑵ ⑴で挙げた二つの課題を解決するためには、それぞれどのような取組が必要となるか。あなたの考えを具体的に述べなさい。 （予想問題）

図① 最近何か不安を感じている（2020年）

感じている	どちらかと言えば感じている	あまり感じていない	感じていない
30.8%	42.8%	21.4%	5.0%

（セコム株式会社 第９回「日本人の不安に関する意識調査」（2020年）より作成）

図②　不安を感じていること

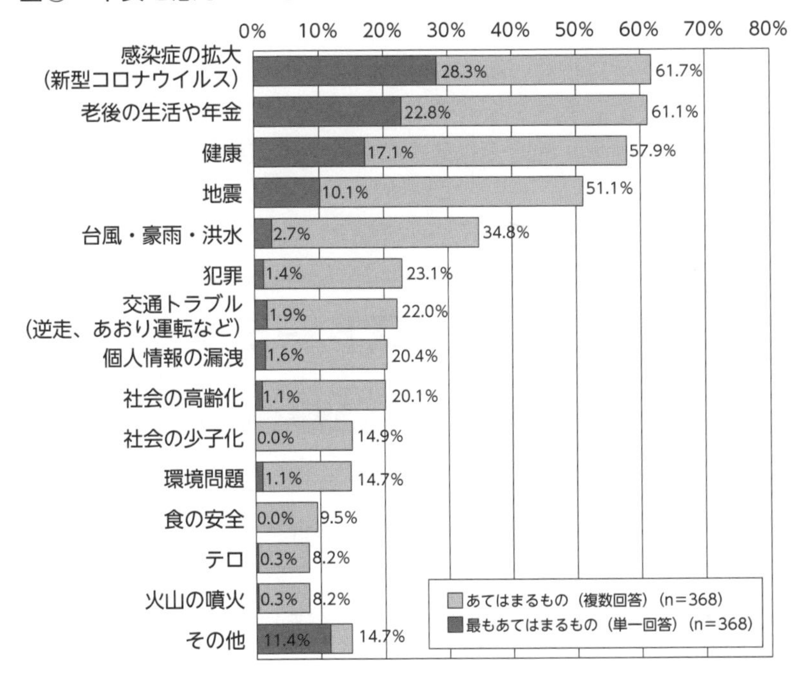

（出典）セコム株式会社　第９回「日本人の不安に関する意識調査」（2020年）

図③　近年の危機管理に関する法改正

事象	法改正
東日本大震災（2011年）	災害対策基本法改正（2012年・2013年）
平成27年９月関東・東北豪雨（2015年）	水防法等の改正（2017年）
平成30年７月豪雨（2018年）	法改正なし・既存の法令で対処
新型コロナウイルス流行（2020年）	新型インフルエンザ等対策特別措置法改正（2020年）

Q2　危機管理の重要性が高まっていることをふまえ、①都道府県としての危機管理の意義、②危機事象の具体例について都道府県として取り組むべき策についてのあなたの考えを述べなさい。　（2005年 奈良県）

出題意図と対策

危機事象には犯罪・防衛問題などの人為的なものから、本問で取り上げた自然由来のものまでさまざまなものがあります。近年は、後者が多く取り上げられており、**国家、地方それぞれにおける視点からの考察**が必要です。

ブレーンストーミング
～テーマのポイントを探ってみよう

危機にはさまざまなものが考えられるね。

そうなんです。犯罪や防衛問題といった人為的に生じるものから、地震、風水害、そしてコロナのような自然発生的なものまでさまざまなものがあるんですよ。

Q1は、そのうちの後者を考えろといっているし、昨今の出題はその方面ばかりだ。では、こういった自然発生的な危機については、どのような姿勢が求められるのだろうね。

テーマ１の環境問題の先生の話を聞いてなんですけど、**これまでの人類って、自然をコントロールして豊かさを追求してきました**よね。でも、それでは**コントロールが利かなくなっている部分もある**のではないかと思うんですよ。

⇒**テーマ１**も参照

ありゃ、先に言われてしまったなぁ（A、K笑）。では、どのような姿勢が必要なのかな。

もちろん、そのような危機もコントロールしたうえで未然に被害発生を防ぐというのも必要なんでしょうけれど、図③に出てくる事象って、いつもいつも「想定外」「未曽有」って形容詞がつくじゃないですか。すると、**うまく付き合っていくという姿勢が必要なんじゃないか**と思うんですよね。

▶「ダンス」のための意識の薄れ

おっ、今回は冴えてるね。君たちは「ハンマー&ダンス[1]」って理論を聞いたことがあるかな。

たしか、大臣や都知事などの政治家がコロナ対策の会見で口にしていたような…。

Tomas Pueyoという米国在住のフランス人ジャーナリストがコロナ対策の基本姿勢として提唱した理論なんだ。コロナに対する都市の「ロックダウン」のような強力な対策を「ハンマー」、ハンマーでたたいてもゼロにはならないウイルスとの共存施策を「ダンス」という表現でたとえたもので、感染症の流行に対してハンマーのような強硬策ばかりでなく、その後も「**ダンス」の姿勢で持続的に戦うことが必要**というものなんだね。

あっ、さっき僕が言った、うまく付き合っていくというのが「ダンス」なんですね。

でも図①②をみていると、2020年の段階では、多少なりとも「不安を感じている人」は合計で70%を超えているのに、その内容は感染症拡大や、あとは個人の生活に関するものが続いていますね。

そうなんだ。たしかに、2020年中はコロナに

❶ハンマー&ダンス
感染症危機を政策的に乗り切るうえでは、流行を抑え込むための強力な行動制限と、これによって失われる経済活動とのバランスが肝要です。「ハンマー&ダンス」においては、経路が不明な感染者がある程度減少したら「ダンス」によって行動制限緩和することが提起されていました。

明け暮れたといってもよいだろうね。しかし、図③に出てくるような風水害についてはどうだい。

地震についてはそこそこの数字はありますが、風水害については数字が半減、しかも「最もあてはまる」は激減します。

もちろん、聞き方にもよるのだろうけれど、図③に出てくる風水害はいずれも大きな被害を生んだものだったよね。でも、**人間の意識って結局は風化してしまう**ものなんだ。だから、「まさか」が生じ、振り返ってみれば「またか」という状況になってしまう。

その意識を持続的に持つという課題があるということなんですね。

そうだね。それが、**自然発生的な危機とうまく付き合う、「ダンス」をする**ために必要なものだろう。

▶法的「ハンマー」の必要性はないのか

課題は二つとなっているが、どうかな。

図③を使えということですよね。

あっ、多くは既存の法律の改正にとどまっていますよね。

既存の法律というのは、すべて事後的に生じた事象に対する対症療法としてつくられた法律だ。たしかに、2020年のコロナ対策でも「自粛要請❷」という措置が盛り込まれはしたものの、それが「ハンマー」としての役割を十分に果たしえたかどうかは疑問がある。

❷自粛要請
感染拡大のためにたびたび出された「自粛要請」の多くは行政指導に当たり、国民の自発的な協力を求めるものです。この点において、欧米でなされたロックダウンが「ハンマー」として機能したこととの違いがあるといえるでしょう。

そうですね。欧米のように「ロックダウン」が必要ではないかという指摘も多くありましたが、法律的に不可能なんですよね。

そうなんだよ。君たちが憲法で学んだ「国家緊急権❸」は、防衛問題に限ってしか議論されてこなかった論題なんだ。この**「緊急権」を含めた強力な「ハンマー」としての法整備**ができていないんだよ。もちろん、人権問題も絡むので、徹底的な議論は必要だ。その結果として、そのような法制が必要だということになれば、少なくとも**自然発生的な危機に対する危機管理法制度**くらいは整備してもよいかと思うね。これによって、感染防止の局面を明確にしてそれに集中するんだ。経済復興と人権保障は次のダンスの段階で図るのでいいんじゃないかな。

一気に問い(2)まで入っちゃいましたけど、意識の面についてはどのような取組みが必要なんでしょう。

国民の意識は時間の流れによって風化してしまう。ならば、**国家がその記憶を維持していく**しかないですよね。

そうだね。風水害のようなものは常に「またか」となっている。もちろん地震についても同じだ。こういった危機とうまく「ダンス」を踊るためには、**持続的な意識を伝承していくことが不可欠**なんだね。もちろん、それを呼び起こす行動は国民により近い自治体に協力してもらうとしても、国はそのための基本姿勢を示さなければならない。風水害については堤防等によるコン

❸国家緊急権
戦争や災害など緊急事態に際して、政府が人権保護規定を停止したりするなどの非常措置をとることによって秩序の回復を図る権限をいいます。

トロールも大事だけれど、**災害とうまく付き合うための施策の基本姿勢も従来の法律に組み込んでいかなければならない**だろうよ。

▶リスクを対岸の火事にしないように

では、**Q2**に移って、自治体が取り組むべき施策ってどうあるべきなんだろう。

これこそ、リスク・マネジメントの実体例ですよね。

地震にしてもそうだけれど、とくにゲリラ豪雨による河川の増水などは、平時には思いもつかないほどの状況となるからね❹。だから、**なかなか人々に意識を持ってもらうことがむずかしい問題**だよ。

だから、避難訓練なんかをやってもいま一つ盛り上がりに欠けるというか…。

そうだね。元々避難訓練を年中行事のようにやっていると、なかなか意識づけしにくいのではないかな。もっと**人の意識の中に、危機感が芽生えたときにタイムリーに訓練を施すべき**なのではないだろうか。たとえば、どこかの地方で地震が発生し、甚大な被害が生じたとしよう。それを対岸の火事とせずに、自分のこととととらえてタイムリーに訓練を行う。報道などによって人々の危機意識も高まっているだろうし、事実、たとえば地震がどこかで発生すると、防災グッズの売れ行きがアップするそうだよ。そのようなチャンスを逃すのはもったいないのではないかな。

❹災害の激甚化
2010年代の10年間、日本の市町村の98％以上において水害・土砂災害が発生しています。また、1時間に50ミリ以上の降水量を記録した降雨の頻度は、1976～1985年には平均226回、2012～2021年には平均327回と、1.4倍以上にもなっています。

そのような訓練を行う**行政側も、よそで被害が生じるたびに、自分の地域におけるリスク現実化のシミュレーションをやり直して、いかに被害を抑えていくのかというリスク・マネジメントも必要**でしょうね。

そのとおり。リスクはいかに軽減しようとしても生じてしまう。だからこそ、現実化したときの対処が大切なんだね。では、**Q1**をA君に、**Q2**をKさんに書いてもらおうかな。

 答案の流れをつくってみよう

Q1  A君のメモ（予想問題）

問い(1)について

1 課題１：図①②の分析からみられる意識の薄れ

2 課題２：図③の事象に対する法整備の基本法制が存在しないこと

（２つの課題を印象的にする）

問い(2)について

3 自然発生的な危機に対するハンマーとダンスという視点

（地方の役割も忘れずに　これまでの国家緊急権への言及）

序論

課題１について

4 意識の持続のむずかしさ⇒国家の出番⇒持続的な意識として伝承するという姿勢を法に明記

課題２について

5 自然発生的危機に対する国家緊急権の発動も考える危機管理法制度の整備

6 問題点・議論の必要性

本論

7 結論

結論

 答案例をみてみよう

Q1  A君の答案例（予想問題）　約1,120字

問い(1)について

図①で、国民の70％は不安を抱えているが、図②で示されたその内容については、本問の対象となる自然発生的な危機に関しては、やはりコロナ禍に基づく感染症に

序論

●設問には「図①、②、③を参考にしながら」とあるので、課題を２つ挙げるにあたって資料のどの点

関するものであり、それ以前に「想定外」の被害を生じたはずの地震や風水害については意識の薄れが見受けられる。これが第一の課題である。そして、図③からは、これまでの危機に対する法整備が既存の法改正に終始しており、危機管理の通則となる法令が存在しない。これが第二の課題であると考える。

問い(2)について

本問のような自然発生的な危機に対する視点としては、2020年のコロナ禍におけるハンマーとダンスの理論という視点で論じることができる。すなわち、危機そのものに対する強硬な手段と、危機原因の存在を前提にそれとうまく付き合うという視点である。

序論

第一の課題については、地震、風水害の危険性や感染症のウイルスといった自然発生的な危機そのものと共存するという意識ができ上がっていない。国民の多くは、当該危機による被害の記憶はあるものの、次の危機が生じると前のものは薄れてしまうという状況にある。だから、「まさか」の被害が「またか」という形容で繰り返されるのである。これでは、そういった危機そのものとうまくダンスを踊ることはできない。

国民自身の記憶に頼ることができないのであれば、その伝承こそが行政の役割である。ここの対処についての行動自体は地方自治体に委ねるとしても、その総論となる意識の伝承そのものについては国家の役割といえるであろう。うまく付き合うためという視点を盛り込んだ基本政策を対策法の中で明らかにすべきであろう。

また、第二の課題については、コロナ禍でも指摘された都市封鎖の必要性までも含めた、危機管理のシステムを整備すべきである。危機に対する国家緊急権は防衛問題に関して論じられることが多く、憲法問題として論じられる。しかし、真に必要な領域は本問のような自然発生的な危機に対するものではないだろうか。人権制約を伴うもので、公開討論の場による議論が必要であることはいうまでもないが、少なくともそのような法制度が、

本論

に着目したのかを示しながら、この答案が何を話題にしようとしているかを序論で示しています。3つの資料からまんべんなく参考点を示したいところです。

当該危機に対する強力なハンマーとなることは否定できないであろう。感染防止という局面ではそれを徹底し、経済復興や罹患者の人権保障については次の局面で重視していくのである。

本論

これまで人類は、さまざまな自然現象をコントロールして豊かさを追求してきた。しかし、本問のような事象のみならず、環境問題も含めて考えても、自然に適応しながらの豊かさの追求こそが、持続可能な発展という現代の地球規模の目標にかなうものである。自然発生的な危機に対するハンマーとダンスはそのために不可欠の視点であろう。

山ちゃんの講評

A君

⑴で資料から課題を端的に導き出しています。⑵では、ハンマー＆ダンス理論にあてはめて、少々「シャラクサイ」（笑）にはなっていますが、これくらいであれば許容範囲でしょうね。内容的には十分な合格答案です。

答案の流れをつくってみよう

Q2 Kさんのメモ（奈良県）

1 ①**都道府県としての危機管理の意義**
二つの面の危機管理
都道府県の危機管理とは何か？

まずは定義づけして、課題の求める定義に展開していく

2 ②**危機事象の具体例**
➡ゲリラ豪雨による被害に限定・その理由

危機事象をいくつか挙げて、そこから限定する

3 **都道府県におけるゲリラ豪雨対策**
➡子どもたちへの意識づけ
＝タイムリーな訓練実施

ゲリラ豪雨対策
⇒とくに被害者となりやすい子どもたちへの被害回避策

4 **まとめ**

答案例をみてみよう

Q2 Kさんの答案例（奈良県） 約790字

①　危機管理の意義

危機管理は、危機予測に基づく回避の面と、危機が生じたときの被害の最小化という面に分かれる。都道府県行政は地域行政であるから、危機管理においては、その地域に特有の危機事象を特定して二つの面から管理を行うべきである。すなわち、地域における危機を事前に特定して把握・予測し、危機発生による被害を最小限にするためのシミュレーションを行うのが、都道府県における危機管理といえる。

●地方公務員の出題であり、「都道府県としての危機管理」が問われていることを意識しましょう。

②　危機事象の具体例とその対策

都道府県における危機事象には、自然現象由来のものから人為的に発生するものまでさまざまなものがある。

その中でも、私は、ゲリラ豪雨対策を論じたい。風水害防止のための河川改修と温暖化という人為に自然事象が加わった、まさしく現代型の危機事象だからである。

ゲリラ豪雨は、発生を予測することが難しく、偶然に予測ができたとしてもそのスピードに対処することが難しい。河川は普段の姿からは想像できないほど変化し、平時には意識しにくい事象でもある。

●何を話題にするかについて自由に決められる設問の場合は、このように「…を論じたい」、「…について考えてみたい」、「…が重要だと考える」などと宣言して話題に入っていきましょう。

本論

そこで都道府県に求められるのは、ゲリラ豪雨が生じたときの被害を最小化するという面での危機管理施策である。まず、豪雨発生時の避難経路確保や監視体制の整備が必要である。さらに必要なのが、河川増水の被害者となりやすい子どもたちへの避難訓練の徹底である。しかし、平時に意識しにくいものについて、危機意識を植え付けるのは容易なことではない。そこで考えられるのが、タイムリーな避難訓練の実施である。ゲリラ豪雨による不幸な被害は後を絶たないが、そのような事件が生じたときこそが子どもたちも意識を持ちやすいのも事実である。子どもたちの記憶が新しいうちに、CG技術などを用いて、いざというときの避難行動を明確にしていくのである。

このように、地域と事象を特定したうえで、その特性に合った危機管理を進めていくことこそ、安全・安心な都道府県への道であろう。

山ちゃんの講評

Kさん

「都道府県としての」という限定をきちんと意識して論述することができています。危機事象については、何を取り上げてもOKです。被害発生地域を特定して、その被害をどのように最小化するかという視点を前面に出していけば、合格点がもらえるでしょう。

テーマ 9

ボランティア

Q1 平成12年版国民生活白書が「ボランティアが深める好縁」という特集を掲載したのちも、わが国におけるボランティア活動はさらに活発化しています。その半面、下に示した表のように、ボランティアに参加したいと考えているにもかかわらず、様々な理由から参加できていない人も多数存在します。下の表を参考にして、①ボランティアの参加が進まない理由のうちの一つを分析し、②それを解消してボランティア参加がさらに進む態勢を作るために行政が行うべき施策について、あなたの考えを述べなさい。

(国家一般職予想問題)

NPOやボランティアへの参加状況 (% 平成23年版 国民生活選好度調査)

現在参加している	22.3	今後も参加したくない	16.0
今後は参加したい	33.5	参加できない	28.1

社会的なサービスを提供する活動への参加を円滑にするために、どのような環境整備が必要か (% 複数回答 平成23年版 国民生活選好度調査)

情報を得やすくする	59.7
活動する団体が信頼できるかの目安の表示	54.4
休暇を得やすくする	41.9
事故対策(補償制度)	41.5

ボランティア活動に参加しない理由 (% 平成19年版 国民生活白書)

活動する時間がないこと	35.9
全く興味がわかないこと	15.1
参加するきっかけが得られないこと	14.2
身近に団体や活動内容に関する情報がないこと	11.1
身近に参加したいと思う適当な活動や共感する団体がないこと	6.6
その他の理由(無回答含む)	17.1

Q2 ボランティア活動への参加促進策について

(2005年 愛媛県)

出題意図と対策

阪神淡路大震災以降、わが国にもボランティア活動が定着化し、**地縁、血縁に代わる第三の人の縁**であるともいわれています。であるにもかかわらず、ボランティア参加層が固定化し、逆に新たな参加が停滞しているというのも事実です。**新たにボランティアに参加してもらうためには何が必要か**、今後はこのテーマの出題が考えられそうです。また、行政の手が届かないところはボランティアで、というのが最近の行政の流れです。**これからの行政にボランティアがどうかかわっていくのか**、という総論的なことについても考えておきたいところです。

ブレーンストーミング
～テーマのポイントを探ってみよう

「今後ボランティアに参加したい」という人が30%を超えているということは、これらの人は現実には参加していないわけだよね。もちろん、時間がないというのは、労働のあり方などにも影響してくるからここではおいといて、「きっかけが得られない」とか「情報がない」というのは、どういうことなんだろうね？

いやぁ、実は僕もそうでして、参加したいとは思っているんですけど。

それって、面接カードに書くため？

それもあるんですが…でも、本当に人の役に立つということをやってみたいんですね。

そこをもう少し分析してみようよ。

たぶん、**知り合いがいない**からじゃないですか？　私は、住んでいる地域の活動に参加しているので、隣のおじさんとか、小中学校の同級生なんかがいて、抵抗なく参加できています。でも、そういった**つながりがないと、参加しようとしても参加できない**のではないでしょうか。表でも「情報を得やすくする」が一番ですし。

▶ボランティア不参加の奥にあるもの

もちろん、そうだろうね。でも、それだけかな？　もう少し深く考えてみないかい？　ボランティアの情報❶は、ネット上でもたくさん存在しているのだから、「情報がない」というのは、**参加したいと考えている人がほしがっている、たとえばそのボランティア活動の雰囲気などの周辺情報がない**、ということではないかな。

……。

そもそもボランティアというものを、みんなはどのように捉えているのだろう？

そりゃあ、社会奉仕というか、社会のための活

❶**ボランティアの情報**
現在では、地域ごとにボランティアの求人のみを集めたWebサイトが複数あるため、どのような募集があるかを調べること自体はとても簡単です。

動[2]というか。

あっ、なんだか特別のものと考えていないかしら。私は、自分の住んでいる地域だからもう少しきれいなほうがいいな、って感じで地域の活動に参加してるけれど、A君は少し大げさに考えているのではないでしょうか。

私もそう思うよ。A君は**ボランティアを特別なこと、何か崇高なことと考えている**。すると、それをやっている人って、自分たちとは違う人種じゃないか、国家一般職の面接対策も兼ねているなんて知られたら何か言われるんじゃないか、って思っているのではないかな？

実は、そうなんですよ。どんな人がいるかかなり心配で…、友だちの誰かがいてくれれば、かなり積極的になれるんですけど。

▶ボランティアに対する意識の違い

これは、ある海外ボランティアに参加した人から聞いたんだけれど、外国人はホント楽しみながらボランティア活動をやっているらしいんだよね。歌なんか歌ったりしながらね。ところが、日本人たちは黙々と作業に汗を流している。すると、外国人に、「君たち、つまらなくないかい？」って聞かれたそうだよ。

たしかに僕だったら、笑顔一つなく、ひたすら働いていそうです。

でも、実際にはそんなこともないのよ。私たちだって、おしゃべりしながら清掃しているんですもの。近所の人の中には、このおしゃべりが

❷ボランティア活動の内容
いわゆる社会奉仕活動のようなものにとどまらず、企業やNPOなどがベンチャー事業を推進するため、若者の手助けを求めているような案件も存在します。インターンシップと同じように、参加者にはいろいろな仕事を経験することができるメリットがあります。

したくって、参加している人もいるくらいですよ。

そうなんだね。**実際にボランティア活動をしている人と、参加未経験の人の間にある、心理的な壁が邪魔になっている**のかもしれない。
だったら、どうすればその壁を取りはずせるのかな？

やはり、実際に参加してもらうのが一番なんでしょうが、それがむずかしいですものね。

まあ、そこは、ボランティアというものをどうとらえるかであって、教育によるのだろうけれどね。でも、それは子どもたちが将来、ボランティアに参加してくれるためのものだね。
じゃあ、現在、参加意欲がある人に参加してもらうためには、どうすればよいのだろう？

やはり、**参加している人が知り合いに声をかけていく、というのが参加未経験の人にはきっかけになりやすい**ですよね。

▶人が人を呼ぶ構造をどうつくるのか？

そう、そのとおり。**人が人を呼ぶという構造をどう作っていくか**だよね。君たちだって、何かの活動に参加するには、他人、とくに友人からの誘いがいちばんの要素になっているのではないかな。

そうですね。私も、隣のおじさんが「おいでよ」って言ってくれたところから参加しはじめましたしね。

地方行政のレベルでは、この、**人が人を呼ぶと**

いう構造[3]をどうやってつくっていけばよいかな？

まずは、最初の一人に参加してもらわないといけませんよね。

そのきっかけを与えるには、何かみんなが集まってくれたときに、ボランティアをやっている人たちが活動現場の話をしてくれれば…。

若い人たちが集まるときって、どんなときかな？　君たちもここ数年で経験したことだよ。

あっ、成人式ですか？　あれなら若い人が集まりますね。

成人になったときって、自分は何か社会貢献ができるかな、という意識も高いし…。

そう、そんなときに、ボランティア活動のおもしろさを伝えて、ボランティアに関するSNSへの参加を呼びかけて情報を伝達する。そこから、**一人でもボランティアに参加してくれて、その人が友人を誘い…といった構造が期待できる**よね。

じゃあ、新成人以外の人たちにはどうすればよいのでしょうね？

成人が集まるイベントってほかに何がある？　これも君たちは最近経験するようになったはずだけれど。

選挙ですね。たしかに投票に行く人たちって、そうでない人たちよりも社会に対する意識が強いでしょうから、そこでもボランティア情報のSNSへの参加呼びかけをしてもよいでしょうね。

❸ボランティアを広げる施策
本文中で話題になっているような方法のほか、例えば東京都の生活文化スポーツ局では、「東京ボランティアレガシーネットワーク」というボランティアのポータルサイトを運営しており、募集案件の検索などのほかに体験談やユーザー同士の交流なども行われています。

これまでの行政は、社会福祉協議会などを通じて、ボランティア募集をネット上に掲示するまでしかしてこなかった。しかし、これからは、**広く普及したSNSというツールを使って、こちらから誘い出すという積極性を持ってもよい**のではないかと考えるね。

そうなれば、新たな層のボランティア参加が見込めますね。

では、A君が**Q1**、Kさんが**Q2**担当でよいかな。

答案の流れをつくってみよう

Q1 A君のメモ(国家一般職予想問題)

1 **①ボランティア参加が進まない理由**
不参加理由の絞り込み・理由

2 **ボランティア不参加の背後にあるもの**
➡ボランティアの特別視？

3 **②行政が行うべき施策**
意識を変える➡教育？
現実を伝える
➡ボランティアを身近にする広報

4 **まとめ**

課題にしたがって、理由の一つを取り上げる

その理由を背後まで含めて分析する

国家レベルだと、現実を広報していくことが中心

序論
本論
結論

答案例をみてみよう

Q1 A君の答案例（国家一般職予想問題） 約1,120字

① ボランティアの参加が進まない理由について

今後はボランティアに参加したいと考えている人が30%を超えているなかで、現実に参加していない原因の大部分は、下の表からもわかるとおり、情報不足によるものであると考えられる。私は、それよりも、「きっかけが得られない」という回答について分析したいと考える。なぜならば、この理由を挙げた人は、その情報さえ得ることができれば、ボランティアに積極的に参加すると考えることができるからである。

多くの人が社会活動に参加するきっかけは、人とのつながりが大きい。ボランティアに参加できない人には、このようなきっかけを持たないがために、参加に二の足を踏んでいる現状がみて取れる。とすれば、そのような

序論
本論

●設問には「理由のうちの一つを分析し」とあり、資料にある「参加しない理由」の回答をそのまま受け止めるにとどまらず、その背後にある本質的な要因を見定める要求を含意しているともいえます。答案では、資料にある回答内容を挙げてから、その先にある理由を分析する構成をとっています。

きっかけを与える政策が必要ということになる。しかし、そればかりであろうか。私は、ボランティア参加をためらわせてしまうもっと大きな原因がその背後にあるのではないか、と考える。それは、ボランティアを「何か特別なもの」ととらえてしまう先入観でしかない。

日本人は、労働を神聖なものと考える傾向にあるといわれる。これに社会奉仕という意識が加わって、ボランティアをさらに神聖化してしまっているのではないであろうか。このため、ボランティアに参加している人たちは、真摯に活動に参加しており、そのような人と一緒に活動することが可能かどうかにためらいを覚えるのであろう。このことは、メディアが一日限りで実施するごみ拾いなどの活動には、多くの参加者が集まることからも容易に推測できることである。そのようなイベントには、アイドルなどが参加することも多く、アイドル見たさの人も参加するのであれば、とハードルが低くなっているのが特徴である。

② ボランティア参加がさらに進む態勢を作るために行政が行うべき施策について

では、ボランティアを神聖視するという心理的な壁を取り除くためには、どのような政策が必要であろうか。まず、意識を変えるための教育が考えられるが、現在の不参加者を参加に促す力にはなりえない。そこで考えられるのが、ボランティア活動の実際をメディアを通じて広報していくことである。各機関のHPなどを通じての映像配信ばかりでなく、公共広告機構を通じてのテレビCMの配信など、ボランティアをより身近なものとして広報していくのが効果的であろう。このような広報こそ、ボランティアを特別視せず、肩に力を入れない参加を促すものとなろう。

ボランティアは、地縁、血縁に代わる人とのつながりの機縁となるものである。ボランティアのハードルをより低いものにして、参加したい人が参加できる場にすることで、人と人がつながった新たな社会構築を望むこと

ができるであろう。

山ちゃんの講評

A君

問題が求めている論順に従って論じるという、国家一般職の定番の展開です。ここに自らの問題意識を加えて論じることに成功していますね。もちろん、「活動時間がない」という第1位の理由を攻めていくこともできます。施策については、国家レベルなので、この程度のもので十分でしょう。

答案の流れをつくってみよう

Q2 Kさんのメモ(愛媛県)

	メモ	ポイント	構成
1	ボランティア活動の活発化 ⇔参加層の固定化	課題がシンプルなので、自ら問題を設定する	序論
2	ネットなどによる機会提供 ⇔参加が進まない ➡心理的な壁の存在	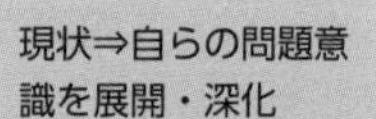現状⇒自らの問題意識を展開・深化	本論
3	壁を壊すために ➡身近な人に参加の意義を語ってもらう ➡人が人を呼ぶ構造の醸成	自らの問題意識に合わせた解決方法を提示	本論
4	成人式における広報・SNS参加	その具体例	本論
5	まとめ		結論

答案例をみてみよう

Q2  Kさんの答案例（愛媛県） 約950字

序論

わが国では、ボランティア活動は、阪神淡路大震災以降、急速な広がりをみせたといわれる。しかし、その参加者は一定の層に限られ、ボランティア活動に参加したいが、参加する機会をなかなかみつけ出せない人々も多数存在するといわれている。ボランティア参加を促進するためには、こういった、意欲はあるものの機会を得られない人々に、その機会を提供することが必要となる。

●一行問題なので論述の枠組みを自分で設定する必要があります。ここでは、ボランティアは広がっているものの、一部の層だけにとどまっていることを課題と設定して論述することを序論で示しています。

本論

こういった層に機会提供するには、インターネット等を通じてボランティア参加の機会を発信していくことが有用であるように思われる。しかし、それはすでに実現しているにもかかわらず、未だこれらの人々を参加に導くことができていない。私は、そこに未参加の人々のボランティア活動に対する見えない壁が存在するのではないか、と考える。何か特別なことを行うという意識が潜在し、その壁をつくっているのではないだろうか。やはり、この壁を崩すには、身近にボランティア活動の実際を話してくれる人々の存在が必要である。

その人たちとは、たとえば友人であり、近所に住む昔なじみであろう。そういった身近な人に、ボランティア活動の楽しさややりがいを語ってもらえれば、参加をためらっている人の参加意欲を喚起することができるのではないだろうか。そのような「人を誘い出してくれる人」に、まずはボランティア活動に参加してもらえれば、人が人を呼ぶという構造ができるだろう。

そのためには、まずはそういった人々の開拓が必要である。たとえば、若い層であれば、成人式にボランティア活動で活躍している人々に座談会的な話をしてもらい、少しでも興味を持った若者にSNSを利用して、ボランティア情報の提供をしていくことが効果的である、と考える。新成人の中には、成人になるにあたって社会貢献意識を高めている者も多い。そのような人のうち一人でもボランティア活動に参加してもらえれば、人が人を呼ぶ構造の醸成が期待できよう。一般の成人に対しては、選挙の投票時などに、その機会をつくってもよいであろう。

　ボランティア活動に参加する意欲を持っている人々に、現実に参加してもらうために必要な機会を提供し、さらにボランティア活動の裾野を拡大していけば、災害や高齢者介護、子育て支援など、これからの社会の課題解決への光がみえてくるであろう。

山ちゃんの講評

Kさん

根本的には、A君と同じ問題意識で論じていますが、地域行政であることを意識して、具体例でその意識を出すことに成功しています。愛媛県の小論文は1時間という短い時間なので、分量的にもこの程度が適切ではないかと思われます。

テーマ10 行政の役割

Q1 次の語をすべて使って、これからの社会と行政のかかわり方についてあなたの考えを述べなさい。

なお、これらの語を使う順序は問わないが、それぞれの語を初めて使うときには、その語に下線を引くこと。 (2002年 国家Ⅱ種)

規制緩和　自己責任　情報公開　敗者復活

Q2 近年、大都市東京の自治のあり方について、特別区と都の事務分担の見直しや特別区制度の改革など、様々な議論が展開されています。こうした中で、特別区は今後どのように、互いに連携・協力しつつ、基礎自治体として自立した行政運営をしていくべきか、あなたの考えを論じなさい。 (2008年 特別区)

類題 今日では、交通や通信手段の発達などにより、生活圏や経済圏が広域化し、大気汚染、交通渋滞などの都市問題も広域化しています。このような都市問題を根本的に解決するには、都が単独で取組を進めていくことだけでは限界があります。東京が抱えている都市問題に対する取組を進めていくために、都はどうすればよいか、あなたの考えを述べてください。 (2008年 東京都)

出題意図と対策

2003年から2005年にかけては、「行政と民間の役割分担」といった論題で出題された論点が、2006年くらいから、**「これからの行政の役割」を論じることを要求する論題**に変わってきました。さまざまな角度から論じることが可能なテーマですが、それらを貫き通す理念が求められます。どのような論題においても前提となるものですから、考えをまとめておきたい課題です。

ブレーンストーミング

~テーマのポイントを探ってみよう

まずは、国家Ⅱ種の問題を考えていこう。課題が想定している「これからの社会」とはどういう社会なんだろう？

規制緩和、自己責任って、新自由主義の旗印ですよね。

そこを自分の頭で考えてごらん。

これまで国民を守るためと考えられていた規制を緩和して、市場の自由度を上げる。そのうえで、自分の意思でその市場に入り、自分の責任に基づいて決定していく。その中で努力をした人が利益を受け取ることができる、ということでしょうか。

大筋はそうだね。つまり、**できる人には、行政に頼らず自分たちでやってもらおう**、ということではないかな。

すると、**競争が激しくなって、そこで負ける人**

たちが現れてきますよね。ああ、だから敗者復活なんだ。

市場の自由度を上げるためには、情報公開も必要ですよね。

▶これからの社会における行政の役割

となると、情報公開と敗者復活、といったところに行政の役割がみえてこないかな。

そうですね。**誰でも意欲のある人は情報公開によって得られた情報をもとに市場に参入する。**残念ながら、その**競争で負けてしまった人にセーフティネットというか再度市場に参入できるためのシステムを整えていく**。そういうことですか？

そうだね。そこをもう少し、掘り下げてみようか。情報公開はなぜ必要なのかな？

それは、国家などに集中している情報を、自ら

の手では収集できない人たちに提供するためですよね。

では、敗者復活はどうなのかな？

それは、自由競争の中で負けてしまった、というか自分の努力の成果を結ぶことができなかった人たちに…。あっ、どちらも**できない人たちに対して何かを提供する**ということですか。

そのとおり。これからの行政は、何から何までやっていくということは不可能なんだよ。高齢社会における医療、福祉などに歳出を向けなくてはいけない社会になるからね。すると、とにかく自分でできる人は自分でやってください、そのために情報も提供しますし、市場の自由度も上げます。一方、**国家はできない人に対してサービス提供していくことに力を注ぎます**から…という感じかな。

なるほど、でもこの国家Ⅱ種が出題された後の日本って、できない人に対してのサービス提供がなされてこなかったのではないですか。

それは、本問で問われているものではないけれど、それが格差の増大につながったともいわれているね。**セーフティネットや敗者復活システムの用意が不完全なままに、規制緩和を進めてしまった**といったところだろう。

⇒テーマ４も参照

もう一つ、行政の役割があるんだけれど、何だと思うかな？

▶もう一つの行政の役割

住民の声にこたえていくということですか？

たしかに、これからの社会のニーズがさらに多様化するということを考えれば、そうかもしれないけれど、あくまで、今想定している自由競争社会で考えようよ。
むずかしいかな。ヒントは、行政は何から何までとはいかないけれど、**できない人にはサービス提供をしていかなければならない**。そこに問題をみつけられないかな。

できない人にサービス提供するといっても、何から何までできるというわけではないし、すると、**誰かに手伝ってもらわなければならない**ですよね。

そうだね。だったら、誰に手伝ってもらえばよいのかな？

そうだ、**できる人たちに手伝ってもらえばいい**んだ。市場の自由化によって利益を得た自分でできる人には、できない人への敗者復活の機会提供などで手伝ってもらえばいいんですね。

そこでの行政の役割はどういうことになるのかな？

できる人とできない人をつないでいく❶ということですね。

そのとおり。もちろん、自由市場の中に福祉的な要素を持ち込むことはむずかしいだろうけれど、たとえば競争に参入できないでいるフリーターたちに、競争参入に必要なスキルや心構えなどを提供する人をコーディネートしていく、ということが行政の役割といえるのではないかな。

❶人と人をつなぐ行政
例えば佐賀県は「SML（SAGA MEDIUM LAB.）」というプロジェクトを通じて、地域の抱えている課題と、それを解決できる人をつなぐ取組みを行っています。

とくに、住民に近いところに存在する市区町村などの基礎自治体は、そういった**住民どうしをつないでいく**ことが期待されますね。

▶基礎自治体どうしの連携・協力とは？

では、特別区の論題にある、「連携・協力」とは何かな？

人と人をつないでいくという点での連携・協力ですよね。

基礎自治体の中には、できる人たちの偏りが生じてしまうのではないでしょうか？　介護や子育て支援という分野では、それほどの偏りはないのでしょうけれど、先ほど例に挙がったフリーター支援なんかでは、市区町村ごとに人材の偏りが生じてしまうのではないでしょうか。

そうなんだ。ここで、**市区町村ごとの壁を残してしまうと、できる市区町村とできない市区町村という格差が生じてしまう**よね。**そうならないためにも、市区町村ごとの連携・協力が必要**なんだ。けれども、その壁を取り除けない自治体もかなり存在するのではないかな。

そこに、都道府県や国家という、より大きな行政主体の役割があるのではないでしょうか？

そのとおり。都道府県や国家になると、できる・できないの主体が変わってくるわけだね。
ということで、まとめるとどうなるかな？

これからの自由競争社会における行政の役割は、競争に入ろうとしてできないでいる人、競争で努力を活かすことができなかった人をサポ

ートしていく、というのが一つ。

もう一つが、その**できない人とできる人をつないでいく**ことや、**できない自治体とできる自治体をつないでいく**ということなのですね。

そのあたりを膨らませて、書いてみようか。
では、**Q1**をA君、**Q2**をKさん、書いてくれるかな。**Q1**については、現在これが出題されたら、という前提で書いてみよう。

答案の流れをつくってみよう

Q1  A君のメモ(国家Ⅱ種)

1 **社会のシステム転換**
事前規制から事後救済へ
自由競争市場を形成するため

与えられた用語を用いて、これからの社会像を示す

2 **自由市場における情報の必要性**
➡情報公開制度の整備

その社会の中で必要とされるものに言及する

3 **自由競争市場の弊害**
その例としての「格差問題」
➡敗者復活システムの構築

4 **まとめ**
できない人のサポート

2・3で示された施策に共通するものをまとめる

答案例をみてみよう

Q1  A君の答案例(国家Ⅱ種)　約1,180字

21世紀に入り、これまでの事前規制によって国民の権利・利益を守ろうとする社会システムから、規制緩和によってより自由な市場を形成することで民間主導の経済運営を展開し、その弊害を国家が事後的に救済する社会システムに転換されることになった。これまでの、公共投資による経済の底上げを図るという手法では、さらなる財政の悪化を招き、これからの高齢社会を乗り切ることができないと考えられたためである。

●決まったキーワードを盛り込むタイプの設問です。与えられたキーワードから、どのような話題を論じるべきかが見えてきますので、答案全体の中に計画的に配置していくようにしましょう。

このような自由市場に参入し、競争していくためには、情報が必要となる。しかし、高度情報社会における情報の偏在は、新規に参入しようとする者にとっては、大きな壁となる。競争に必要な情報を持つ者と持たない

者では、対等の競争は望めないからである。すると情報を持たない者は、市場への参入に二の足を踏むことになる。そこで行政に求められるのが、情報公開である。行政が有するさまざまな情報を提供し、情報を持つ者と持たない者の格差を是正しなければならない。この制度により、市場の透明性が高められ、自らの力では情報を収集できない者も、市場に参入しやすくなるのである。

また、この自由市場では、競争での敗者を生み出してしまう。自らの意思・責任で選択し、市場に参入し、努力をするという自己責任、自助努力が自由市場の原則である。ところが、努力をしたにもかかわらずその努力の成果を結ぶことができなかった人々は、その敗者とされるのである。1999年からはじまった労働者派遣法の相次ぐ改正により、日雇い派遣、ワーキングプアといったいわゆる「格差問題」が生じたのは、その例である。このような、「負け組」と呼ばれる人々に対する、市場からこぼれ落ちた際のセーフティネットや再度市場に参入するための敗者復活のシステムが必要となる。その敗者復活には、市場の勝者の関与が不可欠である。たとえば、競争に参入できずにいるフリーターには、競争に必要なスキルや心構えなどを与える人が必要である。行政には、それを必要としている人と与えることができる人をコーディネートしていくことが求められる。

本論

以上のような社会においては、自分の力で活動できる人々には自由に活動する環境を提供すればよい。行政はそれを阻害しなければ、それでよいのである。これに対し、自らの力で情報を得ることができない人や自由市場の中で努力の成果を結ぶことができなかった人に代表される、できない人をサポートしていくことが、行政の大きな役割となる。そこには、できる人の関与も必要である。上に挙げた情報公開制度や敗者復活システムの構築は、その例である。こういったできない人をサポートしたり、できる人とつなげることで、より多くの人々が市場の競争に参入し、市場は活性化するものと考えられ

結論

●この答案では、「規制緩和」や「自己責任」を前提条件（すでにあるもの）、行政が果たさなければならない役割を「情報公開」、「敗者復活」と位置づけて論じています。

る。それが、わが国の内外での競争力を高め、より活力ある社会を形成することにつながるであろう。

山ちゃんの講評

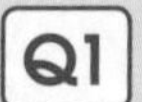

Q1 A君

情報公開、敗者復活という指定用語について表面的に触れるだけでなく、それをまとめる「できない人をサポートする」という概念まで言及できたところがいいですね。このように、一貫する理念を文章に示すことができたら高得点です。もちろん、国家行政の役割として、サポートできない自治体をサポートできる自治体と連携させる態勢をつくる方向での展開も可能ですね。

答案の流れをつくってみよう

Q2 Kさんのメモ（特別区）

1 **特別区におけるニーズの多様化**
➡住民の能力活用の必要性
（連携・協力の前提をまず展開する）【序論】

2 **他の特別区との連携・協力の必要性**
㊐ ものづくり教育における人材登用
（自分の視点に合わせた連携例に言及する）

3 **2を特別区が行う必然性**
行政運営の自立をからめて
（問題文にある「自立した」に対しても配慮する）

4 **特別区の連携・協力の素地**
（ここは軽めに触れる）

5 **まとめ**

答案例をみてみよう

Q2 Kさんの答案例（特別区） 約1,140字

多数の人口を抱える特別区では、区民のニーズも多様である。これらのニーズに対し、区民に身近な行政として、直接応えていくのが基礎自治体としての特別区の責務である。しかし、多様なニーズのすべてに応えるのは、財源・マンパワーの両面からみて困難を極めるものである。そこで求められるのが、地域の資産ともいうべき住民の能力の活用である。多数の住民の中には、地域の課題を解決するために必要なスキルや能力を持った人も多く存在する。そして、このスキルや能力を把握するのに最も適しているのが、住民にいちばん近い行政である特別区である。こういったできる人を掘り起こし、その能力を必要とする人たちとつないでいくことで、地域の多様なニーズに応えていくことが、これからの特別区には必要だろう。

序論

子育て支援や介護などのように、地域のニーズの中には、それぞれの特別区内でも上に述べた人と人をつなぐことで解決できる問題も多数存在する。しかし、環境問題や災害対策など、他の特別区との連携・協力が不可欠な課題も多数存在する。なかでも、教育現場のサポートは、能力を持った人材の確保、活用において、他の特別区との連携・協力なくしてはなしえないものと考えられる。たとえば、子どもたちにものづくりのすばらしさを教えるためには、ものづくりの技術を持った人々の存在が不可欠である。子どもたちは、目の前で繰り広げられる技術者の技能をみてはじめて、そのすばらしさを実感すると考えられるからである。ところが、ナノ・テクノロジーの技術を手技でやってのけてしまう技術者は、大田区や江東区など一部の特別区に存在しているにすぎない。ものづくり教育をすべての特別区で展開するには、これらの人材の流動性を高めるための特別区どうしの連

本論

●特別区が基礎自治体であることを意識しながら書くべきテーマです。都と区の分担、区どうしの連携という設問の記述も念頭に置きながら、ピントがずれた答案にならないよう気をつけて論じましょう。

携・協力が必要となってくる。

ここを、広域行政である東京都が行っていくということも可能ではある。しかし、媒介者が入ってしまうと流動性が低下することは否定できないし、特別区の自立性も損なわれてしまう危険性がある。また、人材の掘り起こしの面では住民に近い特別区ほどの適役は存在しないはずである。やはり、特別区どうしが連携・協力できれば、それに越したことはないのである。

幸いなことに、特別区は元々大東京市の行政区であったという歴史的経緯から、他の市町村に比べて、連携・協力態勢を整えやすい素地がある。住民の多様なニーズにダイレクトに応えていくには、その素地を発展させるべきであろう。

本論

今後、さらに住民のニーズは多様化し、単独の行政では対応不可能な事態も想定される。そのような中にあって、さらに豊かな生活を住民に提供するためには、行政区画の枠を越えた対応も必要となってくる。特別区どうしの連携・協力はその第一歩であると考えられよう。

結論

山ちゃんの講評

Kさん

単に連携・協力が要請される分野を示すのではなく、自分の考えに即した連携・協力を示すことができているのは高評価につながります。Q1のA君同様、文章に「自分の考え」という一貫したものを感じることができる答案です。

コラム 合格者の 小論文対策④

このページでは、公務員試験の合格者が実際に行っていた小論文対策を紹介します。

模範答案、どのように役立てる？

本書のような小論文対策の書籍や、予備校の公務員試験対策の教材には、小論文の模範答案がたくさん掲載されていますね。皆さんはこの模範答案をどのように利用していましたか？

最初のうちは、答案に書くべきことや構成がイメージできたとしても**どのような言い回しにすればいいのかわからないこと**があったので、**表現の引き出しを広げる**ために参考にしていました。

私も同じく、１行目のフレーズをどう始めるのか、話題を変えるときの接続詞の使い方、結論はどのような着地の仕方なのかとか、はじめのうちはほぼ**模範答案を丸写し**するくらいでした。

この本にもあるような「序→本→結」という構成をとるとして、模範答案がそれぞれに**どのくらいのボリュームをあてているのか**を見ておくと、**答案構成のバランス**が身につく効果もあるかも。

山ちゃんからのアドバイス

いわゆる模範答案はきれいにまとまっていて、読んでいると“実際に本番の試験でこんなに上手に書けるのかな？”と思ってしまうかもしれません。

模範答案を参考にしながら、もっと自分で使いやすい表現に置き換えてみたり、合格者の話にあるように答案構成のバランスを参考にしたり、といった使い方を考えてみましょう。

テーマ11

働き方改革

今日の社会では、「働き方改革」の推進が求められている。全ての働く意欲のある人々が働きやすい社会・職場環境の実現に向けて行政が取り組むべき施策について、具体的な課題を挙げてあなたの考えを論じなさい。

(2017年 岐阜県)

類題　いきいきとやりがいを持って働くことができる良好な職場環境を整える上で、あなたが重要と考える要素を検討し、その実現に向けた方策について論じなさい。　(2015年 裁判所)

出題意図と対策

「団塊の世代」の高齢化で働き手が少なくなったことや、「過労死」が話題にされる長時間労働、諸外国との比較による労働生産性の低さを背景に、**将来のわが国の経済発展のために、「働き方改革」が提唱される**に至りました。これに合わせて、小論文での出題も出はじめています。ワーク・ライフ・バランス（「**テーマ15**　豊かさ」参照）と絡めて、これからの頻出テーマの一つになると考えられます。「**労働意識」まで考察していけば深みのある答案を書くことができそうです**。国家レベルの出題が見込まれますが、問題のように地方でも出題の可能性が十分にあります。

ブレーンストーミング

~テーマのポイントを探ってみよう

今回は、A君の実体験に基づく話が聞けそうだけれど、どうかな。

▶日本人の労働意識

前から思ってたんですけど、**日本人の労働意識に問題がある**んじゃないかと思うんですけど。

おっ、いきなり核心をつく発言だな。じゃあ、まずは、わが国の産業構造の移り変わりから考えてみようか。Kさん、わが国の高度経済成長のころの産業はどういった構造だったのかな？

え～っと、たしか繊維産業から始まって、鉄鋼などの金属産業、自動車産業と移り変わって…。

「イトヘンからカネヘン…」。つまり、どうなんだろう？

そうだ、生産中心の産業構造❶だったんですね。

そのとおり、わが国にはさまざまな生産の場があり、農業も含めて、さまざまな地方でさまざまなものを生産していたんだ。だから地方も栄えたともいえそうだね。では、その構造の下での働き方はどうだろう？

それはもう「モーレツ社員」でしょうよ。

そうね、生産型である以上、長時間働けば大量の生産ができる。そうすれば企業は売上げを伸ばし、労働者も給料が増えるんだ。

そのとおり、**成長期にあっては、長時間労働は、**

❶生産中心の産業構造
1970年の産業３部門別就業者割合は、第１次産業17.4％、第２次産業35.1％で、生産する産業で過半数を占めていました。

より多くの収益を得るという点で「善」だと考えられたんだろうね。では、現在では、産業構造はどのように変化しているのかな？

現在は生産ではなく、サービスだとか流通だといった…。

生産と対比すれば、**消費に重点が置かれた産業構造**なのではないかしら。

すると労働はどうなったんだろう？

産業構造自体が、生産中心、つまり量の追求から、消費中心[2]、つまり質の追求に変わったんですよね。

そうだね。でも、労働自体は変わったのかな？

いえ、私の前の職場を考えても、長時間労働は横行していましたし、たしかに「善」ではなくなったんでしょうけど。

労働そのものは変化しなかったということだ。**生産構造の変化とともに、労働、というよりも労働の意識も量から質へ転換しなければならなかった**んじゃないかな？

そこなんですよね。やはり、高度成長期の成功体験が忘れられなかったんでしょうか。

それもあるだろう。特に経営陣はその時代を生きてきたわけだからね。でも、仕事の内容はどうなんだろうね。

❷消費中心の産業構造
2020年の産業３部門別就業者割合は、第３次産業73.7％で、消費を中心とした産業構造となっていることを示しています。

▶長時間労働を生じさせる根源

自分の仕事を振り返ると、「ホウ・レン・ソウ（報告・連絡・相談）が大事」とかいわれて、それに関する仕事が多かったですね。会議の資料作りなんかもそうです。

おっ、さすが経験者だ。そういった**「仕事のためのシゴト」が増えた**ともいわれている。消費を中心にした産業構造の下では、情報の共有が大事だと思われている。もちろん、それも大事ではあるけれど、みんながみんな共有してもしょうがないものでもあったりするわけだ。しかし、そういった**「仕事のためのシゴト」をやらないと正規雇用という身分を守ることはできない**。結局長時間労働にならざるをえない。いつしか**長時間労働は、守りのためにやらなければならないものになってしまった**んだ。だから、論題の求める「働きやすい社会・職場環境の実現」のためには、こういった**「仕事のためのシゴト」をどう減らすのかが課題**だね。

情報の整理・分析なんて、AI（人工知能）が得意そうじゃないですか。そういったことはAIに任せればいいんじゃないでしょうか。

そうだね。そういった**付加価値を生まない労働から解放されれば、もっと労働の質を追求できるようになる**かもしれない。

行政の取組みはどうあるべきなんでしょうか？

そうだね。そこは前に出てきた「AI社会」のところでもいったことだけれど、**AIとどのように共生するのかという意識づくり**がとても重要になってくるだろうね。そうすることで、**ただ消費されるだけの「消費時間」を、価値を生み出すために使われる「投資時間」に変換していくことが可能となる**んだよ。AIと競ってしまう

⇒テーマ5も参照

と、「負けまい」という意識がまた「消費時間」を生むかもしれない。

▶ワーク・ライフ・バランスを実現する働き方

そういえば、A君、会社員だったころの1日って、どんな感じだった？

まず7：00過ぎに家を出て、7：18の電車に乗り…途中乗り換えて、8：40に会社に到着。デスクに着くなりPCを立ち上げ、メールチェックに…その後は、打ち合わせ・会議、得意先訪問…。

時間に追われまくってますね。

そうなんだ。いいところに気がついたね。**時間を主体的にコントロールできていない**よね。これも働き方改革に必要な課題かもしれない。まず無駄に思えたのは何かな？

もちろん「仕事のためのシゴト」もそうですけど、やはり通勤時間は大きいですよね。

この通勤時間をなんとかしたいね。どうすればいいのだろう？

やはりテレワーク❸の推進、それから地方にも仕事の拠点を設けるというサテライトオフィス❹なんかもいいんじゃないでしょうか。

そうだね。実はここにも「仕事のためのシゴト」の弊害がみて取れるのではないかな。情報の内部共有を図るという観点からは、同じ場所に集合して顔をつきあわせて一緒に仕事をする。これが必要なんだろうね。でも、そこにAIやICT

❸テレワーク
情報通信技術（ICT）を活用した、場所や時間にとらわれない柔軟な働き方で、在宅勤務ばかりでなく、オフィス以外の場所での勤務を指します。

❹サテライトオフィス
テレワークを活用し、企業や団体の本社・本拠から離れた場所に設置されたオフィスのことで全県ICT環境100％の徳島県にある神山町や美波町が「サテライトオフィスのまち」として知られています。

技術を導入すれば、その必然性はなくなってくるんだ。また、そのような環境を整えることで、フルタイム労働の必然性もなくなってくるだろう。すると、フルタイムで働くことが困難な母親層の女性や自宅から出られない高齢者なども労働参加が可能となる。

そうなれば、東京などの大都市で働かなければならないという必然性もなくなりませんか。

そのとおりだ。通勤時間からも解放され、「仕事のためのシゴト」からも解放される。そうやってこそ、**時間を主体的にコントロールすることができる生活を取り戻せる**のではないかな。

それこそ、ワーク・ライフ・バランスの実現が近づきますね。

では、行政にはどのような取組みが必要なんでしょうか。

まずは、どのような場所でも仕事が可能なICT環境の整備が必要だね。そればかりではなく、地方でも豊かに暮らすことができる社会資本、医療体制や教育施設なども必要だ。もちろん、ICTを使ってのそれも含めてだね。そうすれば、再度地方も価値を生み出せる場として再生できるのではないだろうか。

わが国も、**地方でも生活できるという選択肢を生み出すことができますね**。

そうだね。これからの「豊かさ」は、「選択できる」ってことも大きな要素となると思うよ。後に出てくる「豊かさ」とは別の視点になるけどね。じゃあ、今回はA君かな。

⇒テーマ15も参照

ありがちなイマイチ答案

A君の答案（岐阜県）　約890字

今日の社会で「働き方改革」が求められるのは、労働の現場において❶「仕事のためのシゴト」が増加したことにある。❷私の経験でも、会議や打ち合わせ、報告のための資料作りや内部での情報共有のためのシゴトに忙殺され、本来の外部への営業活動という業務よりも時間を取られた記憶がある。これに加えて、❸わが国の産業構造が生産を中心とした社会であったころの長時間労働による成功体験から脱却できていないことがその原因として挙げられるであろう。

したがって、「全ての働く意欲のある人々が働きやすい社会・職場環境の実現」のためには、この❶「仕事のためのシゴト」からの解放が必要であると考える。

では、その実現のために、行政はどのように取り組むのであろうか。

まずはAIの利活用が挙げられよう。先に述べた❶「仕事のためのシゴト」の中心となる情報の収集、分析こそAIの得意とする分野である。ただ、AIを導入しその利活用を推進する主体は民間企業であって、行政ではない。

では、その利活用を進めるために行政は何ができるのであろうか。そもそもAIは利活用の対象であって、人類にとっては道具でしかない。ところが、近年のAIに対する国民の認識は仕事を奪ってしまう脅威と映っている面があると❹言わざる負えない。この姿は絶対に負ける競争相手に競争を挑んでいるようにすら思えてくる。しかし、AIと競わずに道具として利活用することができれば、❶「仕事のためのシゴト」から解放してくれる有益なパートナーである。したがって、行政がやるべきことは、AIと競わないという意識をこれからの労働者に醸成していくことである。学校教育や社会教育、果てはテレビ番組やインターネット上の動画配信などを通じて、わが国の労働者がAIと共生する社会・職場環境をつくらなければならない。

❺わが国がこれから目指すべき豊かさは、モノばかりでなく生活そのものに余裕が感じられるという豊かさである。その豊かさの実現には❶「仕事のためのシゴト」から解放され、主体的に時間をコントロールできる状況が不可欠であろう。AIと競わずに共生するという意識の醸成こそ、「働き

方改革」において行政が取り組むべき施策であると考える。

山ちゃんの添削

❶ 民間経験者らしく、この語に思い入れがあるのでしょうね。でも**強調のための「　」は小論文ではNG**です。また「シゴト」というカタカナ書きもNGですね。気持ちはわからないではないですが…。

❷ いやいや、気持ちはわかる…。でも**小論文は論文であって主観を述べるものではない**ですよ。自己の経験を客観的・普遍的に述べるのであればよいのですが、これでは昔の恨みつらみをグダグダ述べているにすぎませんよ。論題も「全ての働く意欲のある人々が」となっている以上、この内容を客観化して論じないといけませんね。

❸ これって、「働き方改革」における課題ですか？　この意識改革についての記述は一切なされていませんよね。たしかに「働き方改革」の大きな原因は働きすぎであり、その背景にはわが国の高度経済成長期の成功体験へのしがみつきがあることは否定できません。でも、高度経済成長期が終わってすでに40年近くが経過しているのですから…。あくまで背景として論じるくらいにしましょう。

❹ あれっ？　こんな書き方、見たことがあるのかな？「～せざるを得ない」が正しい表記ですよ。そういえば、A君、こういったしゃべり方＝「せざる」＋「おえない」というしゃべり方をしていたけれど、あれはこの誤解の表れだったのだね。

❺ この部分、いいこと言ってるのだけれど、**何か突飛**だよね。ワーク・ライフ・バランスなど働き方に関するものと結びつけて論じたいところですね。

全体の講評　自分の経験に偏りすぎてはダメ！

自己の経験からの思いがあふれてしまって、客観的に述べる視座を危うくしている感の残る小論文でしたね。それぞれの個人的な経験に拠ることなく考えを伝えるものが論文なのですよ。ということから、自己の経験を客観化できるのであればそれを使ってよいのですが、主観のままでは説得力がないエッセーになってしまいますよ。

また、自分で指摘した課題について何も論じることができなかった点もいけませんね。これは課題ではなく、現代社会においては長時間労働は善ではないという論証に活かしたいところです。

最後の結論も、急に豊かさを論じると、「働き方改革」の軸がぶれてしまいます。あくまで労働を中心に論じていきましょう。

答案の流れをつくってみよう

A君のメモ（岐阜県）

1 **なぜ「働き方改革」か**
➡産業構造の変化⇔労働意識の変化
「仕事のためのシゴト」の多さ

まずは原因究明
産業構造の変化との
乖離まで追求できれ
ば深い論述となる

2 **働きやすい社会・職場環境とは**
「仕事のためのシゴト」からの解放

論題に沿って目標設定する

3 **行政の取組み**
AI導入のための意識づくり

具体的に政策を考える

4 **結び**

わが国の将来の「豊
かさ」と結びつけれ
ばよい結びとなる

答案例をみてみよう

A君の答案例（岐阜県）　約1,100字

「働き方改革」の目的は、生産年齢人口の減少を労働生産性の向上でカバーするとともに、質の高い労働によって長時間労働を防ぎ、ワーク・ライフ・バランスを実現することにある。

わが国では、経済成長期はモノを生産する産業構造であり、生産量の追求のために長時間労働を余儀なくされた。しかし、その労働は賃金の増加をもたらすよき行動と考えられていた。時代が変わり産業構造が消費を中心としたものに変わったにもかかわらず、その労働意識は変化しなかった。量ではなく質を求める産業構造に変化したにもかかわらず、労働の意識は変わらなかったのである。

その理由には、成功体験からの脱却ができなかったことなど多くが考えられるが、私は、いわゆる仕事のための仕事が増加したことに一因があると考える。情報の共有のための会議資料の作成などが、こういった仕事のための仕事に当たる。したがって、論題の求める「働きやすい社会・職場環境」とは、こういった仕事のための仕事から解放された社会・職場を指すものと考える。

では、その実現のために、行政はどのように取り組むべきであろうか。

●設問には「行政が取り組むべき施策について、具体的な課題を挙げて」とあり、それに答える部分です。「では、…であろうか。」と問いを立ててそれに対する答えを示す、という構成を反復して具体的な内容に切り込んでいます。

本論

私は、これから社会に浸透してくるであろうAIの利活用こそが、この仕事のための仕事からの解放を実現してくれるものと考える。AIこそ、情報の収集、分析を得意とするからである。この利活用は、民間主体によって実行されるものである。

では、行政は何をすべきなのであろうか。そもそも、AIについては、それをどのように利活用するのか、逆にいうとAIと競わないことが重要である。わが国の現在の意識は、AIによって自らが労働から疎外されるのではないかというところに関心があると見受けられる。しかし、AIと競わずに、うまく利活用しさえすれば、仕事のための仕事からの解放が実現するのである。したがって、行政に求められるのは、AIと競わないという意識をこれからの労働者に醸成していく施策である。学校教育、社会教育ばかりでなく、この意識を啓蒙するためのテレビ番組やアニメがあってもよいであろう。そのような施策によって、わが国の労働者がAIと共生する社会・職場環境をつくらなければならない。

職場にAIが浸透し、労働者がそれをうまく利活用することで、労働時間がただ消費されるものから、付加価値を生み出す投資の時間に変わっていく。そうすることで、生産労働人口の減少はカバーできるはずである。そして、労働者にとっても、長時間労働からの解放によって、ワーク・ライフ・バランスを手に入れることで、主体的に時間をコントロールするという、さらなる豊かさ

を手に入れることになるであろう。これこそが、わが国の次のあるべき豊かさであると考える。

山ちゃんの講評

A君

自分の経験からの思いに偏っていたイマイチ答案を改め、それをベースに仕事のためのシゴト（答案中では「シゴト」ではなく「仕事」としたほうが無難でしょうね）に的を絞って論じていくことで成功しました。こういった一点豪華主義でもOKです。要は問題意識なのですからね。

コラム 合格者の **小論文対策⑤**

このページでは、公務員試験の合格者が実際に行っていた小論文対策を紹介します。

自分の答案の悪いところ、どのように改善する？

当たり前の話だけど、合格答案を書くには、自分の答案の質を上げなきゃならない。質を上げるには、まず現時点での欠点がわからなきゃいけない。皆さんはどのように答案を改善していましたか？

私は受験生どうしで**小論文対策をするグループに参加**して、お互いに答案を見せ合ったりアドバイスをし合ったりしていました。とにかく**自分の答案を人に見せて、他の人の答案を見る**ことが大事。

同じく、人の目で見てもらった後に書き直して、**改善前と後の自分の答案を見比べる**ようにしていました。最初はピンとこなくても、自分の文章が整って読みやすくなっていることに気づけると思います。

この本にも載っているような、**イマイチな答案とその改善ポイント**を自分の答案に引き付けて考えるのが大事。「自分も似たような答案書いていないかな…」と考えると、改善ポイントが見えてきます。

山ちゃんからのアドバイス

択一試験と違って小論文は、自分で自分の得点を確認することができません。このためどれだけ時間を費やしても、努力の方向性が間違っていると一向に良い答案にならない、という怖さがあります。

合格者の話にあるように、改善ポイントを見つけるには答案を誰かに見てもらうのが効果的。他人の目にさらして添削してもらうことで、答案のよしあしがわかるための"ものさし"を少しずつ身につけましょう。

テーマ12

男女共同参画社会

我が国では、2001年に内閣府に男女行動参画局が設置され、男女共同参画社会の形成に向けて諸政策が実施されている。しかし、2009（平成21）年に国連開発計画（UNDP）が発表した「人間開発報告書」によると、我が国は人間開発指数（HDI）が測定可能な182か国中10位、ジェンダー開発指数（GDI）が測定可能な155か国中13位であるのに対し、ジェンダー・エンパワーメント指数（GEM）は測定可能な109か国中57位となっている（人間開発報告書2009）。

そこで、①あなたが考える男女共同参画社会の形成を阻んでいる理由をいくつか挙げたうえで、②より参画が進むための施策について論じなさい。

（予想問題）

HDI　人間開発指数（Human Development Index）

「長寿を全うできる健康的な生活」、「教育」及び「人間らしい生活水準」という人間開発の三つの側面を簡略化した指数。具体的には、平均寿命、教育水準（成人識字率と就学率）、調整済み一人当たり国民所得を用いて算出している。

GDI　ジェンダー開発指数（Gender-Related Development Index）

HDIと同じ側面の達成度を測定するものであるが、その際、女性と男性の間でみられる達成度の不平等に注目したもの。HDIと同様に平均寿命、教育水準、国民所得を用いつつ、これらにおける男女間格差が不利になるようなペナルティーを科すことにより算出しており、「ジェンダーの不平等を調整したHDI」と位置づけることができる。

GEM　ジェンダー・エンパワーメント指数（Gender Empowerment Measure）

女性が政治及び経済活動に参加し、意思決定に参加できるかどうかを測るもの。HDIが人間開発の達成度に焦点を当てているのに対して、GEMは能力を活用する機会に焦点を当てている。具体的には、国会議員に占める女性割合、専門職・技術職に占める女性割合、管理職に占める女性割合、男女の推定所得を用いて算出している。

※WEF（世界経済フォーラム）が毎年発表しているのが「ジェンダーギャップ指数」。2023年は世界146か国中125位で、前年の116位から９ランクダウンした。これは2006年の初公表以来最低の順位となった。分野別に見ると、教育（47位）、健康（59位）に比して、政治（138位）、経済（123位）の低さ

が顕著である。

出題意図と対策

現在の男女間の役割分担のもとでは、**少子化を食い止めるためには、男女共同参画を止めるしかない、という二律背反になりかねない問題意識**を持ったうえで、論じたいところです。地方公務員でも出題があり、自治体レベルでの取組みが問われます。その場合は、男性の育児休業の取得推進＝男性の育児参加や女性の管理職登用の推進を論じるとよいでしょう。

ブレーンストーミング

～テーマのポイントを探ってみよう

まずは、男女共同参画社会❶の形成を阻んでいる理由だけれど、その前提として、問題にあるHDI、GIIの数字からどのようなことがわかるのかな？

HDIにおいては男女差なく高いレベルにありますが、女性の政治参加、意思決定参加においては、大きな男女差があるということがわかります。

男女共同参画という観点からいい直すとどうなるの？

社会に参画すべき能力を持つ女性が、参画できていないということですね。

▶女性が社会参画できていないのは？

それでは、その理由とは何だろう？

❶男女共同参画社会
男女共同参画社会基本法第２条によれば、「男女が、社会の対等な構成員として、自らの意思によって社会のあらゆる分野における活動に参画する機会が確保され、もって男女が均等に政治的、経済的、社会的及び文化的利益を享受することができ、かつ、共に責任を担うべき社会」を指します。

それは、やはり**子育てや介護などの家庭内労働に女性が縛りつけられていて、社会に出ていくチャンスが与えられていない**ということにあるのではないでしょうか。

そうだね、女性の社会進出の足かせは、育児と介護だとこれまでいわれ続けてきたんだ。たしかに、女性の年齢階級別労働力率❷については、現在も依然として「M字カーブ」を描いているのは、その現れだよね。**子育てに関しては、男性の役割分担、少子化のところでもいっていたパパ・クオータ制の導入で解消できる**問題ではないかな。また、**高齢者の介護についても、活動可能な高齢者を介護する側にシフトするという方法である程度クリアできそう**ではあるよ。では、意識の面ではどうだろう？

女性の側に、社会進出を望まないという風潮があるのではないですか？　民間の女性社員の中には、家庭に入って専業主婦になることを望んでいる人も多いですからね。

それって偏見ではないかしら？　**問題なのは、社会参画したい女性がそれを阻まれている**ということでしょう。

A君がいうように、男女共同参画への施策について、就労を望まない女性を働かせようとしているにすぎない、という批判があるのも事実だ。しかし、Kさんがいうように、社会参画を望みながらも参画できていない女性が多数存在しているのも事実だね。女性の意識というより、社会全体の意識を考えてみようよ。

❷女性の年齢階級別労働力率

労働力率とは15歳以上人口に占める労働力人口の割合ですが、女性の場合、結婚・出産する年代に差し掛かるといったん低下し、育児が落ち着いた時期に再び上昇することから、本文にあるとおり「M字カーブ」を描くことが知られています。テーマ２でも扱ったとおり、晩婚化の進展から「M字の底」に当たる年代は35～39歳の層にシフトしており、結婚・育児期にも労働力人口であり続ける女性が増加していることから「M字の底」は近年浅くなっています。

▶「男性でなくてはダメ」という意識が問題

やはり、「**男性でなくてはダメ」という社会意識がある**のではないでしょうか？

そうだね。実際、君たちが就こうとしている公務員でも民間企業でも、女性の管理職割合は高いとはいえない❸。ある経済団体の女性幹部だった人は、「女性であることを捨てなさい」とまで言っていたからね。それに、「しょせん、オンナだから…」という見方をしがちなところもある。

それって、**個人の能力をみていない**ですよね。

これを**集団的専断概念**というんだけれど、日本国憲法の究極的な目的である個人の尊厳とはかけ離れた視点だよね。

社会の構成員の半数は女性なのに、それを排除しようなんて許せないわ！

❸官民における管理職に占める女性割合
国家公務員の本省課室長相当職で6.9％（2022年）にすぎず、民間企業の部長職で9.9％（2020年）を女性が占めているにすぎません。

まあまあ。女性の君が憤慨するのはよくわかるけれど、この意識、とりわけ**男性意識が問題**なのではないかな。さっき、A君が言っていた、女性の側が社会進出を望まないというのも、そういった意識が関与しているのかもしれないね。

では、その意識を、どうすれば払拭することができるのだろう？

要は、「男性でなくてはダメ」と思わせないようにしなければならないのですよね。

いや、それ以上でないと、なかなか意識改革は望めないのではないかな？　**女性が参画することでよりよくなるというようにしないと、現状は変わらない**よ。

やはり、女性がもっと参画して、社会の要請に適合した意思決定ができる体制をつくるのですよね。

でも、現実には、参画自体がむずかしい状況にある。

だったら、やはり教育ですよ。男女共同参画教育をどんどん進めて、子どもたちの意識から変えていくのがいいと思います。

たしかに、それも必要だ。けれど、それには数十年という時間が必要だよね。ただし、公教育でそれを行っても、家庭内の教育、これは「隠れたカリキュラム❹」に含めてもよい話かもしれないけれど、**「男の子らしく」とか「女の子なんだから」という教え方が家庭内でなされていたのでは、何十年経っても結果は変わらない**

❹隠れたカリキュラム
学校には公的なカリキュラム以外に、暗黙のうちに刷り込まれている価値や規範が存在し、これを「隠れたカリキュラム」といいます。例えば男子に青、女子に赤の色分けを行う慣行など、隠れたカリキュラムの中には性別による意識づけの違いを生んでいるものもあり、本文ではこれと同様の意識づけが家庭内でも行われている可能性を指摘しています。

のではないかな？

▶システム自体を変える必要

だったら、**意思決定過程における女性比率を一定程度義務づけて、実際に女性がそこに入っていけるシステムをつくる**のはどうですか？

そうだね。それを**クオータ制**[5]というのだけれど、**国会議員などの政治システムの人員の一定数を女性にする**という方法だね。これを**民間企業にも広げて、上場企業の役員の一定数を女性にする**んだよ。そうすれば、女性がそこに参画せざるをえなくなる。そして、そこで**より社会の要請にかなった意思決定ができれば、「男性でなければダメ」という意識は後退していく**のではないかな。もちろん、私企業にこれを強制するのは抵抗のあるところだろうけれど、それくらいの荒療治が必要なくらい、問題が深いということだね。

なるほど。システムを強制的に変えて意識をつくり変えていくという方法ですね。だから安倍元首相は、国家公務員の幹部の3割を女性にするという「女性活用」方針を出したのですか。それから、2018年5月に成立した「政治分野における男女共同参画推進法[6]」（候補者男女均等法）もその流れなんですね。でも実際の選挙[7]では女性候補は少ないですよね。やはり努力義務ではなく、法的義務にしないといけないのではないでしょうか。

意識を変えるのは、主として教育の役割だけれ

❺クオータ制
国民構成を反映した政治が行われるよう、国会・地方議会議員候補者、国・地方自治体の審議会、公的機関の議員・委員などに制度として女性を一定数割り当てる制度です。ノルウェー発祥で、北欧諸国やオランダ、ドイツでは国会議員の女性割合が30%を超えています。

❻政治分野における男女共同参画推進法
国政のみならず地方の選挙において、男女の候補者の数ができる限り均等となることについて、国・地方公共団体の責務や政党等の努力義務を定めた法律です。

❼実際の選挙
2022年の参議院議員選挙では、女性割合が33.2％で過去最高となりました。しかし、2021年の衆議院議員選挙では17.7％と低い状況が続いています。

ど、社会意識全体が障害となっている問題では、そのような荒療治も必要かもしれないね。

そうすれば、「しょせん、オンナだから」といった集団的専断概念もなくなっていくかもしれないですね。

そのとおり。**これからの社会は、個人がその能力で判断される社会となるべき**なんだ。それが、個人の尊厳を究極の目標とする日本国憲法にも合致するね。

そういったところから、女性が社会に参画すれば、少子高齢社会における労働人口の確保なんかにもメリットがありそうですね。

それもあるね。では、今回はKさんに書いてもらおうかな。

答案の流れをつくってみよう

Kさんのメモ（予想問題）

1 男女共同参画の現状

本論

①男女共同参画社会形成を阻む理由

i）子育て、介護などの家庭内労働への縛りつけ

➡パパ・クオータ制、高齢者による介護の実現でカバー

ii）「男性でなければダメ」という意識の存在

とりわけ、社会の意思決定を行う男性自身のそのような意識がいちばんの問題

> 問題の要求に沿って、理由を挙げる
> そのうちの一つに特化する

2 ②より参画が進むための施策

教育による改革

⇔時間がかかる・家庭教育の存在

クオータ制の導入

➡より社会の要請にかなう意思決定システムの構築

> その理由についての施策を展開する

3 まとめ

> その施策によって、どのような社会ができるか、まで言及する

答案例をみてみよう

Kさんの答案例（予想問題） 約950字

① 男女共同参画社会形成を阻む理由

わが国のHDIやGIIの順位が高いにもかかわらず、能

序論

力のある女性の社会参画が進んでいない。事実、国権の最高政策決定機関である国会においても、衆議院議員の女性比率は世界でも下位である。

このように男女共同参画社会が形成されない理由の一つとして、女性が育児や介護を押しつけられ、家庭に縛りつけられる結果を招いていることが挙げられる。しかし、これはパパ・クオータ制の導入や、元気な高齢者に介護の一部を担ってもらうといった施策で、ある程度クリアできる問題である。最も問題なのは、「男性でなければダメ」という社会意識、とりわけ社会の意思決定を行っている男性のそのような意識ではないだろうか。この意識は、時には「しょせん、女だから」といった集団的専断概念と結びついて、個人としての女性の能力評価を無視してしまう。社会の構成員の半数が女性であることを考えれば、その要請に応えた意思決定や方針採択を行うには、女性の参加は不可欠である。よって、この意識こそが、最も大きな障害となっているものと考えられる。

●この問題では、男女共同参画社会形成を阻む理由と、それに対する施策を「本論」で扱うことになります。特に前者は「いくつか」挙げることを求められていますが、ここでは「育児・介護」という本質的ではない理由を先に挙げてしまい、より重要な「社会意識」を後に配置してこちらをメインに扱いたいことを示しています。

② より参画が進むための施策

では、どのようにすれば、そのような意識を払拭できるのであろうか。教育によって子どもたちの意識から変えていくことは、たしかに有効ではあろうが、数十年という時間を要するものである。また、家庭内の隠れた教育が「男の子らしく」とか「女の子なんだから」という意識を植えつけてしまっては、男女共同参画社会の実現はほど遠いであろう。

そこで、私が考えるのが、まず政治の世界にクオータ制を導入し、議員の一定数を女性に割り当てることである。強制的に女性を意思決定過程に参画させて、より社会の要請にかなった意思決定ができれば、「男性でなければダメ」という意識は後退するのではないだろうか。そして、これを民間企業の役員構成にも反映させれば、その意識がただの偏見にすぎなかったことが明らかになるであろう。民間への強制は、たしかに荒療治ではある。しかし、そのような荒療治が必要なほど、この意識は根強く社会に巣食っているのである。

社会の半数は女性である。両性が性差の存在を前提としつつ、共同して社会を形成していく社会こそあるべき社会である。上述の施策によるその実現こそ、今世紀の課題であると考える。

山ちゃんの講評

Kさん

理由の中で、最も大きなものをがっちりとつかんで論じており、問題意識の高さがよく表れています。自分の考えに対する反論にまで配慮されているのも高く評価されるところです。

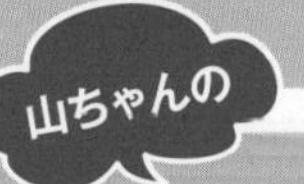

小論文道場

〈第2回〉バランスのよい答案構成を意識しよう！

添削指導で小論文の答案をよりよいものに改善していきます。
バランスの悪い答案がみるみるうちに「合格答案」に！

先生！　前回指摘された点を踏まえて答案を書き直してきました！

よし、じゃあ答案を確認してから次の段階に進もうか。

【問題】

環境に関する問題について、特に関心を持っているテーマを挙げ、取り組むべき課題や対応策について論じなさい。　裁判所2007

私が環境問題のうち特に関心を寄せるのは海洋プラスチックごみの問題である。2016年のダボス会議で発表された報告書によると、世界では毎年800万トンものプラスチックごみが海洋に流出しており、仮にこのまま何の対策もとらなかった場合、2050年には海洋に存在するプラスチックの重量は魚の重量を上回るとのことである。

プラスチックごみの種類は多岐にわたり、海辺に不法投棄されてしまった発泡スチロールのブイ、漁網といった大きなものから、洗剤容器、ポリタンク、ペットボトルなどの日用品を由来とするもの、スーパーやコンビニエンスストアで買い物をしたときに受け取るレジ袋、ストロー、フォークなど枚挙にいとまがない。これらのプラスチックごみは次第に細かくなるが自然分解されることはなく、微細になった状態で海洋を漂い続けることになる。

こうしたごみの被害を真っ先に受けるのは海の生き物である。5mm未満の大きさになったマイクロプラスチックを食べてしまったり、釣り糸や釣り針を体に巻きつけたままで動けなくなってしまったりする。海岸に打ち上げられたクジラの胃から数十kgのビニール袋が見つかったと報じられたこともあった。また、めぐりめぐってごみを投棄した当事者である人間自身の被害にもつながることがある。海の生き物がプラスチックごみを摂取することで体内に有害物質が蓄積し、これらは食物連鎖を通じて生物濃縮していくからである。最終的にその生き物を人間が食べることで蓄積された有害物質の影響を受け、ガンの発生リスクが高まったり、生殖能力が損なわれたりすることが考えられる。

日本の民間企業ではストローや容器などのプラスチックを減らし、プラスチック以外の素材を原料とする製品を開発する取組みを進めており、また行政でもこれらを支援する活動を行っている。

今後はさらにプラスチック使用ゼロの目標年を定め、そこに向けてプラスチック製品に対する課税等の施策を行うべきである。これによって産業界に生じるデメリットももちろんあるだろうが、補助金等によって違う部門への転換を促す必要があるだろう。

プラスチックを使わないことが当たり前という社会を作ることで、人間にも人間以外の生物の暮らしにも配慮しつつ、持続可能な我が国にしていくべきである。

まず前回の指導を受けて、**答案で中心的に扱うテーマを冒頭に提示**しました。

そうだね。採点者は非常にたくさんの答案に目を通すから、**冒頭で話題が明確に示されている答案は第一印象もよくなる**はずだよ。

次に、こちらがより重要な改善点ですが、「これから取り組むべき課題」に言及するために、答案の後半を変えました。前回の答案では、第４段落で民間企業が行っている取組み、第５段落で行政が行っている取組みに触れていましたが、**「すでに行っている取組み」については簡潔に触れる程度にとどめて、その後に今後行うべき対策を書き込みました。**

よし、これで「設問の要求に答える」という点についてはOKだ。最初の答案が抱えていた課題の１つ目は解決したことになるね。

ほ、ほかにも根本的な問題が…？

うん、今回は「**構成**」の話をしよう。

構成…？

小論文の構成の基本は、「**序論⇒本論⇒結論**」だよね。君の答案は、序論で関心の提示とその説明、本論で課題提示と対応策、結論で課題解決の結果を示している。それ自体はいいんだけど、問題はその**分量のバランス**だよ。

バランスが悪いってこと…？

序論と本論、答案全体ではどちらに重点を置くべきだと思う？

問題意識が問われるのが小論文なのだから、「**本論**」…？

そうだね。いまの答案を見てみると、冒頭から３つ目の段落までは、「プラスチックごみとは何か」ということや、「プラスチックごみがどのような問題につながるか」ということを詳細に説明しているね。ここまでが「序論」ということになって、**全体の７割以上**を占めてしまっている。これは**明らかに頭でっかち**だよね。

た、たしかに…。

それから、序論の内容は問題意識の提示というよりは現状の説明が大半になってる。序論をいまの半分くらいにして、本論をもっと充実させるということを考えるといいね。

なるほど、具体的にはどういう方針で直すとよいでしょうか？

まず**具体例が多すぎる**から、それを整理したほうがいいね。序論は、関心事項の提示とそれに関心を持つ理由、すなわち**問題意識の提示**だけでいい。いま書かれている事実をコンパクトにして、関心を持つ理由にしてしまえばいいんだ。

そうか、いろいろ自分でも調べていたテーマだったので、はりきって書きすぎてしまったかも…。

そう、このような頭でっかちな答案も、実はけっこう見かけるタイプなんだ。受験生は小論文対策のためにいろんなトピックについて知識を蓄えるから、それが出題されるとどうしても知っていることを吐き出して答案を埋めたくなってしまう。でも**小論文は知識の勝負ではなく、問題意識の勝負**なんだ。知識を蓄えるのは問題意識を持つためであって、小論文では知識じたいが問われているわけではないからね。

わかりました！　まず序論を整理して減らす、と。では本論は？

いまの答案では、序論でたっぷりと現状を説明した後、簡単にいま行われている取組みに触れて、今後行うべき対策につなげているけれど、**少し唐突な印象**があるよね。序論を減らす分、ここをもう少し説得力のある流れにできるんじゃないかな。

説得力をもたせる…なんだか難しい感じがしますね。

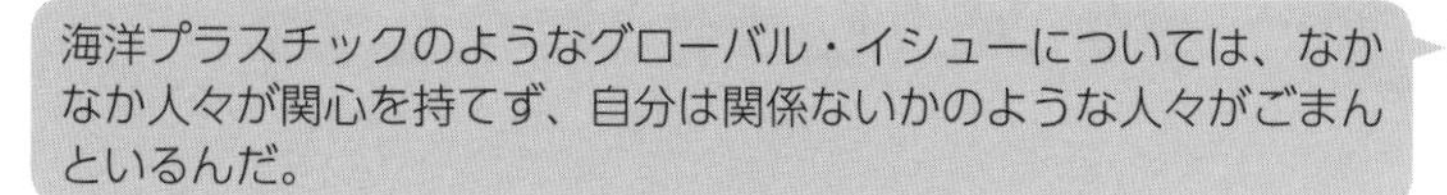
海洋プラスチックのようなグローバル・イシューについては、なかなか人々が関心を持てず、自分は関係ないかのような人々がごまんといるんだ。

すると、教育を通じて意識を高めることが必要ですね。

いやいや、それを否定はしないけれど、…たぶん「百年河清をまつ」（いくら待てども望みが達せられるあてがない）ではないだろうか。無関心ではいても普段通りの生活は送れてしまうわけだからね。でも確実に「海洋の死滅」は近づいているんだ。

あっ、だから行動を変えるということなんですね。

その通り！　意識は変わらなくてもよいから、プラスチックを使わないことが当たり前という社会にすればいいわけだ。

なるほど。こんなふうに本論を組み立てていくんですね。

いまのままでは事態はどんどん悪くなるから何かを変えなきゃならない。でも多くの人に習慣や考え方を改めてもらうのはそんなに簡単じゃないよね。最後の段落には「プラスチックを使わないことが当たり前という社会」とあるけれど、これが最終目標だとして、現状からそこに至る流れをもっと丁寧に論じてみよう。

山ちゃんからの指導

- 序論は具体例を整理して問題意識を抽出したコンパクトなものに！
  ⇒　全体の２～４割、多くても５割を超えない
- 本論は現状に対して提示する施策が説得的であるために丁寧に論じよう！
  ⇒　全体の４～６割程度

だいたい、序論と本論の役割は上のように捉えておこう。

じゃあ次回はこれを踏まえて答案を直してきます！

⇒　次の小論文道場はP.254！

テーマ13 異文化共生社会

わが国の在留外国人数は、21世紀になってから増加の一途をたどり、2020年では288万人以上にもなり、わが国の総人口の2.3%にまで達しています。その一方で、日常生活におけるトラブルなど日本社会が外国の人々や異なった文化と触れることによる様々な問題が生じています。

①このような問題を生じさせる背景について述べたのちに、②わが国において異文化と共生できる社会を形成するために必要な施策についてのあなたの考えを述べなさい。（予想問題）

在留外国人数の推移とわが国の総人口に占める割合の推移

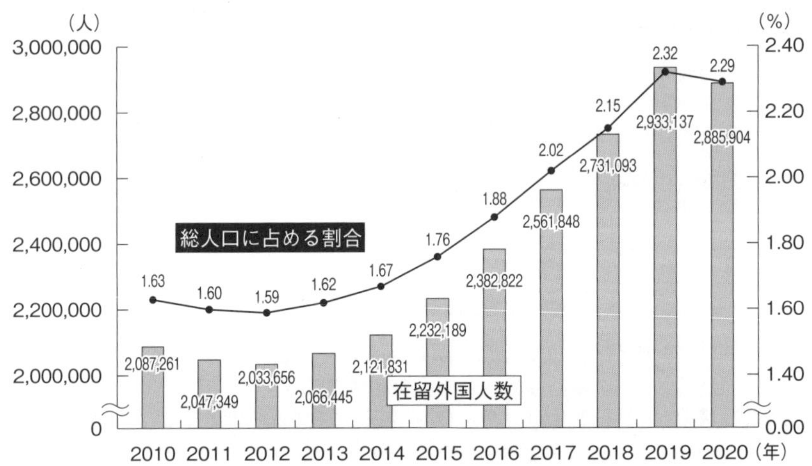

※在留外国人数は各年末、総人口は各年10月１日現在の統計である。
※ただし、2020年の在留外国人数は６月末現在の統計である。

出入国在留管理庁および総務省統計局資料をもとに作成

類題　労働力不足の対策として、本年４月に「改正出入国管理法」が施行され、外国人材の活用が期待されている。本県においても、今後、県内に住む外国人の増加が見込まれるが、外国人が地域で働き、学び、生活していくに当たっての課題について考察するとともに、それらの

課題に対し、どのような取組が有効と考えられるかについてあなたの考えを述べなさい。（2020年 宮城県）

出題意図と対策

以前は、「国際化」という論題でよく出題された問題です。この国際化のうち、**異文化とどうやって共生していくのか、という問題が、これからのわが国では大きな課題となります**。ボーダーレス社会の実現により、モノ（物流）、カネ（金融）、情報の世界の国境はほぼないに等しいものとなりましたが、**いまだヒトのボーダーレス化は実現できていません**。この認識をベースにして、論じていくとよいでしょう。

わが国は、よく「**外国人対策あって、外国人政策なし**」といわれるんだが、その意味がわかるかな？

外国人は、トラブルを生み出す元凶なので、その処理をするという観点からの対策しか存在せず、外国人の多様な文化を受け入れて共生していくための政策が存在しない、ということでしょうか。

そうだね。もちろん、不法に入国、滞在したり、日本で犯罪を犯す外国人を厳しく取り締まるための「対策」は必要だ。しかし、これからのグローバルな世界で、多様な文化を受け入れることができなければ、労働力の減少が予想されるわが国では、大きな打撃を受けてしまいかねない。やはり、**外国人の持つ多様な文化を受け入れることが必要**だね。
では、そのような「政策」がつくられなかった原因は何だろうね？

それはやはり島国根性だとか…。

それは死語に等しいことばだね。もう少し、移民ということで考えてごらん。

▶移民を受け入れた歴史の欠如

あ、**歴史的に移民を受け入れてきたことが少ない**からではないですか。

そう、日本は、明治以降、日本人を移民としてハワイやブラジル、ペルーなどに送り出してきた歴史はあるものの、移民を迎え入れた歴史がほとんどないんだよ。もちろん、第２次世界大戦中に朝鮮の人々を受け入れたけれど、あれは強制的なものだからね。このため、**わが国には異文化と共生する**❶**ためのノウハウが蓄積されていない**んだよね。
でも、それが現在ではどうなんだろう？

問題のグラフにもあるとおり、ヒトの面でのボーダーレス化が進展し、在留外国人数は増加が進んでいます。これは、私がテレビで観たことなんですが、介護の担い手が日本人だけでは決定的に不足しているため、インドネシアなどから介護福祉士の卵として受け入れるようになっています。2019年には入管法が改正されて、本格的に外国人労働者の受け入れも始まりました。

❶多文化共生社会
国籍や民族などの異なる人々が、文化的な違いを認め合い、対等な関係を築こうとしながら共に生きていこうとする考え方をいいます。

以前は、キツイ・キタナイ・キケンの3Kの職場の労働者として、東南アジアからの不法就労が多かったのだけれど、現在では、介護や家政婦などの日常生活のサポート役としての受け入れ❷も多くみられるね。
これからの少子高齢社会における労働力不足を補うためには、移民を受け入れるための政策が不可欠ということになるね。
また、**ITなどの先端技術者も、これからのわが国には不足が予想されているんだ。その卵である学生たちも積極的に受け入れていく必要があるね。**
では、その受け入れに必要なものは何だろう？

❷外国人労働者の受入れ
本文にあるとおり入管法の改正により、外国人の在留資格が拡大されました。介護業に従事する外国人人材のための在留資格は「特定技能1号」という区分で、5年を上限に在留が認められています。

▶異文化理解の必要性

まずは、**移民する側が日本の生活や企業環境を理解し、日本語を習得する学習の場が必要**ですよね。また**移民の子どもたちを教育する学校教育のシステムも必要**です。

そうだね。まさに、「生活者」として外国人を受け入れるという視点だ。それを欠くと、移民だけで自分たちのタウンを形成し、日本人社会との壁が形成されてしまうからね。
実際、東京などでは、コリアンタウンやヒンディタウンが形成されつつあるんだ。

では、日本人の側はどうかな？

やはり、**外国人を排除しないという意識を持つ**ことではないでしょうか。意識ということになると教育ですよね。

それもまた、異文化理解の教育ですか？

そうなんだ。これは、異文化教育の第２の面ともいえるだろうね。たとえば、イスラム教徒を雇用する企業では、１日数回のお祈りの時間を認め、かつ豚肉を食べないという戒律を企業全体で理解する必要があるだろう。また、生活の場においても、**移民の人たちが絶対に我々の文化に入ることができない部分があることを理解しなければならない**だろう。

インドネシア人介護士を受け入れた施設でお祈りを認めていたシーンが、あるテレビ番組でもありました。

では、一般の人たちに、どのようにして異文化理解の教育を提供していけばよいのだろうね？

子どもたちだったら小中学校で、企業であれば職場で行えばいいんでしょうが…。

▶外国人の地域活動への参加

企業だったら、一緒に仕事をするよね。だったら、地域の中でも、一緒に作業を行うということを考えてみようよ。

地域の活動に参加する機会をつくるのですよねぇ…。

消防団という組織を知っているかい？

消防士と協働して消火活動や災害救助を行う、

地域の組織ですよね。

実は、消防の仕事は、公権力の行使の要素があるため、外国人は定住者であっても、消防団には入れないんだ。憲法を学習した人は、判例に出てきたでしょ。

国籍条項❸という規制ですね。

そう。この規制によって、消防団に加入して地域の役に立ちたいという外国人が排除されているところもかなり多いんだ。地方では消防団員が高齢化し、若い人がのどから手が出るほど欲しい状況なのにね。もし、**そこで協働する機会が増えれば、地域の人の異文化に対する教育も進む**のではないかな？　もちろん、消防団だけに限らず、外国人旅行者の受け入れに日本人と外国人が協働してあたるということなども考えられるだろうね。

❸国籍条項
国籍に関する規定を設けた条項をいい、何らかの組織の成員となるための条件に国籍を掲げた条項であることが多くあります。消火活動や延焼防止のために家屋を破壊するような行為は「公権力の行使」に当たり、外国人が公権力を行使する消防団の成員にはなれない規定が設けられています。

▶外国人の地域の意思決定への参加

参加は、今いったことだけにとどまらないよ。

地域行政への参加ですか？

そのとおり。地方自治体の議員などの選挙権は、定住外国人に認めても憲法には反しない、という判例があったよね。**お互いの文化に対する理解が深まったら、その次に考えられるのが、地域の意思決定への参加**というものだ。**彼らを社会の構成員として受け入れるためには、文化だけではなく、彼らの意思も受け入れていくべき**だろうからね。

そうですね。そうすれば、**移民の側にも**、「自

分たちのまち」という意識が芽生え、さらに共生がうまくいくと考えられますね。

結局のところ、**単なる「労働者」として移民を迎え入れるというのではなく、彼らの多様性を認めて「生活者」として迎え入れる**ということが重要になってくるんだ。人口が減少していくわが国では、そういった**「統合」の意識がこれから求められる**と考えるよ。

では、今回は、A君に。これからのわが国の将来像もからめて考えて、書いてみてごらん。

答案の流れをつくってみよう

A君のメモ(予想問題)

1 **①異文化とのあつれきの背景**

日本人の排除意識

移民を受け入れた歴史の欠如が原因

➡「外国人対策あって、政策なし」

> 複数の要因を挙げることは要求されていないので、自分の問題意識をズバリと述べる

序論 / 本

2 **②施策**

i）異文化理解の教育

・外国人に対する教育

・日本人の意識教育

→学校・企業における教育

→地域活動への参加をきっかけとする教育

ii）地域行政への参加

> 異文化教育の二面性の両面を展開する

序

3 **まとめ**

> 将来のわが国の像に結びつけてまとめる

結論

答案例をみてみよう

A君の答案例（予想問題）　約1,110字

① 異文化と触れることによるさまざまな問題を生じさせる背景

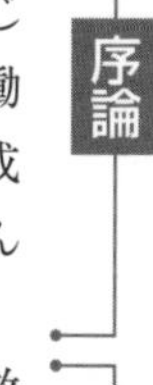

異文化と触れることによって、さまざまな問題を生じさせる背景には、わが国の異文化に対する排除意識が働いていることはまちがいない。そして、その意識が形成されたことは、わが国が移民を受け入れた歴史がほとんどないことによるものと考えられる。

わが国では、明治以来、アメリカや中南米などに多数の日本人を移民として送り出してきた。その反面、外国人を移民として受け入れたことがなかった。このため、

移民を受け入れるためのノウハウが蓄積されておらず、移民を排除する意識が形成されたと考えられる。日本には、外国人「対策」はあるが、外国人「政策」が存在しないといわれるのは、この証である。外国人の起こしたトラブルを処理するための施策は存在するものの、外国人の持つ異文化とどうやって共生していくかについての政策が存在しないのである。もちろん、わが国に不法に入国・滞在したり、犯罪を犯したりする外国人を厳しく取り締まるための「対策」は必要である。しかし、モノ、カネ、情報がボーダーレス化する現代社会において、ヒトのボーダーレス化は必然の流れである。さらに、少子高齢化が進むわが国では、労働力人口を補うための移民受け入れは不可欠ともいえる。よって、異文化と共生するための施策は必須のものとなる。

本論

② 異文化共生社会形成のための施策

異文化と共生するためには、異文化を理解する教育が必要であり、それは、外国人のわが国の文化への理解と、日本人の異文化に対する理解の両面にわたるものである。

序論

●この答案では、「②施策」においてたくさんの提案を行っています。数が多いだけでとりとめのない印象にならないよう、「教育」という軸やそれを行う「場」という共通点で整理して、読みやすさに配慮しています。

まず、外国人に対しては、彼らが生活し、労働していく場の環境を理解してもらい、かつコミュニケーションのツールである日本語を習得する学習の場を提供する必要がある。外国人のための夜間学校を開設するのも一つの施策である。

また、日本人に対しては、異文化を持つ外国人が絶対に譲れないものについて、学校や企業内教育で理解を進めていく必要がある。また、地域活動の場でも、外国人の参加を積極的に受け入れることで、その協働の中から理解を深めてもらうことができるであろう。そのためには、消防団員採用にある国籍条項などは撤廃してもよいであろう。さらに、定住する外国人には、彼らの意思を地域行政に反映させるために地方参政権を認める必要もあるだろう。彼らも、自分たちの意思が反映されることで、自分たちのまちという意識を持ち、さらに共生が進

むと考えられる。
これからのグローバリゼーションの流れの中では、わが国は外国人という人材の助けも借りて発展を続けていく必要がある。そのためには、異文化共生を進め、統合された小さな移民国家を形成することが求められよう。

山ちゃんの講評

A君

国家一般職の試験であれば、こまかな具体策に踏みこむ必要はありません。この答案のように、要点をまとめて述べればそれで十分です。それよりもなぜ異文化との共生が必要なのか、という視点を述べることが大切です。この答案は、それが十分にできています。

テーマ14

産業の担い手

食品偽装問題や汚染米などの事件をきっかけにして、食の安全に対する関心が強まっています。しかし、その食の安全を支える産業である農業は、下の表にあるように、就業者数が減少の一途をたどっています。これが原因となって、我が国の食料自給率はカロリーベースで37％まで低下し、政府は2025年までにこれを45％に上げる目標を掲げています。この目標達成のためには、従事者数の増加が課題となります。

そこで、①農業従事者が減少している理由についてあなたが考えたことを述べたのち、②その理由を改善するために、国家として行うべきことについてあなたの考えを述べなさい。

（予想問題）

我が国の農業従事者数 （2022年）

農業就業者数	122.6万人（基幹的農業従事者。うち70％が65歳以上）
新規就農者	5.2万人（うち49歳以下1.8万人）

農林水産省HP「農林水産基本データ」より作成

類題　東京をはじめ大都市のものづくり産業は、地域の特性に応じて中小企業の集積を形成しつつ発展してきました。しかし、近年の国際競争の激化、技術や技能を引き継ぐ人材の不足など、ものづくり産業を取り巻く環境は大きく変化しています。このような中、ものづくり産業の活性化をはかるためにはどうすればよいか、あなたの考えを述べてください。

（2007年 東京都）

出題意図と対策

農業に関してはこれまでほとんど出題のない分野です。しかし、このままだと2050年までにわが国でも飢饉が生じる可能性も指摘されており、**食の安全や食料自給率の問題には不可欠のテーマ**です。また、類題のテーマとなっている**ものづくり産業も、わが国の産業の技術力を継承するうえで、衰退させてはならない産業**です。いずれの場合も、**どうやって就業者を増やすのか、がポイント**になります。

ブレーンストーミング

~テーマのポイントを探ってみよう

なかなかみんなにはなじみのないテーマだけれど、なぜ農業就業人口は減少しているのだろう？

最初は、収入が少ないからとか、休みが少ないからとか考えたんですけど…、どうもそれだけではなさそうで。

農業もかなり現代化が進んでいるからね。とりわけ収入では、消費者のニーズに敏感に反応した野菜作りなどを行えば、相当なものを得ることができるからね。

そうなんですよ。休みについても、機械化も進んで労働時間はかなり減ってきているようですし、農業生産法人（現在の農地所有適格法人）などでは定期的な休日が取れるようですからね。

農業をやりたい人は、本当に少ないのだろうか？

現実に新規の就農者は少ないですからね。

それは現実に就業した人であって、やりたい人の数字とは一致しないんじゃないかな？　ある人材派遣会社が農業分野での起業を目指す人材育成の事業を2008年から展開している[1]んだけれど、これは就農希望者が結構な数存在することを見越してのことなんだよ。とりわけ**団塊の世代の人々向けの地方定住支援などは、かなり人気があった**みたいだしね。
潜在的希望者はいるのに、なかなか就農が進まない。ほかに理由は考えられないかな？　農業をやるには何が必要かい？

❶農業に特化した人材派遣事業
現在では、農業に特化した人材派遣会社も存在し、繁閑の落差の大きい事業者に短期間の人材派遣を行うなど、主に自営農家のニーズを汲み取ったアグリビジネスも展開されています。

▶新規就農者が増加しない理由とは？

農業をやるには、農地が必要ですよね。そうだ、**新規の人が農業をやろうにも、農地そのものを所有していないことがネックになる**のですね。

そうだね。農地を所有する高齢者には後継者がなく、農業をやりたい人には農地がない。それを行政はどうするのかな？　私が得意とするフレーズだよ。

「**人と人をつなぐ**」ですよね。でも、どうやって？

▶農地をめぐって人と人をつなぐ

地方の自治体は、都会からの移住者を集めるために、家屋の無料貸与や移住のための費用負担などさまざまな施策を行ってはいるものの、就業の世話までは手が届かないんだ。私だったら、**農地の半公地化**を考えるけれどね。安倍元首相が、成長戦略の中で掲げた「農地集積バンク❷」も同様の考えだ。

それって、農地を公有化するということですか？

そうだよ。後継者がいなくなった農地を国が借り上げて、新規の農業就業者に安価で貸し出すんだ。農地は、環境保全や治水にも役立つものなのだから、これくらいしてもいいかと思う。もちろん、農地改革のように強制買収だと抵抗が強いかもしれないけれど、借り上げであれば問題はないだろう。貸し出す側も、休耕地になって荒れ果てさせるよりも、誰かが耕作を続けてくれるほうが、土地の耕作力の維持にもつながって願ったり叶ったりだろう。

でも、そういったシステムは広がっていませんよね。

それは、**行政がやらないからということも大き**

❷農地集積バンク
2014年に全都道府県に設置された「信頼できる農地の中間的受け皿」とされる機構です。リタイアするので農地を貸したい農業従事者と新規就農者や事業を拡大したい農業者の間に入って、農地の貸借を実現しています。

いと思うよ。農業者は、先祖伝来の農地を他人に売り渡すことを「田分け」といって嫌がるものだからね。「このたわけ者」の「たわけ」だよ。民間どうしだと、どうしてもこの「田分け」に心理的につながってしまうのだろうね。

法人の活用もあるのではないのですか？　農地を持たない人は、そこに就職することで、農業に入っていけるわけですから…。

たしかに、農地所有適格法人の活用もいい考えだ。2005年に株式会社による農地所有適格法人❸の参入規制がさらに緩和されたことから、大手企業が大規模な農業経営に乗り出すことも十分に考えられていた。先の人材派遣会社が、そこに目をつけて農業インターンなどをやり始めたのだからね。でも、農地所有適格法人とて、農地を購入するにはお金がかかるんじゃないかな。農地所有適格法人のうち、株式会社化されているものは、増えたとはいえ、2021年１月でも8,000程度なんだ。やはり、初期コストがかかるのがネックになっているんだ。だから、**農地の半公地化も、荒唐無稽な話ではない**だろう。

株式会社が大規模に農業を展開して、労働効率を上げていけば、農業経験のない人も就農しやすくなりますものね。

▶ものづくり産業の担い手づくりはどうするのか？

同じように、後継者が問題となるのがものづくり産業だよね。ここで少し触れておこうか。

❸農地所有適格法人
農業法人が農地を所有するためには、農地法に定める一定の要件を満たす必要があり、その要件を満たした法人を「農地所有適格法人」といいます。農地法人とは、農地を営む法人の総称です。

産業ロボットの開発も進んでいるのですから、ものづくりもこれからはロボット化されるのではないですか？

いやいや、それが違うんだ。**ものづくり**[❹]**は、試作品や金型など、いわゆる「一点もの」には欠かせない産業**なんだよ。たとえば、現代技術の粋ともいうべきリニアモーターカーの車体は手作りなんだ。機械化された施設では、何千台も作らないと完璧なものができないんだ。また、痛くない注射針の金型だって手作りだ。

へえ～。はじめて知りました。でも、それを知らない人って多いんではないですか？

そのとおり。ものづくりについては、**後継者になろうとする人自体がかなり少ない**んだ。だから、**そういう人をつくることからやらなければならない。**

もともと、そのような技術の高さは、頭では知っていても、実感することはないですからね。

そうなんだよ。技術者の子どもは親の働く現場をみて、同じ道を歩むことが多いといわれている。やはり、**その技術の高さを目でみて実感している**からだろうね。だったら、他の子どもたちは？

やはり、**そのような現場をみて、「すごい」ということを実感させる**べきでしょうね。そうすれば、1,000人に１人くらいは、自分もやってみようと思うかもしれません。

ここでも**技術をみせることができる人と、それをみせるべき子どもたちを結びつけることが行**

❹ものづくり産業
ここでの「ものづくり」は製造業の中でも特に、熟練した技術に支えられた精巧な物品の製造を話題にしています。

政に求められるね。

それは、社会科見学とは違うものですか？

社会科見学って、大規模な工場の見学ではなかったかな？　そういったものも大事だけれど、やはり日本が世界に誇る技術力のすばらしさを実感してもらわなければね。職業訓練などは、その先のお話だね。

では、Kさん書いてみようか。

答案の流れをつくってみよう

Kさんのメモ（予想問題）

1　①農業従事者が減少している理由

i）収入の少なさ・休みの少なさ
➡作物を消費者のニーズに合わせる
➡株式会社による労働集約化

ii）農地の流動性の低さ
➡これから農業をやろうとする人のいちばんのネック

（序論）自分で考えた理由を展開し、最も大きな問題を理由づけする

2　②国家として行うべきこと

後継者のいない農村の人と農地を必要とする新規農業参入者をつなぐ
➡農地の半公地化

（本論）その理由についての施策を展開する

3　まとめ

（結論）これからのわが国の農業の像に言及してまとめる

答案例をみてみよう

Kさんの答案例（予想問題）　約1,100字

①　農業従事者が減少している理由

新規の就農者が少ない理由として、まず考えられるのが、農業収入の少なさや休日の少なさである。しかし、農業収入に関しては、稲作にばかりこだわらず、消費者のニーズに合わせた野菜などの生産を行えば、都市労働者に負けないくらいの収入が得られるとされており、これは大きな理由ではない。また、休日の少なさも、労働の集約化や株式会社による大規模農業の展開が望まれる将来においては、それほど大きなネックとなるものではない。つまり、これらの要素は、すでにもしくはこれか

●①では減少理由を求められていますが、答案では一般的に考えられる理由をいくつか挙げて棄却し、その後で最も重要と考える理由に言及する構成をとっています。

ら解消されるものであって、新規就農者にとっての障害とはいえないであろう。事実、都会の住民の中には、農業に従事したいという者も多く、民間派遣会社が実施している農業インターンは人気を博している。

序論

では、どこに大きな理由があるのであろうか。私は、農地の流動性の低さがその一つではないかと考える。農業をやるには一定規模以上の農地が必要であり、新規に就農しようと考えても、その都合をつけることはむずかしい。つまり、農地を持っている高齢者には後継者がなく、農業をやりたいと考えている人には農地がないのである。株式会社の参入規制が緩和されたのちも、参入が進まないのは、この農地の問題があるからではないだろうか。

② 国家として行うべきこと

そこで、国家に要求されるのが、農地を持つ高齢者と新規就農を希望する人をつなぐ役割である。そのためには、農地の半公地化が望ましいと考える。後継者のいない農地を半強制的に国が借り上げて、新規就農者に安価で貸し与えるのである。新規就農者が自身で農地を買い取るには多大な初期投資が必要である。また農地を借りようとしても、信用などの面で障害が大きい。そこに国が関与することで、流動性を高めていくのである。この借り上げを半強制化することには抵抗が強いかもしれない。しかし、農地は環境保全や治水などの面で、耕地として保全されることが公共のためにもなるものである。さらに、農地としての耕作力を高めることで、わが国の食料自給率の上昇にも寄与するものである。したがって、農地の半公地化の側面を入れたとしても、公共の福祉に反するとはいえないであろう。また、株式会社による農業法人も設立しやすくなり、大規模農業の展開による労働集約化や農業従事者の福利厚生の改善なども図られ、新規就農しやすい状況に拍車がかかるであろう。

本論

わが国の食料自給率は、先進国の中でも極めて低い。農地の流動性を高めて新規の就農を援助することで、農業従事者が増加し、農産品の地産地消の流れとあいまって、食料自給率も高まっていくことが期待できるであろう。

山ちゃんの講評

Kさん

なかなか予想できないテーマだけに、ここまで書けたのは立派ですね。ただ、これからは出題されそうではありますので、これくらいの準備も必要だと考えます。

テーマ15 豊かさ

下の図にあるように、「これからは心の豊かさか、まだ物の豊かさか」という質問に対して、わが国の国民の過半数以上は、「これからは心の豊かさに重きをおきたい」と答えている。年齢の上昇につれてその割合が高まる傾向にあり、さらに別の調査結果から、都市部においても「心の豊かさ」を求めていることもわかっている。この調査結果を踏まえて、①あなたが考える豊かさとは何かについて述べた後に、②その豊かさを実現するために行政として行うべきことは何かについて述べなさい。（予想問題）

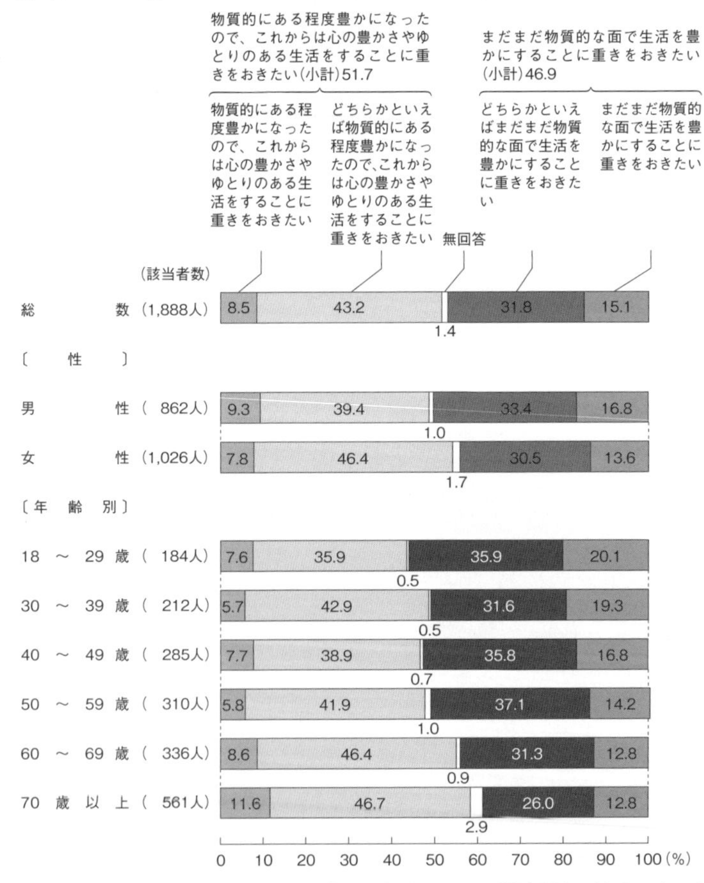

内閣府HP「国民生活に関する世論調査（令和4年10月調査）」

類題 人々の働き方に関する意識や環境が社会経済構造の変化に必ずしも適応しきれず、仕事と生活が両立しにくいという現実に直面しています。誰もがやりがいや充実感を感じながら働き、仕事上の責任を果たす一方で、子育て、介護の時間や、家庭、地域、自己啓発等にかかる個人の時間を持てる健康で豊かな生活ができるよう仕事と生活の調和が求められています。このような現況を踏まえ、ワークライフバランスの実現に向け、特別区の職員としてどのように取り組むべきか、あなたの考えを論じなさい。 （2015年 特別区）

出題意図と対策

最近では、**ワーク・ライフ・バランスにからめて出題される**ことも多い論点です。ワーク＝物の豊かさ、ライフ＝心の豊かさと考えれば、同じ思考で通用する論点です。小論文を書くうえで、常に念頭においておかなければならないテーマです。**物の豊かさと心の豊かさのバランスはどうあるべきなのか**、自分なりの考えをしっかり固めておいてほしいところです。

▶物の豊かさと心の豊かさ

そもそも「物は豊かになった」というけれど、どのような豊かさなんだろうね。

物には「**量**」と「**質**」があるんで…。

そう、いいところに気づいたね。わが国のこれまでの豊かさは、戦後の経済成長期、それに続く経済成長期で形成されたものだけれど、もう少し分析すると、こんな図になるんだ。

経済**成長**期		経済**成熟**期
(1950年代後半〜1970年代前半)	⇨	(1980年代後半〜1990年代)
物の**量**の豊かさ		物の**質**の豊かさ

敗戦後、何もない状態から、高度経済成長を経て、物の量の豊かさを実現した。そして、それに続く経済成熟期（バブル経済期まで）では、物の質の豊かさを追求した。現在はその延長線上にある。

でも、現在は「**失われた30年**[1]」って言われますけど…。

そうだね。この30年は賃金は上昇しないし、先行きも不透明…。もはや**物の豊かさを追求していくことができなくなってしまった、もしくは物の豊かさの追求に疲れてしまった**というところなんではないかな。

だから、「これからは心の豊かさ…」という人が半数以上もいるんだ。

でも、「まだまだ物質的な面で…」という人も半数近くいますよ。

それは、まさに「失われた30年」で格差が再拡大したということもあるだろうし、まだまだ物の豊かさという人も多いということなんだろうね。

▶「物の豊かさ」に倦んだのはなぜ？

そもそも物の豊かさは何で実現するのだろう。

それはやはり金ですよね。収入を得て…あっ、

❶失われた30年
バブル経済崩壊から現在までの日本経済が、総合的に見て停滞期にあり続けたことを指した言辞です。

労働だ。

そうだね。さっきの話の続きになるけれど、**わが国の先人たちは、一生懸命働いて物の量の豊かさ、物の質の豊かさを実現してきた**。つまり、それぞれの山の頂上に登りつめた。そして、次の頂上は…と思っても見つからない。そのうち、登った山が崩れはじめて、他国に追いつかれ・追い抜かれてしまう。そうなると、もはや「物の豊かさ」よりも…と考え込んでしまうんじゃないのかな。資料を見ると、特に60歳以上の回答に顕著だけれど、高齢の方が、もう「物の豊かさ」はは十分だよ、という感覚が強くなるのはそういったこともあるのだろう。

▶時間を主体的にコントロールする

では、都市部の人もそう感じているのはなぜなんだろう…。

時間の使い方じゃないかな？　前に「働き方改革」を扱ったときも話したんだけど、都市の人ほど**時間を主体的にコントロールできていない**って話だったよね。

⇒**テーマ11**も参照

（笑）それは、私が言ったことだけれど、そのとおりかもね。まず、都市部ほど、通勤時間が長い❷。ここを改革できればという話だったよね。

片道１時間半だと、１日で３時間、週15時間で、１か月60時間以上…気が遠くなりましたよ。

そこを心の豊かさに充てるということなんだね。

❷通勤・通学時間
総務省統計局が公開している「令和３年社会生活基本調査」によると、日本人の通勤・通学時間（往復）の平均は１時間19分、最長は神奈川県（１時間40分）、２位は千葉県と東京都（１時間35分）でした。最短は宮崎県と山形県（56分）、３位は愛媛県（57分）でした。

心の豊かさに充てるというのは、どういうことだい？

え〜〜と…（ブツブツ）。

人によって違いますよね。趣味だったり、社会活動だったり。

そのとおり、**「働き方改革」によって生じた時間的余裕を何に充てるのかは個人の自由でよい**のだよ。ワークとライフの関係を図で表すと、左がこれまで、右が「働き方改革」後ということになる。

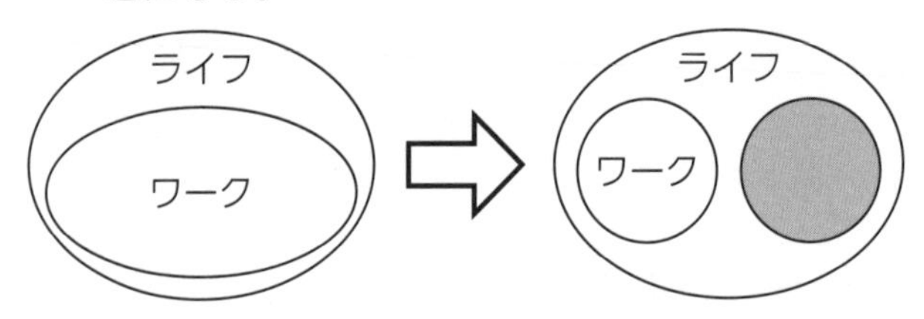

これまでは、ライフのかなりの部分をワークが占めていた。

ワークによって得られた金で「物の豊かさ」を実現したのですね。

そう、そのとおり。一生懸命働いて、物の量・質の豊かさを追求していたということだ。

でも、右のもう一つの円は何なのですか？

これが、「働き方改革」、そして社会のDX、AIの導入などによって得られた時間的余裕について、自らが主体的にコントロールしていくところだよ。そこに、家族との時間、趣味、社会的活動…なんでもOKなんだ。**ライフの中の新たなもう一つの軸**とでもいうべきものかな。

▶豊かさのもう一つの軸

この新しい軸によって得られる「これからの豊かさ」は…、あっ、そうだ「**生活そのものの質の豊かさ**」ですね。

そのとおりだ。だから、まだまだ「物質的豊かさ」と考えている人は、ここでダブルワークすればよいし、家族と過ごす、趣味に費やす、自分の思い入れのある地域活動の担い手になる…もちろん、孤独を楽しむことだってOKだ。

これがその人その人で変わってくるというところがいいですね。

どのようにいいんだろう？　難しいけど考えてみよう。

個人個人で満足を得ることが異なれば…**比べなくなる**…？

冴えてるねえ！　そのとおり、これまではどうしても「物の豊かさ」という一つの物差しで、他者と比較していたんだ。

確かに、あの人は私よりも良いものを持っている…ってことになると、相対的に幸福度が下がりますものね。

でも、こうなると？

自分は自分、他人は他人ってなりますよね。

そう、人はどうしても他人と比べてしまうものなんだ。だから、このようにその人その人で異なるものに満足を感じれば、豊かさを感じること、すなわち幸福度も向上するということだね。それが、ワークという「物の豊かさ」を実現する軸と、もう一つ「心の豊かさ」を実現する軸になる。結果として、「生活そのものの質の豊かさ」というこれからの豊かさが実現するということだね。

▶心の豊かさを実現するために行政が行うべきこと

では、行政にはどのような施策が要求されるのかな？

それはもう、「働き方改革」ですよ。DXを進め、AIを社会に浸透させ、「仕事のためのシゴト」を減らすんです。もちろん、リモートワークの一般化もそうです。

それだけで十分なのかな？

それだけでは、単なる「働き方改革」だけですものね。やはり、**もう一つの軸を実現する場**が必要ですよね。

場？

だって、たとえば趣味でサーフィンを…という人にはそれに適した場が必要だし、社会活動としてある地方のお祭りを伝承していくことに力を注ぎたいという人には、そこで生活することが必要になるもの。仕事はリモートで何とかなるだろうからね。

そうなんだ。もう一つのライフの軸を実現する場は、都市部だけではないんだよ。**実は地方こそ、その潜在能力を持っている**ともいえる❸。すると、どうしてもある地方で趣味の釣りを極めたい…けれどその地方の生活上の利便性が極

❸新しいワークとライフ
近年、浸透してきた「ワーケーション」は、ワーク（仕事）とバケーション（休暇）を合わせた造語で、旅行先などでリモートワークを行うことを指します。また「サバティカル」という長期休暇の制度も徐々に導入が増えてきており、まとまった期間を「ワーク」以外の時間に使う人の中には、都市部を離れて地方で過ごしたいと考える人も少なくありません。

端に低いとなると…？

そこでの軸の実現を諦めざるを得ないですね。

だから？

そう、都市部並みの利便性はなくとも、最低限の利便性があれば、その選択を諦めずに済みそうです。

そう、選択を妨げるような不便さえなければ、もう一つの軸の大きさが、そこで生活することを選択させるだろうね。

そうなると、地方の再生にもつながりますね。

そのとおりだ。では、この問題は、冴えているＡ君だね。

いや、それ…ハードル上げないでくださいよ。

答案の流れをつくってみよう

A君のメモ（予想問題）

1 ①私の考える豊かさ

物の豊かさ：
高度経済成長期・経済成熟期で形成⇒頂上に到達した
⇔「失われた30年」で崩れつつある
⇒追求疲れ・追求不能
⇒高齢者ほど強い
心の豊かさ：
物の豊かさと併存して豊かさを作り出す＝生活そのものの質の豊かさにつながる⇔個人個人で異なる
そのために
⇒主体的に時間をコントロールする
⇒都市部では得られない
⇒ワークライフバランスを実現して、そのための余裕を持つ
⇒ワーク以外の生活の軸を持つ
以上から、物の豊かさのためのワーク＋心の豊かさのための新たな軸の併存＝生活そのものの質の豊かさ⇒これからの豊かさ

豊かさそれぞれについて分析していったうえでの定義づけ

序論

行政が行うべきことを抽象的に述べる

2 ②行政が行うべきこと

・「働き方改革」・DX・AIの実装
⇒新たな生活の軸を持てる余裕を作る
・新たな生活の軸を実現する場の確保
⇒そのポテンシャルを有する地方を生活の場として選択できるものにする

上述の目標を実現するための取組を具体化する

本論

3 まとめ

答案例をみてみよう

A君の答案例（予想問題） 約960字

① 私の考える豊かさ

序論

わが国は、これまで高度経済成長期を通じて物の量の豊かさを、それに続く経済成熟期で物の質の豊かさを実現してきた。そのために、ワークライフバランスも顧みずに一生懸命働いてきた。その後の「失われた30年」で、その豊かさも少しずつ崩れかけているのが現状である。高齢者に「心の豊かさ」を求める割合が多いのも、その追求への疲れや諦めが見て取れる。

●論題には大きく２つの問いがあり、そのうち１つである①私の考える豊かさの前提となる部分、調査結果から読み取れる内容をまとめたものを「序論」と位置づけています。

本論

そこで追求すべきは心の豊かさということになる。しかし、心の豊かさをどこに求めるのかは、人ごとに異なるものである。ある者は趣味に、またある者は家族との時間に…と異なっている。

したがって、これからの豊かさを実現するためには、物の豊かさを追求するためのワークと心の豊かさを追求するための余裕が併存する状態を作る必要がある。都市部の人は、この余裕、言い換えれば時間を主体的にコントロールすることができないがために、心の豊かさを求めているとも考えることができる。この余裕を作り出すことで、趣味や家族、社会活動など、ワーク以外の新たな生活の軸が生まれる。その二つの軸が併存することで、生活そのものの質が向上するともいえる。この生活そのものの質の向上こそが、これからの豊かさであると考える。

② 行政が行うべきこと

この軸を持つためには、まずは時間を主体的にコントロールできる余裕が必要である。そのための「働き方改革」やDX、AIの社会への実装が必要なことは、もちろん行政の責務である。

それだけでなく、上に述べた新たな軸を実現する場は、都市部ばかりではなく地方にも求められる。地方には、趣味や社会活動などのさまざまな活動の場が存在するからである。その場が生活においてあまりに不便さを感じるようでは選択が妨げられてしまい、新たな軸の実現が不可能となる。したがって、そのような選択を妨げない程度の利便性を地方が備えることも必要となる。これも行政の行うべきこととなる。

以上のような取組みによって、地方にも住民が増え、そこで生活そのものの質の豊かさというこれからの豊かさを追求していく場が形成される。地方の再生というわが国の課題も併せて解決することが可能となるであろう。

山ちゃんの講評

A君

論題が求める新たな豊かさの定義を明確にしていますね。ただ、まだまだ「物の豊かさ」もという人も半数近くいますから、そこへの言及もあるとよいですね。もちろん、もう一つの軸はさらなるワークに充てることもできるということですね。まあ、時間・字数に余裕があればですが…。この答案でも合格点であることは間違いありません。

テーマ16 地方創生

わが国では、1970年代から、それまでの中央集権に対するアンチテーゼとして、「地方の時代」というスローガンが提唱され、参加型分権制の導入ばかりでなく、生活様式や価値観の変革をも含む新しい社会システムの探求が進められていた。

しかし、1990年代のバブル経済崩壊後は、地方の経済が低迷し、2000年以降の地方分権への流れにもかかわらず、地方と都市、なかでも首都圏との格差は拡大していく一方となった。そして少子高齢化の進展も伴って、2040年には、全国の地方自治体のうち896の自治体が消滅する可能性があるという報告もある。

そこで、このような地方が再生するためには、どのような要素に着目して政策を講じていくべきかについて、複数の要素を挙げて述べなさい。

（予想問題）

類題 本県では、「地方創生」を加速前進させるため、UIJターンなど、新たな「人」を呼び込む魅力ある仕事づくりや活力ある地域づくりを推進しています。しかしながら、県外の大学等に進学し、Uターン就職しない人や県内の大学を卒業した新規学卒者においても県内就職者は平成30年５月現在2,228人中718人で、県内就職率は32.2％と低い水準です。このような状況を踏まえ、本県への県内就職を一層進めるために県が取り組むべき施策について、あなたの考えを述べなさい。　（2019年 大分県）

国が掲げる地域力の創造・地方再生のための政策の一環として、地方圏への人口定住を促進する取組が全国各地で進んでいます。

このように、地方圏への人口定住を促進する意義を述べるとともに、あなたなら、県外の方にどのように宮崎県への移住・定住を提案しますか。その魅力などを交えながら、具体的に述べてください。　（2019年 宮崎県）

 出題意図と対策

2014年に「まち・ひと・しごと創生法」が成立したことを受け、国・地方で地方創生ないし地方再生に向けての、さまざまな施策が実行されています。そのためもあってか、以後の地方上級試験では、いくつもの自治体で出題されました。もちろん国家系でも出題されそうなテーマです。地方創生に必要なものは何かを明確にして論じなければなりません。地方上級の場合は、そこに加えて、**その地方なりの特色を論述に組み込む**ことができるようにしておきたいところです。

ブレーンストーミング

～テーマのポイントを探ってみよう

まずは問題文をよく読んで、論点を抽出しないといけないよ。

「どのような要素に着目して」で「複数の要素」とあるから、これを考えるのではないですか？

ちょっと待ってください。「このような地方」とあるんだから、まずは現在の地方の状況を分析しないといけないんじゃない？

おっ、さすがKさんだね。以前は「地方の時代❶」といわれるほど力があったのに、現在では…という流れが示されているよね。これからの地方の創生に何が必要かは、**現在の地方に何が足りないか**、ともかかわることだからね。では、「現在の地方」は？

ざっくりと挙げると、人口減少、高齢化、経済の低迷ですよね。

❶地方の時代
設問にあるとおり、「地方の時代」は中央集権に対する反駁として提唱されたスローガンです。高度成長が一段落した1970年代という時代において、国家主導の急速な成長が豊かな生活のみならずさまざまな社会問題をももたらしたことを背景に、自治体という小さな枠組みの中でそれらを解決することが模索されました。

そこから掘り下げて何が足りないかを考えようか。

人口減少で人がいない。人がいても高齢者…ということは若者が不足していますね。

そうだね。**地域の現状を変革するのは、「よそ者」「若者」「ばか者」の三者であり、全国で地域おこしに成功した土地には必ずこの三種の人材がいる**といわれるんだ。外部からの客観的なものの見方ができる「よそ者」、地域へのしがらみなくチャレンジできる「若者」、信念を持ち、失敗を恐れずに活動に打ち込める「ばか者」が必要ということなんだね。

でも、「ばか者」かどうかは、なかなかわからないですよね。ということは、「よそ者」の「若者」を呼び寄せるということですね。

そこで有効なのが、高校生の「国内留学」という方法なんだ。そこで**呼び込んだ「よそ者」の「若者」を、いかに大学・就職で定着させるか**だね。

でも、高校を卒業したら、また都市部に出ていくのでは？

もちろん、その可能性はあるよ。でも、地方の大学のその土地の産業と結びつける形にして、そこまでの奨学金を出すんだ。これは投資だからね。また、地方に魅力さえあれば定住も十分にあるよ。

そうですよね。生活をするという視点でみれば、実は**地方の方が住みやすさがあります**からね。

おっ、さすがに意識が高いね。2022年の都道府県別「幸福度」ランキングでも、上位は地方がほとんどで、東京都が46位、神奈川県は45位だからね（ダイヤモンド社ランキングによる）。地方に住めば、そのよさもわかるだろう。そうすれば、定着も十分に考えられるところだ。じゃあ、次は経済の低迷に話を移そう。まず雇用をどう創出するかだけれど…。

やはり、企業誘致でいくんじゃないですか？地方にはこれといった産業がないですからね。

う〜ん、それじゃあこれまでと変わらないじゃないか。企業は、経済動物だ。人件費と立地のコストによって、その地方からすぐに逃げてしまうよ。それが現在の地方の経済の低迷につながっているからね。

となると、**その地方でなければならないという必然性を、産業が持っていないといけない**んだ。その地方でないとダメなのは、やはり第一次産業ですよね。

そのとおり。これからわが国の市場は縮小するかもしれないけれど、アジアは経済成長を遂げて富裕化してくるんだ。中国を例にとっても、世界最大のコメの生産国でありながら、世界一、

二を争う輸入国でもあるからね。これから進む農業改革次第では、コメの輸出量を1,000倍の１兆円産業にできるというエコノミストの計算もあるくらいだ。そこに第一次産業の伸びしろがみて取れるはずだ。

でも、農業だとみんなはやりたがらないんじゃないですかね？

輸出というのであれば、流通業や運送業などとも絡めていけば、純粋に農業だけにはならないんじゃない？

そうだよ。**農業を核にした産業クラスター❷をつくる**んだ。

でも、そこには中央の商社や運送業者などが入ってきませんか？

そう、そこなんだよ。**肝心のところで中央に収益を持っていかれてしまっては、どうしようもない**。そこで登場するのが、さっき出てきた「よそ者」「若者」「ばか者」となるわけだ。

なるほど、**地方だけでカネが回るシステムを構築する**ということですね。

カネというのは産業にとっては血液のようなものだからね。地方だけでカネが循環するシステムがないと、この話は完結しないんだよ。そこで重要な役割を担うのが金融機関だ。幸いなことに、金融庁は2016年から、地方金融機関❸の在り方を変えようとしている。地方の産業に寄り添っていく金融機関をつくろうというんだ。では、次に地方の生活環境を考えてみよう。

たしかに「幸福度」は高いかもしれませんが、

❷産業クラスター
新事業が次々と生み出されるような事業環境を整備することにより、競争優位を持つ産業が核となって広域的な産業集積が進む状態をいいます。

❸地方金融機関
特定地域を主要な営業基盤とする金融機関の総称で、地方銀行、第二地方銀行、信用金庫、信用組合、農業協同組合、漁業協同組合、労働金庫などを指すものです。

交通インフラなんかは大都市の比ではないのではないですか？「買い物難民」なんかも問題になっていますしね。

たしかに、交通機関の利便性を単純に考えるとそうかもしれない。でも、よく考えてごらんよ。東京の利便性って日常生活の利便性ではなく、「働く生活」の利便性になっていないか？

そうですね。始発から終電まで、頻繁に電車があるのも、実は「働く人」をいちばんに考えてのものですものね。

それから、これからの交通システム・流通システムの進展も考えようよ。

そうだ、AIを使った自動運転車の導入や、ドローンを使った流通なんかを考えると、地方における日常生活の利便性はかなり向上するのかもしれませんね。

地方は地方なりの利便性、それも日常生活の利便性を考えて、インフラ整備をやっていけばよいということだね。あとは、旅行などの非日常生活の利便性だけれど、これは新幹線・高速道路・空港整備などによって、かなり充足されている。あとは、生活に不可欠な医療インフラだね。これは今以上は望めないにしても、今くらいのレベルは保っておかないといけないね。もちろん、ICTを使っての医療の進展の恩恵も考えながらね。

でも、ここまでに、肝心の地方自治体自身の役割が出てきませんね。

そこは**地方自治体の、自己決定・自己責任能力**

の強化ということになるかな。

それって、地方分権の趣旨ですよね。

そうだよ。でも、地方自治体の中には、いまだに国からの援助にもたれかかっているところも、少なからず存在する。そういうところを鍛えていかないとね。

地方自治体を鍛える、ですか？

たとえば、地方自治体の中で脚光を浴びている徳島県神山町だとか、島根県海士町だとかは、平成の大合併のときに合併しそびれて、国からの地方交付税交付金などが大きく減額されて、財政的に立ちゆかなくなったところなんだよ。

神山町って、「サテライトオフィス」の町ですよね。

そうだ。そして海士町は、活用する民間活力がないことから、自治体自身が活力となって、地場の産業や教育機関を盛り上げていった町だ。まあ、これは偶然も作用しているとはいえ、**自治体自身が本気にならないと、「創造的過疎**[4]**」は生まれない**ということだね。
さて今回は、A君、頑張りたまえ。

❹創造的過疎
過疎化を前提として受け入れ、外部から若者やクリエイティブな人材を誘致することで人口構造・人口構成を変化させたり、多様な働き方や職種の展開を図ることで働く場としての価値を高め、農林業だけに頼らない、バランスのとれた持続可能な地域をつくろうという考え方です。徳島県神山町のNPO法人の案出によります。

ありがちなイマイチ答案

A君の答案（予想問題）　約1,270字

❶今から50年近く前は、地方はさまざまなモノを生産する拠点として、それぞれの発展を遂げていた。「地方の時代」というスローガンはその状況を表すものであった。

しかし、近年は首都圏への一極集中の傾向が強まり、地方は「再生」「創生」の対象とされるまでになった。さらには論題にあるように「消滅可能性都市」のほとんどが地方自治体である。

❷この衰退の原因の一つに、わが国の産業構造の変化がある。わが国は、高度経済成長下にはモノを生産する産業構造が中心であった。1970年における全労働者の３分の１が第２次産業に従事していたことがそれを物語っている。しかし、近年は第３次産業の従事者が70%を超えている。第３次産業とはモノを消費することを中心とした産業である。そうなると、モノを消費する大都市にモノ・カネ・ヒトが集中することになる。東京一極集中とそれと表裏の関係にある地方の過疎は、このような流れの中で必然として生じたものである。

では、❸このような地方が再生するためには何が必要なのだろうか。一つには、上に述べた産業構造を変革することが求められる。また、それを支える人材も必要となる。さらには、地方で生み出した富を地方で投資をしていく金融のシステムも必要であろう。

まず、産業構造であるが、もう一度モノを生産する場所として地方を再構築しなければならない。そこで注目するのが食料生産である。これからのわが国は人口減少一途であるが、わが国を取り巻くアジアの国は人口増加、そして富裕化の未来がある。人口増加によって食料が不足するばかりではなく、富裕化によって安全で高級な食品に対する需要も増加するはずである。この点に目を向けて、アジアの富裕層に向けた高級食材を生産し、各地の空港から輸出するのである。この生産から輸出・販売までを地方の企業がすべて行うことで、食料生産を中心とした産業クラスター構造が完成する。こうなると、第１次産業ばかりでなく、第２次、第３次産業の雇用も期待できることになる。

また、地方創生に必要な人材は、「よそ者」「若者」「ばか者」の三者であるといわれている。このうち、地方に不足するのは前二者である。地方での教育を通じて、高校・大学卒業後にも地方に残ってその地方を担ってくれるような人材を育てる教育が必要となる。地方創生奨学金のような新たな施策が望まれる。

最後に、地方で生み出された富が、一極集中の流れで大都市に流れ込んでしまう。その流れを変えて、その富を地方に投資する流れをつくらなければならない。その役割を果たすのは地方銀行である。フィンテックの流れの中で、地方銀行に求められるのは、そういった地方企業のコンサルタント及びそれへの投資活動であろう。

最後に必要なのが、自己で決定し、自己で責任を取る地方自治体の存在である。財政難を克服するために自らの手で地域への投資をした島根県海士町のように、自治体自身が知恵を絞って「創造的過疎」を実現した自治体の存在は、そのよき見本である。

❹以上のような様々な要素が集まってはじめて真の地方再生が実現すると考える。

山ちゃんの添削

❶ う～ん、これって**論題に書いてある内容を書き換えたにすぎない**のでは？ それよりも地方の現状をズバリと述べて論題に答えていくべきではないかな。

❷ そうそう、この内容は論題からはずれているよね。たしかに述べてあることは間違いのない事実だけれど…。テーマ11のブレストで話していることが、地方にはこのような形で影響を与えたわけだね。でも、これって、都市・地方のすべてを含めたわが国の産業構造の話ではないかな。地方に関係するところだけを論じていればよいのだけれど…。私とのブレストでさまざまな問題意識を身につけることができたのはいいのだけれど、**使い方を一歩間違える**とこうなっちゃうからね。

❸ 「このような地方」ではなく、上の内容からすれば、「このような日本社会の変化」となるはずなのではないかな。それだけ**軸がずれてきている**ことの証でしょう。

❹ ❸の後はブレストを活かして書いてあるから、持ち直した感があったのだけれど、**これで終わりにするのはもったいない**ですよ。地方がこれからのわが国にとってどのような存在となり得るのか。どのような存在意義があるのかを述べて、結論にしたいところですね。

全体の講評 ピントの合った論述になっているか意識しよう！

う～ん、いろいろな問題意識が醸成されたのが裏目に出たような答案になってしまいました。小論文の絶対条件は、他の試験同様に「問いに答える」ということです。地方の現状⇒そこで考えられる複数の要素⇒その要素に対する施策⇒結論という流れが求められているということをしっかりと念頭に置いて再考してください。

答案の流れをつくってみよう

Q0  A君のメモ

1 **「このような地方」の現状**
人口減少・高齢社会・経済停滞
➡人、特に若者が必要
➡経済の担い手も必要

> 問題文の読解から隠れた論点を引き出して論じる

2 **人＝「よそ者」「若者」「ばか者」が必要**
➡とりわけ前二者をどのように地方に向けるか

> 何が必要か、きちんと要素を挙げて論じていく

3 **経済の担い手：雇用を生み出す産業**
➡その地方と必然的に結びつく産業の必要性
＝第一次産業
➡これからの第一次産業のポテンシャル
地方でカネが回るシステムの構築
＝第一次産業を核とした産業クラスター＋地方金融機関
その地方の日常生活に必要なインフラ整備

本論

4 **自己決定・自己責任の果たせる地方自治体の存在**
➡鍛えられた自治体をつくり出す

5 **まとめ**

> 地方がこれからのさらなる発展の隠れたポテンシャルであることで締めにする

答案例をみてみよう

A君の答案例（予想問題） 約1,240字

序論

　現在の地方は、「地方の時代」と呼ばれた時代の面影もないくらい力を失っている。その原因が、人口減少・高齢化・経済の停滞であることは明らかである。よって、地方創生を現実化するためには、人・経済の担い手・自治体の能力強化という要素について考えていきたい。

●設問は、直接対策を挙げよと求めているのではなく、「どのような要素に着目して政策を講じていくべきか」を問うています。これについて、「人・経済の担い手・自治体の能力強化」と抽象化して序論において示してから、本論でそれぞれ具体的な説明に入っています。

　まず、地方創生には「よそ者」「若者」「ばか者」の三者が必要である。この中で、地方に決定的に不足しているのが、前二者の「よそ者」「若者」である。地方創生には、外部からの客観的なものの見方ができる「よそ者」、地域へのしがらみなくチャレンジできる「若者」が欠かせない。地方の高校・大学の７年間で地方に残って生活していってくれる「よそ者」の「若者」たちをつくっていきたい。そのための新たな奨学金などの整備を図る必要がある。幸福度については、大都市圏をしのぐものが地方には存在することを考えれば実現可能性も高い。

　これらの者が地方で生活するためには、雇用が必要となる。雇用を生み出す産業は、その地方と必然的につながっている必要がある。そのような産業こそ、第一次産業である。これからのアジアの富裕化を考えれば、わが国が第一次産品の輸出国となる日も近い。もちろん、一次産品の生産だけでなく、それを加工し、さらには輸出するための流通業なども含めて、一つの地方産業のクラスターを構築していくのだ。この産業群は、地方から逃げ出すことはなく、半永久的に地方に雇用をもたらしてくれるであろう。

　また、地方だけでカネが回る金融システムも必要である。せっかくの収益が大都市に奪われては元も子もなくなってしまう。ここで力を発揮してほしいのが、地方金融機関である。都市銀行にはできない、地方に密着した産業育成・金融システムの構築が望まれる。

生活面に目を向けると、日常生活に必要なインフラも欠かせない。買い物難民等の問題については、AIによる自動運転車の導入やドローンによる流通システムなどの交通システムの発展で解消されるであろう。要は、その地方で必要とされるインフラを充実させることだ。旅行等の非日常生活の交通インフラは、もはや整備が行き届いているといっても過言ではないだろう。ただし、医療インフラについては、ICTを使った医療の発展の恩恵はあるとしても、現在のレベルを落としてはいけないと考える。

そして何より必要となるのが自己決定・自己責任を果たせる地方自治体である。民間活力を利用しようにも、上に述べた産業クラスターの発展までは、地方自治体が活力となるほかはない。平成の大合併に乗り遅れて財政危機に陥りながらも、自治体自身が知恵を絞って自力で創生していった島根県海士町等を見本に、その地方にしかできない施策を創出して、「創造的過疎」を実現できる自治体となるべきである。

本論

人口減少社会を迎え、新興国の経済発展も相まって、沈滞の方向にあるわが国において、地方こそが残された大きなポテンシャルである。この伸びしろを使ってこそ、わが国のさらなる発展が望まれるものである。

山ちゃんの講評

A君

イマイチ答案で問題意識が暴走したことを反省して、今度はブレストで出てきた話を、頑張って盛り込んでくれましたね。ちょっと幕の内弁当のおかずみたいに要素が目いっぱいですが、十分な合格答案ですね。特定の地方についての出題の場合には、要素を減らして、その地方の第一次産業の強みを生かすという点に触れるようにしてください。

テーマ 17 公務員像

首都東京は、都市機能の集中、集積を競争力の源泉とし、世界を代表する都市として成熟を遂げてきました。一方、都は、東京が都市として成熟を遂げる過程で、多くの課題を抱え、また、今後、先鋭的に現れる新たな課題にも、的確に対応していく必要があります。このような状況の下、都の職員は、首都東京を現場（フィールド）として、どのように困難に立ち向かい自ら道を切り拓いていくべきか、あなたの考えを述べてください。

（2008年 東京都）

類題 あなたが県職員として県行政に携わるにあたり、特に重視すべきと考える能力（スキル）と、その理由について述べなさい。また、あなたがその能力習得（向上）のために行っている活動と、その能力を活かして、どのような県行政分野に貢献できるのか、その考えを述べなさい。

（2006年 岩手県）

公務員に求められる使命感について （2007年 和歌山県）

出題意図と対策

市役所などで課される作文試験でも頻繁に出題されるテーマですが、地方上級の小論文試験でも、上の例のように出題されます。**これからの社会を想定したうえで、その中での公務員という仕事に何が求められるのかを論じていく**ことが求められます。

ブレーンストーミング

～テーマのポイントを探ってみよう

最終的には、**理想の公務員像**が求められているのだけれど、その前提として、**成熟した都市としての東京の課題**とは何だろう？　２人は、都市の成熟について、どう考えたのかな？

普通に考えて、利便性の向上だとか、匿名性の進展などかと思うのですが…。

都市としての成熟性の個々の内容を考えていくと、そのようなものが出てくるんだろうね。情報やモノの集積ということも挙げることができるだろう。でも、ここは「都市としての成熟を遂げてきました」とあることに着目してほしいね。つまり、もはや成熟している、つまり都市としてはできあがっていると考えてみようよ。

では、新たな課題が降りかかってきたら、そのできあがったものを壊さなければならない場合もあるということですか？

でも、それはできないよね。つまり、**成熟した都市を維持しつつ、これに変革を加えなければならない**、というところに悩みがあるのではないかな？

▶都市としての成熟を維持しつつ変革していく

なるほど。それはむずかしいのでしょうか？

それはそうですよ。だって、変革を加えていく際に、都市としての機能を止めることはできない❶のだから。

そうだね。そもそも**東京というところは、日本のコントロールタワーのような働きをしている**んだ。たとえば、物の流れ一つをとっても、東京の本社で地方の倉庫にある商品の管理をしているよね。もし、東京の動きが止まってごらんよ、物が流れなくなってしまうのではないかな？

東京が止まると、日本が止まる、ですか…。なんか一部の地方の人が聞いたら怒り出しそうな発言ですけど…。

大げさにいえばそうだ。でも、それを否定することもできないはずだよ。

▶熱い心と冷静な眼をどのようにからめていくのか？

では、そのような課題を設定したうえで、どのような都職員が望まれるのかな？

それは、**熱い心と冷静な眼**でしょう。先生がいつもおっしゃっているではないですか。

パクリかい（笑）。まあ、それはいいとして、その熱い心と冷静な眼はどうやって発揮されるのかな？

まず、**都市としての成熟性の結実である利便性を維持する**という点に、熱い心が必要なのではないでしょうか。東京都には1,400万人もの住民が、その利便性を享受していますから、そこを支えるという熱い心です。

❶首都高速道路の老朽化
首都高速道路は最初の区間が開通してから間もなく60年を迎え、老朽化が深刻になっています。本文にあるように「維持しつつ、変革を加える」には、迂回路を設けて利用を止めずに大規模な更新・修繕を行う必要があり、困難な検討を求められています。

では、冷静な眼はどのように？

東京のさらなる成熟のためにどのような変革が必要か、を把握するのに必要なのではないですか。1,400万人もの人口をかかえると、そのニーズの把握だけでも大変です。熱い心だけでできるものではありませんからね。**10年後、20年後を見通すという冷静な眼**がそこに必要なのではないでしょうか。また、将来のための変革は現在の住民に不便を強いることになるだろうけど、冷静に判断して必要なものは実行するということが求められると思います。

そうだね。結論としてはベタな感じはあるけれど、この問題は、先ほどの**都市としての成熟を維持しつつ変革していく点のむずかしさという問題意識**があるかどうかがカギだろうから、そこが出せれば、よいと思うよ。

▶地方における維持と変革

今の話は、東京など大都市圏に関する話だけれど、これが地方だったらどのようなことになるのかな？

地方も、都市としての成熟とはいえないけれど、できあがったものがあるという点では同じなのではないでしょうか？

そう、**その地方なりに生活していくためのシステムができあがっている**点は同じだね。そして、そこにも変革が必要なときはくるだろう。
たとえば、地方にはこれまでの国からの公共工事に依存していた土建業などが多い。しかし、これからの地方に必要なものは何かということを考えると、彼らに対して業種転向などの変革を強いることがあるかもしれない。人は既得権益には敏感に反応するものだから、かなりの抵抗を受けることもあるだろう。でも、それにひ

るまない熱い心が要求されることになる。

また、**将来のその自治体の進むべき道を探る**のにも、住民のニーズを汲み上げるための熱い心が必要となるだろう。また、そこには、**何がその自治体のあるべき姿かという冷静な眼**も必要ではないかな。

その自治体のあるべき姿って、どのようなものなんでしょうか？

う～ん、その自治体ならでは、ということになるのだろうね。高度成長期以降の日本の自治体は、みんな東京のような「都市」を目指してがんばってきたんだ。「都市」はある意味で豊かさの象徴だったからね。しかし、そこには無理があった。それにようやく気がつき始めたといったところなんだろうね。昔ある知事が出した「頑張らない宣言❷」などはその例だよね。まあ、これは**本当の豊かさとは何か**、ということにもつながってくることだけれど、そことからめて考えていけば、よい答案が書けそうだね。じゃあ、A君書いてみようか。

❷「がんばらない宣言いわて」
2003年、岩手県知事増田寛也が新しい世紀の問題提起として出した宣言です。2011年の東日本大震災を機に、「がんばろう！ 岩手」宣言に変えられました。

答案の流れをつくってみよう

A君のメモ（東京都）

1 **都市としての成熟**
＝利便性・あらゆるモノの集積
成熟したことからくる困難
➡成熟を維持しながら変革する

ここは、問題のむずかしさを悩みとして出す【序論】

2 **理想の公務員像**
＝熱い心と冷静な眼
熱い心➡成熟性の維持
冷静な眼➡さらなる成熟のために必要なものを把握する

2は抽象論でよい
理想の公務員像をあてはめていく【本論】

3 **まとめ**

東京都の将来像にも言及する【結論】

答案例をみてみよう

Q1 A君の答案例（東京都）　約1,080字

【序論】
東京は、日本を代表する都市としてばかりではなく、世界に冠たる都市として成熟を遂げてきた。そのGDPはカナダを上回り、予算額はスウェーデン一国をしのぐものとなっている。その成熟の中で、情報をはじめとするあらゆるモノが集積され、都民の生活には、利便性の向上がもたらされた。

【本論】
しかし、これからさらにその成熟を進めるためには、その成熟の結実を維持しながら、変革をしていかなければならない事態が生じる。たとえば、耐用年数を経過したシステムはスクラップしなければならないが、そのシステム自体を止めることはできない。なぜなら、そのシステムの停止は、都民生活の利便性を奪うだけではな

く、わが国のモノの流れを止めてしまうことにもつながりかねないからである。東京は、わが国のコントロールタワーといってもよいほどの機能の一極集中がみられる。その中での機能不全は、わが国全体の機能不全にもつながりかねないのだ。この、維持しつつ変革していくという点に、東京都職員は立ち向かわなければならない。この変革は、昼夜を問わず動き続けている東京という巨大生物に対して、その活動を止めることなくその患部に手術を施すという困難な事業である。

それでは、このような困難な事業を進めていくために、都職員にはどのような資質が求められるのであろうか。

私は、公務員には熱い心と冷静な眼が必要であると考えている。目の前に存在する住民のニーズを汲み取る情熱と、目の前には存在しない住民の多数の利益を考える冷静な判断力が、その内容である。

まず、成熟の結実である利便性を維持する点では、都民の利益を守るという情熱が求められよう。1400万人もの都民の生活、さらにはわが国のコントロールタワーを守るという意識が必要なのである。そして、さらなる成熟を迎えるためにどのような変革が必要かを探るには、冷静な判断力が必要である。1400万人もの都民のニーズを探るのは容易ではない。また、10年後、20年後の東京の成熟を見通した変革を考えるには、冷静に状況を分析し、綿密に計画を立てていく必要があるだろう。そして、変革には、ときに都民の生活に不便を強いることもあるだろう。そこには、熱い心と冷静な眼のバランスが要求される。

これからの東京は、さらに生活の利便性を向上させ、世界の都市の見本となることが要求される。そこで出てくる課題には、成熟の維持と変革という二律背反する課題も少なからず存在すると考えられる。これからの東京都職員には、熱い心と冷静な眼をもって、成熟を維持しつつ変革を遂げるという困難に立ち向かい切り開いてい

本論

結論

●設問で「どのように困難に立ち向かい自ら道を切り拓いていくべきか」とやや観念的な問い方だったものを、「どのような資質が求められるか」と問われたものと解釈したことを示し、それに基づいて説明を続けています。

くことが求められると考える。

山ちゃんの講評

A君

この問題は、前半部分の問題意識がカギです。このカギさえ提示できれば合格答案でしょう。この答案は、その問題意識と悩みが明確に書かれていますね。

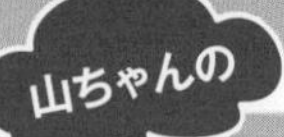

小論文道場

〈第３回〉細部に気を配って完成度を上げよう！

添削指導で小論文の答案をよりよいものに改善していきます。
欠点だらけの「不合格答案」がとうとう「合格答案」に！

先生、前回の指導を受けて答案を直してきました！　またご指導お願いします！

よし、じゃあまた答案を見てみようか。

【問題】

環境に関する問題について、特に関心を持っているテーマを挙げ、取り組むべき課題や対応策について論じなさい。　裁判所2007

私が環境問題のうち特に関心を寄せるのは海洋プラスチックごみの問題である。この問題を放置すると、今世紀中ごろには海洋中の魚類の数よりもプラスチックが増え、海洋の死滅につながるともいわれるからである。海洋は地球の人間を含むすべての生物の源、すなわち母のような存在である。これが死滅することは、人類のみならず地球じたいの存亡に関わる問題でもある。

このようなグローバルな問題について、人々はなかなか関心を持ちにくい。関心がなくとも普段通りの生活を送ることが可能だからである。しかし、海洋プラスチックごみは海洋を死滅させ、結局は地球じたいの存亡に関わってくる。このような無関心ではいられても決して無関係ではない問題について、いかに人々の行動を変えるかが課題である。

この点、教育等によって人々の意識を変えることから始めることも考えられる。しかし、上に書いたように意識しにくい問題に意識を持つことを期待するのは、「百年河清をまつ」ことになりかねない。やはりプラスチック製品を使わない行動に人々を誘導していくような施策が必要である。つまり、意識はできなくともプラスチックを使わないことが当たり前という社会を築いていくことができれば、結果的には海洋プラスチックごみの削減が実現するのである。

日本の民間企業ではストローや容器などのプラスチックを減らし、プラスチック以外の素材を原料とする製品を開発する取組みを進めており、また行政でもこれらを支援する活動を行っている。求められる対応策はこれをさらに推し進めてプラスチック使用ゼロの目標年を定め、そこに向かってプラスチック製品に対する課税等を行う施策である。これにより生活上の利便性は低下するかもしれないが、それを恐れて何も策を取らなければ地球の存亡の危機につながりかねないのである。また、産業界に大きな影響も出るだろう。そこは、補助金等によって違う部門への転換を促す必要がある。

プラスチックを使わないことが当たり前という社会を作ることで、人間にも人間以外の生物の暮らしにも配慮しつつ、持続可能な我が国にしていくべきである。

今回はまず、**序論に当たる部分を大幅に整理**して最初の段落にまとめました。

うん、冒頭にテーマを提示して、それを選んだ理由と補足説明だけにとどめて、コンパクトになったね。**全体の２割くらいでちょうどいいバランス**だ。

そしてその分、「取り組むべき課題や対応策」が説得力のあるものになるよう論述を厚くしました。まず第２段落で、**地球規模の大きな問題にもかかわらず人々が日常生活を変えられない、というのが課題の本質**だという考えを示しました。次の段落では人々が時間をかけて認識を改めるのを待つのではなく、変わらざるを得ないように**社会の仕組みを誘導していくべき**だ、とつなぎ、第４段落で述べる**具体的な施策に接続**させました。

本論の展開も大変説得的になりました。これで十分合格レベルの答案だと思うけれど、今回はせっかくだからもう少し完成度を上げるポイントを見ていこうか。

やっと合格レベル…ひとまず安心しました！

まず**序論と結論の対応関係**について。この２つは本論を挟んでいる比較的短いパートということになるけれど、**序論と結論が響き合うような構成**を意識するといいかもしれないね。

響き合う…？

序論にあたる第１段落では「地球じたいの存亡」という言葉も出てくるとおり、これをグローバル・イシューと捉えているよね。だから、**結論である最終段落でもこれを受けて、地球規模の話で締めくくる**といいんじゃないかな。

なるほど…。

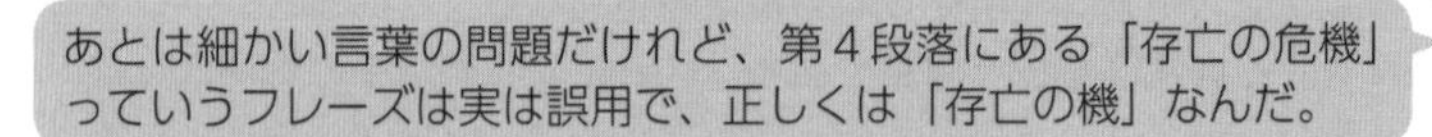

あとは細かい言葉の問題だけれど、第４段落にある「存亡の危機」っていうフレーズは実は誤用で、正しくは「存亡の機」なんだ。

…ずっと「存亡の危機」って使ってました…。

おそらく「存亡の危機」を「存続できるかどうかの分かれ目となるほどの危機的状況」という意味で使っていると思うけど、「存亡の機」とは「存続できるかどうかの分かれ目となるほどの重要な局面」であって、重要ではあるけれど危機であるとは限らないんだね。

全く知りませんでした…。

ただ実際、誤用のほうが浸透してしまっているくらいだから、あまり気にしなくてもいいかもしれないね。このような誤った日本語は多かれ少なかれ誰にでもあるし、ないにこしたことはないけれど試験で致命的な減点になるわけではない。どちらかというと、これまで指導してきた点に気を配ることのほうが重要だと思うよ。

山ちゃんからの指導

- 「序論」と「結論」は小論文の入口と出口。２つの対応関係を意識してみよう！
- 正しい日本語であることも大事だけれど、全体的な評価に及ぼす影響は比較的小さいので、あまり気にしすぎないように！

じゃあ最後に、いまの指摘を反映して答案を完成させてみよう。

【完成答案】

【問題】

環境に関する問題について、特に関心を持っているテーマを挙げ、取り組むべき課題や対応策について論じなさい。　裁判所2007

私が環境問題のうち特に関心を寄せるのは海洋プラスチックごみの問題である。この問題を放置すると、今世紀中ごろには海洋中の魚類の数よりもプラスチックが増え、海洋の死滅につながるともいわれるからである。海洋は地球の人間を含むすべての生物の源、すなわち母のような存在である。これが死滅することは、人類のみならず地球じたいの存亡に関わる問題でもある。

このようなグローバルな問題について、人々はなかなか関心を持ちにくい。

関心がなくとも普段通りの生活を送ることが可能だからである。しかし、海洋プラスチックごみは海洋を死滅させ、結局は地球じたいの存亡に関わってくる。このような無関心ではいられても決して無関係ではない問題について、いかに人々の行動を変えるかが課題である。

この点、教育等によって人々の意識を変えることから始めることも考えられる。しかし、上に書いたように意識しにくい問題に意識を持つことを期待するのは、「百年河清をまつ」ことになりかねない。やはりプラスチック製品を使わない行動に人々を誘導していくような施策が必要である。つまり、意識はできなくともプラスチックを使わないことが当たり前という社会を築いていくことができれば、結果的には海洋プラスチックごみの削減が実現するのである。

日本の民間企業ではストローや容器などのプラスチックを減らし、プラスチック以外の素材を原料とする製品を開発する取組みを進めており、また行政でもこれらを支援する活動を行っている。求められる対応策はこれをさらに推し進めてプラスチック使用ゼロの目標年を定め、そこに向かってプラスチック製品に対する課税等を行う施策である。これにより生活上の利便性は低下するかもしれないが、それを恐れて何も策を取らなければ地球規模の危機につながりかねないのである。また、産業界に大きな影響も出るだろう。そこは、補助金等によって違う部門への転換を促す必要がある。

プラスチックを使わないことが当たり前という社会を作ることで、我が国が海洋保護の先進国となる。それを模範に他の国が追随することで、SDGsの14番目の目標「海の豊かさを守ろう」が実現し、持続可能な地球にまた一歩近づくであろう。

先生のおかげで自信をもって答案作れるようになりました！　ありがとうございます！

本番も落ち着いて、がんばってきてください！

山ちゃんからの最終評価

合格点の答案になりました。キチンと「問いに答え」かつ、序論・本論・結論のバランスもよいものになっています。もともと知識や問題意識があったので、うまくそれを答案に活かすこともできていますね。

テーマ18

行政と住民の協働・住民参加

社会状況が変化し、価値観が多様化する中、様々な地域課題の解決には住民との協働が不可欠となっています。こうした状況において、特別区はどのように住民参加の仕組みを構築し、住民との協働を進めていくべきか、あなたの考えを論じなさい。

（2017年 特別区）

類題　近年、多くの地方公共団体が政策の形成・決定過程等への住民参加を促進している。住民参加の必要性を踏まえながら、今後、住民参加をより一層促進していくために、堺市はどのような取組を行う必要があるか、あなたの考えを800字程度で述べなさい。

（2019年 堺市）

出題意図と対策

市町村レベルでも出題が多くみられるテーマです。**なぜ住民との協働が不可欠になったのか、という社会状況に対する問題意識**が必要です。そのうえで、**さまざまなレベルにおける協働、逆に協働のできない分野は何か、という点についても考察**が必要です。

ブレーンストーミング

～テーマのポイントを探ってみよう

さて、住民参加というと、どういった形での参加が考えられるかな？

住民投票とかパブリック・コメント❶がすぐに思いついたのですが…。

そう、**行政における意思決定過程に参加していく**という形だね。他にはどのようなものがあるだろうか？

コミュニティセンターなどの**施設の運営を市民に任せてしまう**という形のものも見受けられます。

その2通りに分けられるね。それでは、そもそも住民参加という考えはどのような理由から出てきたと思う？

それは、やはり**地域の行政に住民の意思を反映する**という考え方なのではないですか。

もちろん、それもあるね。でもそれだけかな？

住民のニーズが多様化し、かつ財源も限られていることから、**すべてを行政が行っていくのは無理だ**、ということもあるのではないでしょうか。

そうだね。住民のニーズを汲み上げて行政がなんでもやってしまうのは、マンパワーの面でも財政の面でも限界がある。地域住民にその実現の力があるなら、権限を預けてしまおうというところが本音なんだろうね。

❶パブリック・コメント
行政手続法で定められた「意見公募手続」であり、住民の多様な意見を行政に反映させるための制度です。このほかに、施策の立案・計画段階から地域住民や利害関係者を引き入れる形で進める「パブリック・インボルブメント（住民参画）」などもあります。

▶意思決定過程への住民参加

で、まず、**意思決定過程への住民参加**だけれど…。

最近の流れとしては、インターネットを使った市民会議なども見受けられます。ただ、やはり参加しているメンバーが固定化されているようで、そこでの議論が自治体の意思決定にまで及ばないのが実情のようです。

そうなんだよね。やはり住民の中に、その過程への参加に積極的な人とそうでない人とで温度差があるのが実情だ。

最初は埼玉県の志木市だったと思いますが、住民税の一部の使い道を住民のアンケートによって決めるというものもありました。現在では、東京都や三重県でも同じような制度があるようです。

いわゆる「市民参加型予算❷」というものだね。自治体予算のうち、行政運営上どうしても必要とされる義務経費を除いた残りの部分に関して、住民の意思に従って使い道を決めるという方法だ。住民の要望に沿ったインフラ整備を可能にする。でも、何か問題はないのかな？

その後、どうなったのかの報道がなくて、よくわからないんです。

たしかに、これまでの**議会を通じた意思決定のシステムでは反映できなかった声を反映させる**という点では、有効だったのかもしれないね。しかし、これをやりすぎてしまうと**議会軽視に**

❷市民参加型予算
本来「予算」は行政の有する資源をどのように配分するかという、重要な政策過程をなすものですが、この一部に直接住民の関与を与える点に特徴があります。三重県では、事業提案の募集を行い、対象とする事業を県民投票により決定する、という形での市民参加が行われました。

もつながってしまう。実際、志木市の場合には、これを導入しようとした市長が議会の反発を招いて勇退し、このアイデアも立ち消えとなってしまった。2005年に、個人住民税の１％を、住民の意思決定に基づいて支援するという制度を始めた千葉県市川市も、結局は2015年に終了ということになってしまった。

意思決定過程への参加は、やはり住民の意欲しだいだということですね。

議会というオフィシャルな意思決定システムでは拾うことができないニーズを汲み取るためのシステムであるにもかかわらず、少数の参加者の声しか拾えないのでは、意味がないからね。

やはり、**住民参加を進めるためには、地域行政への関心を高めていかなければならない**ということですね。

▶施設運営を通じて、行政への関心を高める

人間は自分の利害がからまないと、なかなか物事への関心を高めることができないのが実情だ。となると、**行政の側から行政サービスの一部を地域住民に権限移譲して、協働システムをつくり出してしまう**、という方法も考えられるね。

行政の側から住民を巻き込んでいくという方向ですか。東京都武蔵野市のコミュニティセンター運営を市民に任せるという例などは、それにあたりますか？

そうだね。普段からかかわり合いを持っていれば、やはり関心が高まるだろう。その関心が行政への参加意欲につながると考えられるよ。

以前、アドプト活動[3]というものがあることを聞いたことがあります。

アドプトもそうだね。地域の公園管理を住民に任せることで、そこから市の公園管理予算の使い方への関心、市の財政への関心という方向で行政にも関心を持ってもらおうというものだ。

❸アドプト活動
住民と行政が協働で行う、主にまちの美化を推進する活動をいいます。「adopt」は「養子にする」という意味の英語であり、住民が公共の場所を養子に迎えたような気持ちで清掃し、行政は清掃のための用具を貸し与えるなどの支援を行います。

▶施設運営での協働で配慮すべきことは？

では、こういった施設運営では、どのような点に気をつけなければならないかな？

運営の権限が一部の住民の特権なり、既得権となってしまうことではないですか。

その点も注意が必要だね。たとえば、図書館運

営などはどうだろう。みんなが読みたい本だけを集めると？

公共図書館だからこそ置くことができる本が、置けなくなってしまいますね。

そう、住民のニーズという多数意見のみで運営していくと、**公共ならではのサービスがないがしろにされる危険性**がある。競争原理にさらしてはいけないサービスというものも、少なからずあるんだね。また図書館が人気のある本をたくさん置くと、その町の書店で本が売れなくなるという民業圧迫の問題も出てくるし。

つまり、**競争原理にかけてもいい分野、言い換えると多数派住民の意思を反映すべき分野を見極めて、地域内の分権を推し進めて住民に権限を移譲する**ということですね。

そう、そのためには**行政の側から住民を信頼して、地域への分権を進めていかないといけない**だろうね。もちろん、一部への分権、競争原理にさらしてはならない分野の分権には目を光らせなければならないだろう。では、Kさんに書いてもらおうかな。

答案の流れをつくってみよう

Kさんのメモ(特別区)

1 **住民との協働が不可欠となった背景**
二つの住民参加の仕組み

背景＝事実はコンパクトに述べる

2 **意思決定システムへの住民参加**
問題点：参加の停滞、参加者の固定化
解決策：地域行政への関心を高める

3の必要性を導く流れで論じていく

3 **施設運営への住民参加**
問題点：特権化・既得権化
　　　：競争原理になじまない分野の存在
解決策：移譲すべき分野の確定・監視
➡行政の住民に対する信頼が必要

地域内での分権という視点を中心に置く

4 **まとめ**

真の地方自治を実現する

答案例をみてみよう

Kさんの答案例(特別区)　約1,170字

住民の生活の隅々までカバーする基礎的自治体である特別区において、多様化するニーズに応えていくには、マンパワーの面でも、財源の面でも限界がある。そこで重要になってくるのが、住民と行政との協働、住民参加による問題の解決である。そして、この住民参加の仕組みには、大きく分けて、①意思決定システムへの住民参加と、②施設運営への住民参加の二つがある。

●この設問では「どのように住民参加の仕組みを構築し」とあり、答案ではこれに対して二つの仕組みに分けて論じています。

まず、①意思決定システムへの住民参加としては、住民投票やパブリック・コメント制度から、最近ではインターネット上での電子会議室など、さまざまな仕組みが

考えられる。これらは、議会を通じてでは汲み上げにくい住民のニーズを行政の現場に届けるという長所がある。しかし、その反面、住民の参加への意識が低いと、参加メンバーが固定化し、少数の声しか反映しない制度になってしまう。そうなると、議会という民主制のプロセスとは別のチャンネルを用意する必然性が乏しくなってしまう。よって、このシステムは、住民の行政に対する関心を高めて参加意識を醸成しなければ画に描いた餅になりかねない。

そこで注目すべきなのが、②施設運営への住民参加である。その中でも、気軽に参加できるアドプト活動が取り入れられるべきであると考える。アドプト活動とは、たとえば、地域内にある公園を「地域の庭」として地域住民が主体となって管理し、行政はその財源提供などのバックアップにまわるというものである。このような住民に身近なものから分権していくことは、住民としても関心を抱きやすいところである。その関心が、自治体の公園管理予算への関心、予算全体への関心、行政に対する関心と広がっていくことも期待できる。ただし、この住民参加においても、参加メンバーが固定化し、権限の特権化、既得権化の可能性も少なからず存在する。よって、住民の生活に身近な図書館運営、小中学校の校庭開放など多様な分野での分権を図り、地域住民がどこかの分野で参加できるような仕組みをつくる必要がある。また、行政の仕事の中には、弱者保護のセーフティネットや民業を圧迫してしまいかねない分野などの、競争原理にさらしてはいけない業務も少なからず存在する。そして、最も必要なのが、行政の住民に対する信頼である。住民のニーズをエゴととらえずに、地域に分権すべきものは分権するという態度こそが、住民参加でいちばん求められるものであろう。

地方自治の本旨は、いうまでもなく団体自治と住民自治である。国からの地方分権は団体自治の推進にほかならない。これに対し、住民との協働のための住民参加は

住民自治の推進である。真の地方自治を実現するためには、この両輪の稼働が必要である。したがって、地域住民への分権によって住民の意識を高め、ひいては意思決定過程にまで住民参加を図っていくことで、真の地方自治を実現できるものと考える。

山ちゃんの講評

Kさん

さまざまな論点があり、その深みにはまってしまいそうな問題ですが、コンパクトに論じています。まとめで地方自治論へと抽象化している点も高く評価されると思います。

テーマ19 住民サービスと民間委託

地域が抱える課題や住民のニーズが多様化する中、「市場化テスト」やPFIの導入、推進が図られるなど、いわゆる「簡素で効率的な政府の実現」が求められているが、その背景について考察するとともに、今後の行政サービスのあり方についてあなたの考えを述べなさい。　（2007年 宮城県）

類題　人口減少や少子高齢社会を背景に、税収の減少などにより、行政コストが削減され、公共サービスが縮減していくことが懸念されている。そうした中で、行政はいかなる発想と工夫を施していくべきか、具体的な政策課題を挙げて論じなさい。　（2020年 千葉県）

出題意図と対策

地方分権の一環として、地方行政にも民間活力の導入が盛んになりました。その一方で、民間委託による弊害も生じており、**行政がサービスすべき部分はどこまでか、という視点が必要**となっています。行政と住民との協働（**テーマ18**参照）と同じ視点を要求される出題です。

ブレーンストーミング

～テーマのポイントを探ってみよう

そもそも行政サービスの特徴とはどういうものなんだろう？

民間のサービスには対価が伴いますが、行政サービスには対価が伴いません。つまり、民間のサービスは10万円払った人には、10万円分のサービスを提供するというものですが、行政にはそれがありません。

私の面接の本のままだね（笑）。まあそれでよいのだけれど、では、その行政のサービスに民間の力を導入しようとする背景は、どのようなものかな？

問題文にあるように、住民のニーズの多様化に応えていくためには、これまでの行政では限界があったことも事実です。いわゆる「親方日の丸」「お役所仕事」という批判を覆すには、**民間と競争してよりよいサービスを提供していく必要が生じた**のではないでしょうか。

財源が不足するというのも大きな理由ですよね。

そのとおり。Kさんの公務員批判は少々手厳しいが、そういう声があったのも事実だ。では、どのようなサービスが民間委託に向くのだろう？

行政と住民との協働のところでも出てきましたが、競争原理が働くサービス提供、たとえば図書館、体育館などの公共施設の運営なんかは民間委託❶に向いているのではないか、と思います。

たしかに、鹿児島県薩摩川内市では、公社化という方法で、休館日は月1回、その休館日も夕方からは利用できるので、ほぼ年中無休という態勢がつくられている。そのため、利用者も以前よりも2倍に膨れ上がったんだ。千葉県鎌ケ谷市も、民間委託によって休館日を大幅に減らすとともに、人件費の削減にも成功している。

うちの近くの図書館なんて毎週月曜日の休館日だけではなくて、月1回、図書整理日だといって休館していますからね。

サービスの向上と人件費の削減という、本来は両立しえないような魔法があるようだけれど、マイナスはないのかな？

▶公共施設の民間委託にマイナスポイントはないのか？

人件費の削減ということは、図書館で働く人たちの報酬が低下することにつながるんですよね。また、市民のニーズに敏感になることはよいとしても、それによって公共図書館の使命である資料などの収集ができなくなってしまうという問題もあるのではないでしょうか。

そうだね。**テーマ18**でも話した、人気本の所蔵に走って、**民間企業を圧迫してしまうという点もまずい**ところだね。やはり、民間委託といっても、一定の線引きは必要だ。

それから、民間だと利益が上がらないからとい

❶民間委託が行われた業務
本文に挙げられた図書館や体育館のほか、公立病院や障害者施設などとともに、行刑施設（刑務所）の補助事務が民間委託された例もあります。

ってかんたんに事業から撤退してしまう危険性がありますよね。

その点も心配なところだね。PFI方式[2]などは、利益が上がる業種ならば民間企業は喜んで参入してくれるだろうけれど、収益が上がらないとみると手のひらを返して撤退ということにもなりかねない。NTT民営化後、地方の営業所が統廃合されて、サービスが低下したという事実はこれをよく物語っているね。

ここで、注目されるのが、**行政パートナーという仕組み**なんだ。有償のボランティアである行政パートナーが、公務員に代わってサービスを提供するというものだけれど、図書館業務などには導入しやすいのではないかな。特に、団塊世代の退職後の職場として、夜間や休館日などのサービス提供には向いていると考えられるね。

❷PFI方式
Private Finance Initiativeの略で、公共施設等の建設、維持管理、運営等を民間の資金、経営能力及び技術的能力を活用して行う手法をいいます。

▶保育園の民間委託は?

最近では、保育園の運営を民間に委託するケースも多いけれど、これはどう思う?

私の家の近くの保育園も、その点で紛争になっています。

横浜市では、民間委託を急ぎすぎて、保護者の理解を得られないまま計画を進めた点を違法とする判決(横浜地裁平成18年5月23日)もあったんだ。

でも、夜間保育などの充実のためには、民間委託によって経費を削減し、その削減した分をサービスの拡充にあてるというのも合理性があるのではないですか？

その点はもちろんそうだ。先の横浜地裁の判決は、その観点から民間委託自体の取消し請求は退けているんだ。

やはり**利用者との話し合いというプロセスが必要**なんですね。

住民の多様な要求に応えるために、民間の力を借りることができるところは借りていくというのもやむをえないところだろう。もちろん、委託先の選定に、利用者である住民の意見を反映させるというシステムも必要だろう。市場化テスト[3]のように、入札だけではなく、官と民を競争させて、よりよいサービスを提供できるのはどちらかを住民に選ばせるというテストも、業務内容によってはあってもいいかもしれないね。

▶民間活力導入の落とし穴は？

その他の民間活力導入[4]のマイナスはないのかな？

たしか、2015年に発覚した、佐賀県武雄市立図書館の蔵書問題では、契約の不透明さと行政のかかわりのずさんさが問題になりました。

そう、**行政が現場から離れてしまうといった弊害がある**のではないかな。これこそが、最も大きな落とし穴と考えるね。地域の行政は、ニアイズベターの観点から、住民に行政サービスを提供することが求められている。けれどサービス提供の現場から離れていくと、現場を知らないサービス提供主体になってしまいかねない。

❸市場化テスト
公共サービスを国民に提供する主体として、官と民のどちらがより国民の期待に応えられるのかということを国民に判断してもらうために行われる、官民競争入札制度をいいます。

❹民間活力導入
市や県が実施している事務事業を外部化（民間委託等）して実施することです。

これでは何のための行政サービスなのか、わからなくなってしまうよね。

あと、**どのような民間業者がサービス提供するのかという情報公開も必要**ですよね。

よく気がついたね。国レベルの話を挙げると、ずいぶん前だけど、2005年に起きた耐震偽装問題も民間活力の導入が発端にあるんだよ。「民にできることは民に」の掛け声のもと、民間審査機関に建築許可審査を任せたところ、あのような偽装が起きてしまった。そのツケは、何も知らないままマンションを購入した国民にまわってしまったんだ。前に述べた図書館の蔵書問題も、情報公開の遅れなどから結局は訴訟にまで発展してしまった。やはり、どのような業者に任せるのかの審査過程にできるかぎり住民の声を反映するようにし、情報公開を通じて行政の透明化を図るべきなんだね。
では、これはKさんに書いてもらおうか。

答案の流れをつくってみよう

Kさんのメモ（宮城県）

1 **行政サービスに民間の力を導入する背景**
＝競争原理の導入・費用の圧縮

背景＝事実はコンパクトに述べる

序論

2 **民間活力を導入すべき行政サービス**
＝競争原理に任せるべき業務
㊖　図書館運営

基準を明確にして業務を示す

3 **民間活力導入の問題点**
収益性に左右される点
➡行政パートナー制度の導入
現場を離れた行政
➡任せきりにしない＋住民によるチェック

後者の問題点をメインに据える

本論

4 **まとめ**

あるべき行政サービス像に言及する

答案例をみてみよう

Kさんの答案例（宮城県）　約1,110字

市場化テストやPFI方式など、行政サービスへの民間活力導入が進んだ背景には、行政に対するニーズの多様化があることはいうまでもない。この多様化に応えるために、サービス提供のプロである民間活力との競争ないし、民間に業務委託することが求められたのである。従来、行政の仕事が「お役所仕事」と批判されてきたのは、やはりこの競争原理が働かなかったことも原因の一つと考えられるからである。また、国を始めとして地方自治体の多くは財政の逼迫に苦しんでいる。ニーズに応

●序論では「簡素で効率的な政府の実現」が求められた背景について述べ、本論で今後の民間委託のあり方についての考えを展開する構成をとっています。

えつつ経費も削減するという一種の魔法として、民間活力は導入されるようになったのである。

しかし、行政サービスのすべてに民間活力の導入が図られるべきではないことはもちろんである。行政の行うサービスの中には、社会的弱者へのサービス提供など競争原理に任せてしまってはならないものも多数存在するからである。逆にいえば、競争原理を働かせるべき分野においては、民間活力の導入を積極的に行ってもよいことになる。たとえば、図書館業務の民間委託などはその例である。図書館業務を委託した自治体の中には、図書館の休館日を大幅に削減させ、図書館利用者を倍増させたところもある。これは、住民のニーズに応えた典型といえよう。とはいえ、図書館業務の中でも、蔵書の選定など、公共図書館の使命ともいえる業務も存在する。またここに競争原理を働かせると、ベストセラーばかり多く集めて民間の書店を圧迫する弊害も生じてしまう。

また、民間委託には、業者の撤退という可能性を否定できない。収益が上がらない業務であれば業者が撤退してしまい、サービスの停滞をきたしてしまう。この点で注目されるのが、行政パートナーである。市民の中から有償ボランティアを募り、民間企業とともに運営にあたってもらえば、いざというときのダメージも少ないであろう。また、定年退職以降の、労働の確保にもつながるものである。そしていちばん問題になるのが、行政が現場を離れてしまうことで、現場を知らない行政になってしまうことである。行政はサービスの現場を通じて、住民のニーズを収集するものでもある。したがって、民間活力を導入したとしても、任せきりにせず、必ず行政と民間の協働関係にして現場に職員を置くべきである。また、業者選定過程からの住民によるチェックも必要である。サービスは一方的に提供すればそれでよいものではない。サービスを享受する側の意見を反映するシステムを構築すべきであろう。

行政サービスは、サービスを享受する住民のためにあ

本論

る。行政は、民間と協働し、あるいは住民をも巻き込んでサービス提供をしていくことで、その使命がまっとうされると考える。

山ちゃんの講評

Kさん

保育サービスの民間委託まで論じるとかなり膨大になり、かなりのボリュームになってしまうので、ここは割愛してOKですね。いちばんの問題点は何かをこのように明確に示せば、高い評価を受けることができるでしょう。

テーマ20

シティ・セールス

近年の世論調査において、都市部に居住する人の約３割が農山漁村地域に定住してみたいと答えるなど、農山漁村地域への関心の高まりを示す傾向が見られる。都市部に居住し、農山漁村地域に関心を寄せる人が実際にこうした地域に定住するに当たっての課題について考察するとともに、そのような課題に対しどのような取り組みが有効と考えるかについてあなたの考えを述べなさい。
(2015年 宮城県)

類題 人口流出に歯止めをかけ、和歌山県に定住又は交流による人の流れを創り出すためには、どのような取組が有効か、今後10年間に県が推進すべき施策について、あなたの考えを述べなさい。
(2017年 和歌山県)

富山県では、県のイメージアップを図るため、県内産品や富山ならではの地域の魅力を「富山ブランド」として育成しつつ、情報発信を行っています。今後の有効な富山県のブランド化について、あなたの考えを述べなさい。
(2016年 富山県)

出題意図と対策

シティ・セールスとはある地域の認知度やイメージを向上させる取組みを言います。2007年ごろから急に出題がみられるようになったテーマですが、そのころは、類題にある富山県の出題のように、**「その地方をどのようにして売り込んでいくのか」という観光関連の出題**でした。しかし、2010年代後半からは、地方創生の流れを汲んで、**人口減少を食い止めて「地域を守るための移住」を図るためのシティ・セールス**といった出題が多数派となってきています。その地方独自の強みをアピールすることを求める出題もありますが、一般論としても考えておきたいテーマです。

ブレーンストーミング
~テーマのポイントを探ってみよう

この問題は、「地方創生」ともかかわる問題だけれど、むずかしい問題だね。農村をみても、新規の就農者に土地がないという問題は解消可能と考えられている。全国に耕作放棄地❶は富山県の全面積を超える面積（2017年で44万4,000ha）が存在し、「産業の担い手」話したように、農地バンクの活用を進めてこの耕作放棄地を貸し与えることを進めていけば、この問題は解決しそうだ。

⇒テーマ16も参照

❶耕作放棄地
１年以上作物が育てられておらず、今後数年間も育てる予定がない土地をいいます。耕作放棄地が増える原因は農業従事者の高齢化と後継者不足にあると考えられています。

⇒テーマ14も参照

▶地方移住が進まない本当の理由

やはり所得の問題ではないでしょうか？　かなりの所得格差があることはわかったんですが。

たしかに、その問題もあるかもしれないね。

でも、**都市、とりわけ東京は生活コストが高い**じゃないですか。子育てだってしにくいし。東京は幸福度ランキングでは下位ですけど、ランキングの指標のうちの先行指標（個人の将来ありたい姿や社会の将来あるべき姿の実現という、未来の幸福に向けた地域の潜在能力）が高いからにすぎませんよね。

若い世代が地方に移住し、そこで所得を得て、家庭を持ったとしよう。その場所で、生活をしていくには、たぶん潤沢とはいえないとしても、それなりの豊かさを得ることはできるだろうね。しかし、その子どもたちが大学入学で他の地方に出ていくといった場合、どういうことになるかな？

私の大学の友人にも地方出身者が多いので、聞いていますが、仕送りを貰っている人が大半ですね。

そう、その仕送りの額だけれど、学費負担部分を含めて月平均で約７万円かかるらしい（全国大学生活協同組合「第57回学生生活実態調査」2022年）。すると、地方の所得レベルではむずかしくはないかな。

そうですね。そういった**日常生活のコスト以外のところを考えなければなりません**ね。

次が、人々との人間関係をどうするかということだけれど、これはどうかな？

都市に住んでいる人が地方に移住するとなったとき、やはりこれまでの人間関係をどうするのかは問題ですよね。でも、SNSに慣れきっている若い世代であれば問題ないのではないでしょうか。

そう、現状の人間関係が濃密なものであれば、そもそも移住してまで農業や漁業をやろうなんて考えないんだ。会社を辞めてまでと考えている人は、会社の人間関係は絶とうと思っているだろうしね。

やはり移住した先の人との人間関係ですよね。

そうなんだ。**移住先に溶け込むことができるかどうかは、非常に大きなポイント**だろうね。

▶どう克服するか

では、どういった取組みが必要なのだろうね。

所得の面については、やはりその地方で高等教育を受けることができるシステムが必要なのではないでしょうか。

そう、これは教育政策にもかかわることだけれど、**学校に登校せずに受講できるというシステム**[❷]**をつくって、他の場所に移動しなければならないという必然性を変えていく**ということも考えられるかもね。

でも、大学って、そういうところがいちばん遅れているじゃないですか。

だとすれば、生活コストがかかる都市部の大学入学者に対して、低コストで生活できる施設を、自治体が提供するのだろうね。

でも、どの自治体も財源が足りないのでは？

だからこそ、**投資**と位置づけたいね。その施設を利用した人は、その地域に戻って就職・定住することを義務づける。もちろん、居住・移転の自由にかかわることだから、そうでない人には経費償還を奨学金のように請求していくことになるのだろうね。

そういえば、県人の寮に住んでいる友達が、相部屋であることに不満があるといっていました。

そうだね。そういったところも、時代にキャッチアップしていかないといけないね。じゃあ、人間関係についてはどう考えるかな。

❷通信制大学
有名大学の中にも在宅で単位取得・卒業ができる通信制を設けているところは少なくありません。一方で、通学して大学の設備を利用することが履修上必要な性質のカリキュラムにおいては、なじみにくい制度であるという課題があります。

これまでだと、その地域を訪れて、その地域を気に入って移住するとかいった方たちが多かったので、今度は逆に地方から人間関係づくりに積極的に出ていくというのはどうでしょうね。

地方といえば、お嫁さん探しの婚活パーティとかやっていたけれど、それの移住版ってところ？

そうそう。まずは、地方の人に都市に来てもらって、移住希望者たちのコミュニティに入ってもらうのよ。そのうえで、ある程度の関係が構築できたら、今度は希望者たちがその地域に出かけて、その知り合いの人をつてにして、地域の人たちと交流を深めてもらう。そうすれば、抵抗なく、地域に入っていくことができるのではないかなあ。

あるコミュニティに入ってもらうには、その構成員の誰かと密接な関係を持つことが重要なんだよね。だから、Ｋさんのいうような「**住活**」**を地方の側が積極的にやっていく**ことが重要なんだろうと思うよ。受け入れ態勢をつくるだけで、人を待っているだけでは、それこそ「株を守る」（兎が走ってきて木の切り株に当たって死んだのを見た宋の農民が、仕事を投げ捨てて毎日切り株を見張ったものの、ついに兎は捕れなかったという『韓非子』の故事）になってしまう。

でも、自治体がやっている婚活パーティなんて、その場かぎりで終わってしまって、あまり成果が上がっていないという話を聞きましたよ。

そうなんだよね。「ニッポン一億総活躍プラン」に「結婚支援の充実」が盛り込まれると補助金予算も増大し、それを目当てに大手婚活サービス会社が参入するようになり、自治体の側も民間に頼りっぱなしになった。その結果はわかるよね。

成果が乏しいですよね。なんだか「地域おこし協力隊」事業の失敗例をみているようです。

そうなんだよ。**人口減少を切実に考えている地域自身が主体となってやらないと**ね。実際に移住者を受け入れるのは地域なのだしね。**移住者が欲しい地域の人々が主体となって都市に出ていく、そのサポートを自治体がやっていく**という構造がほしいところだ。

▶観光面での施策

最後に、従来から出題されていた観光面でのシティ・セールスだけれど。

それこそ、「地方創生」で出てきた「三者」が必要ですよね。

そうなんだ。とりわけ**「よそ者」の目が必要**だよね。外国人インバウンド❸を誘致したいのであれば、外国人の目を入れて特長を見出していきたいところだ。徳島県の祖谷地方なんて、典型事例じゃないかな。古民家再生の第一人者の外国人が定住し、魅力を海外に広めてくれたおかげで、10年間で地域の宿泊者数が34倍にもなったしね。

ただ、**シティ・セールスの最大の効用は、その**

⇒テーマ16も参照

❸インバウンド

「inbound」とは「入ってくる、内向きの」という意味の英語で、国外から日本に入ってくる外国人の需要に着目した用語です。本文にある徳島県で古民家再生を行ったアレックス・カー氏の事例では、宿泊客の６割が訪日外国人であることからインバウンド誘致の成功例といえます。また、これも本文にもあるとおり外国人の目から見た地域の特長を示されることによって、普段からそれに接していたはずの住民が地域の魅力を再発見できる効果も考えられます。

地方の特長を自治体みずからが再認識していくことなんだ。地方は生活するのに最適な場所なんだということを、その特長を通して売り出していくことが、長い目でみた本当のシティ・セールスになるのだろう。では、宮城県のものをKさん書いてくれないかな。

答案の流れをつくってみよう

Kさんのメモ（宮城県）

序論

1 **農山漁村地域への定住希望があるにもかかわらず、移住が進まない現状**
問題提起：なぜ希望者が多いのに定住につながらないのか
課題①：所得面
課題②：人間関係の構築

> 希望者多い・土地もある⇔現実には定住が進まず、の背理を前面に出す

本論

2 **取組み**
①：大学進学の費用等の経費についての策
➡大学教育の在り方の変革
➡生活コスト補助
②：「住活」
➡制度整備に終わることなく、積極的に地域の人が長期的にプロジェクトにかかわる

> 課題に対する視点を明確にする
> 足りないものを補う
> 地域自身が積極的にかかわる

結論

3 **まとめ**
地方の現在
⇔「生活の場」としてのポテンシャルの潜在
➡マイナスを補い、積極的に地域が人々の定住にかかわる
＝真の「地方創生」にもつながる

> ポテンシャルを活かして「地方で生活する」という選択肢をつくる

答案例をみてみよう

Q1 Kさんの答案例（宮城県） 約1,440字

課題文に示されるように、農山漁村地域への定住希望者が多いのは、近年、これからの豊かさとは何かという

ことに人々が気づき始めた証ではないかと考える。地方で時間を主体的にコントロールしながら生活をしていくという生活スタイルに、人々は憧れを抱いているのである。また、この移住に対して、地方の方でも農地、生活するための家屋、あるいは資金補助などのさまざまな制度を用意して、促進する方向にある。

序論

しかし、であるにもかかわらず、移住者が多数になることはない。希望とそれにマッチした施策があるというのに、どうしてこのような背理が生じるのであろうか。

それは、①所得の面と②人間関係構築のむずかしさにあるのではないかと考える。①所得については、地方に定住し生活をしていく分としては潤沢とまではいえないまでも、不足するとまでいうものではない。しかし、成長した子どもたちが大学進学をするにあたっての初期費用や仕送りを考えると、どうしても地方での所得では不足を感じるのではないだろうか。また、人間関係の構築については、いったん中に入り込めれば濃密な関係を築くことが可能である。しかし、そこに入るまでの過程には、多くの不安が残るところであり、それが移住に対する足かせとなっていると考えられる。

では、どのようにすれば、①の不足を補い、②の課題を克服できるのであろうか。

まず①については、大学教育のあり方を変えるという方法も考えられる。現在の教育は、大学所在地近辺に定住して、通うことが前提となっている。この地域定住の必然性を、IoTの活用等によって、地方でも受講できるシステムを導入することができれば、多額の仕送りをしてまで他の地域に送り出す必要はなくなるであろう。ただ、その必然性を変えられないとしたら、そのときこそが自治体の出番である。都市とりわけ東京での生活コストは高額に上る。よって、県人寮などの生活施設を充実させ、安価に生活することができるシステムをつくりたい。財源は必要であるが、利用者には出身県に戻って就職してもらえれば、投資をしているのと同じである。戻

本論

●「課題は何か」という問いと「どのような取り組みが有効か」という問いの二つがありますが、解答時間の長い試験の答案であるため、前者の問いについてもそれなりの紙幅を割いて検討しています。

らない者には費用の償還を奨学金のように行っていけばよい。

次に②については、地域の人々との出会いの場だけなく、そこを入口にした長期的な移住者育てが有用ではないだろうか。地方の花嫁不足を解消するための「婚活ツアー」なるものが多いが、出会いの場の提供でしかないために、実際の成婚率は低いといわれる。その二の舞とならないように、地域の人々に都市に出てもらって、地域の生活の楽しさ、豊かさについて実感を語ってもらう。そして次の矢として、希望者に実際にその場所に来てもらって営農指導や営漁指導を行い、その指導者をつてにして地域の人々との交流を深めていくのである。このためには、地域の人々の参加が必須となる。若者不足を嘆く地方人は多いのであるから、こういう人々の中で意欲の高い人に参加してもらい、彼らの主導の下に取組みを展開したい。あくまで自治体は補助者でしかないし、婚活ツアーに見られるような民間業者やコンサルタントを頼りとしてはならないであろう。

本論

地方で生活する際の、物質的な豊かさを超えた豊かさは、地方のポテンシャルでもある。このようなポテンシャルを各地方が活かし、地方の生活者たちが主体となって、都市の移住希望者に応えていく。そのような取組みを展開することが、わが国に「地方で生活するという選択肢」を与え、さらに選択肢の豊かな社会が現れることにつながると考える。

山ちゃんの講評

Kさん

けっこうなボリュームになりましたが、宮城県は2時間の解答時間ですので、余裕を持ってこれくらいのものを書くことはできそうです。内容的には、課題の提示から、視点を明確にしたうえで取組みを展開し、それがわが国の社会像として結実するところまでも論じた、スケールの大きな答案となっていますね。夢のある答案という点でも、高い評価を受けることができそうです。

テーマ21 研究助成

我が国の研究助成のあり方について論ぜよ。

(国家 予想問題)

 山ちゃんの問題意識

我が国の研究開発費総額の対GDP比率は、国際的には最高水準（2019年で3.5%）ではあるものの、そこに占める**政府の負担割合は16.8%と低い水準にあります**（米国は2017年で22.8%）。民間の研究開発支出は景気変動によって、大きく減額されてしまいます。また、直接の商品開発とは結びつかない基礎研究の分野では、民間の投資は望めないものとなっています。iPS細胞の研究でノーベル賞を受賞した山中教授が、研究資金を集めるためにマラソンに出走していた話は有名ですが、これも政府の研究助成が不足していることの表れといえます。

基礎研究は、たとえると農業の土づくりにあたります。**よい農作物（商品）をつくるためには、よい土壌（基礎研究）が必要なのです**。消費型社会に移行してしまったわが国の社会は、どうしても**できあがった商品にばかり目を奪われて、この土づくりを忘れてしまっている**のかもしれません。商品づくりで国際的に苦戦が始まっている今こそ、**この土づくりにこそ力を注ぐべき**ではないでしょうか。現在わが国がリードする素粒子物理学の分野で、国際的に注目を浴びている国際リニアコライダー（ILC）などは、これからに対する投資として、実現すべきものともいえるでしょう。

解答プロット

1 わが国の研究助成の現状
➡対GDP比では最高水準
⇔政府負担割合の低さ

2 基礎研究における研究費不足
➡山中教授のエピソード

3 基礎研究の重要性
➡商品開発の土づくり
➡これからのわが国の国際競争の基盤

4 まとめ

 山ちゃんの指針

本問のような出題は、グラフ等の資料が与えられるはずなので、まずはその資料を読み取って、わが国の研究助成の現状の問題点を明確に指摘しましょう。そのうえで、上に述べた基礎研究の大切さを論じます。その際、これからのわが国の国際競争における基礎研究の重要性に触れることができれば、よい答案となりそうです。

テーマ
22
国際貢献

「国際貢献」のあり方について、官民にかかわらず我が国（国民）がこれまでに行ってきた活動の具体例を参照して論ぜよ。

（2008年 防衛省Ⅱ種）

山ちゃんの問題意識

国際貢献は、モノ（カネ）での貢献とヒトの面での貢献に分けて考える必要があります。モノ（カネ）の面では、ODAが代表的ですが、過去にはネパールのアルンⅢダムのようにその国の実態に合わないモノをつくろうとしたなどの失敗が多くありました。その原因は公共事業と同じく、モノ自体ではなく工事そのものを、わが国のゼネコンや商社、相手国の権力者などが必要としたことにあるといわれています。また、ヒトの面での貢献は、自衛隊の海外派遣に注目が集まっていますが、それだけではなく、NPOをはじめ、多くの国民がその国の問題を解決するために汗を流しています。**相手国の国民が真に望んでいることを実現していくべき**、という視点が必要になります。

そのためには、**ODAや自衛隊の原資を税金という形で出資している国民自身が、相手の状況を知ろうとする態度を持って、そこをチェックしていかなければなりません。**世界の地誌ばかりでなく、現在の状況を教育で教えていくことも必要でしょう。それにより、ヒトの面での貢献に積極的にかかわる国民もさらに増えることが期待できるでしょう。

解答プロット

1　これまでの国際貢献活動
　①カネの面での活動：ODA
　　⇔その国の実態に合わない施策もあった
　②ヒトの面での活動
　　自衛隊の派遣・NPO団体の活動
2　国際貢献のあり方
　➡相手国の国民が望む貢献が必要
3　相手国の望むことを知るために
　➡国民自身の関心が必要
　　世界の現状を知るための教育が必要
　➡ヒトの面での貢献増加につながる
4　まとめ

山ちゃんの指針

本問では、まず具体例が求められているので、そこをベースに問題点を導き出すのが、スムーズな流れでしょう。その問題点を、あるべき国際貢献の姿に結びつけることができれば、後は「そこに必要なこと」「そこから考えられる成果」でうまく結論づけできそうです。

テーマ23
情報公開

国民の「知る権利」に応えるための情報公開について論ぜよ。

(国家一般職予想問題)

山ちゃんの問題意識

これまでの情報公開は、情報公開法1条が述べているとおり、国民への説明責任（アカウンタビリティ）が中心でした。このため、核兵器持込みに関する合衆国との密約問題など、外交問題を中心に国民は蚊帳の外に追いやられた感すらあります。政権交代の影響から、これまでにない透明性を持った情報公開もみられますが、まだまだ本来国家が説明すべきことを説明し始めているにすぎません。やはり、**国民が欲しい情報にアクセスできるという権利**の側面から、再構成が求められます。そのためには、**情報公開法に「知る権利」を明記したうえで、より情報にアクセスしやすい情報公開制度へと変えていく必要があります。**

とはいえ、元々は、情報公開に国民の関心が薄いことにも問題があります。せっかくの権利があったとしても、行使しなければ「画に描いた餅」でしかありません。権利者である国民の意識を高めていくことも、あわせて必要です。国民自身が行政のあり方のチェックをする国民オンブズマン制度などを通し、**参加による権利意識の醸成に努める**のもよいと考えます。

解答プロット

1　これまでの情報公開
　国の説明責任に偏った情報公開制度
　➡その弊害例
2　「知る権利」に応えるための情報公開
　➡「知る権利」の明記
　➡欲しい情報に気軽にアクセスできる制度に変える
3　2の情報公開制度を実効的にするために国民の権利意識を醸成
　➡国民オンブズマン制度など参加による意識醸成
4　まとめ

山ちゃんの指針

この問題では、現在の情報公開制度をもとにして、あるべき情報公開を論じていくのがよさそうです。

さらに権利意識の醸成については、意識教育ばかりでなく、裁判員制度などのように、参加を強制していくことも可能でしょう。本問ではその方向で構成してみました。

テーマ24 ユニバーサルデザイン

急速に進む少子高齢化やノーマライゼーションの機運の高まり、さらには国際化の進展等により、特別区には、高齢者、障害者、子ども、外国人を含めたすべての人が、安全、安心、快適に暮らし、訪れることができるまちづくりが求められています。

このような状況を踏まえ、ユニバーサルデザインの視点に立った人にやさしいまちづくりについて、特別区の職員としてどのように取り組むべきか、あなたの考えを論じなさい。（2016年 特別区）

山ちゃんの問題意識

ユニバーサルデザインとは、バリアフリーの発展形で、文化・言語・国籍の違い、老若男女といった差異、障害・能力の如何を問わずに利用することができる施設・製品・情報の設計をいいます。その根底には、バリアのない世界を一から構築するという理念があります。このユニバーサルデザインを実現するためにはまず、**みんなでニーズや問題点を出しつくす場の設定**が必要となります。よって、さまざまなメディアを通じて、公開討論できる場を設置すべきです。

しかし、現実的には、一方に利用しやすいデザインも、他方には利用しにくいものであったりして、実現が困難なものも多数あります。そこがユニバーサルデザインの限界とされます。そこで重要なのが、**選択できるという観点**です。**さまざまな状況にある人が、自分の現状に合わせて選択できるという豊かさを実現していく、という意識が重要**と考えます。

解答プロット

1 人にやさしいまち
➡ユニバーサルデザイン・その内容
2 ①ユニバーサルデザインを実現するために必要なこと
②ニーズ・問題点の洗い出し
➡公開討論の場の設置
3 ①ユニバーサルデザインの限界
②選択できる豊かさの実現
4 まとめ

山ちゃんの指針

誰もが利用しやすいというのは理想ですが、現実的には困難もあることははっきりと示す必要があります。そこで出てくるのが選択できるという豊かさです。豊かさには、モノが溢れているだけではなく、そこから選択できるという豊かさもあることまで示せれば完璧でしょう。

テーマ25 いじめと体罰

いじめや体罰に対して、地域としてどのように取り組むべきかを述べなさい。
(2013年 特別区類題)

山ちゃんの問題意識

いじめや体罰は、これまでずっと学校教育の中で問題となっていた現象です。そして、そのたびに、学校や教育委員会がやり玉に挙げられましたが、解決には至りませんでした。**そもそも学校内部で、もしくは教育界の内部では解決できない問題**なのかもしれません。

いじめは、ケンカやからかいと区別がつきにくい行為で、これを上下関係の管理・監督によって抑圧しようとすると子ども社会は萎縮し、さらには学校と子ども社会の中に疑心暗鬼の状態をもたらし、いじめのさらなる陰湿化を招きそうです。

体罰は、教育の美名に隠れた違法行為です。しかし、これも教育に対する熱心さとの区別がつきにくいものであるため、未だに体罰を礼賛する人々もいるくらいです。そのため、これを指導する側と指導される側の上下関係の中で解決しようとしても、問題の隠ぺいが生じてしまいます。

そこで、学校・子どもにとっては**第三者にあたる地域の出番**です。地域には、両者の間に立って、上下関係からの懲戒や処分ではなく**水平的な視点からの斡旋や調整をしていく**ことが求められます。そのためには、地域が問題を発見しやすくしなければなりません。やはり、学校を地域に対して開かれた存在にしていかなければなりませんね。

解答プロット

1 いじめ、体罰問題⇒昔から議論されてきた問題⇔学校内部や教育現場内部で解決できない問題
2 いじめ問題の分析⇒上下関係では解決できない
3 体罰問題の分析⇒上下関係では解決できない
4 地域社会という第三者が水平関係から解決可能であること
⇒ 問題を発見しやすくするためには、学校を地域に開かれた存在にする
5 まとめ

山ちゃんの指針

本問では、学校と子ども社会という上下関係に対して、地域はどのような存在であるかを考えて示すことができればよいでしょう。なお、2013年に「いじめ防止対策推進法」が施行されましたが、同法では地域のかかわりが求められていないことを指摘するのもよいかもしれません。

番外編 1 小論文 試験当日の実況中継

2023年 国家一般職 一般論文試験

　我が国においては、文化財の滅失や散逸等の防止が緊急の課題であるとされ、茶道や食文化などの生活文化も含め、その保護に向けた機運が高まってきている。
　文化財保護法については、平成30年に、地域における文化財の総合的な保存・活用や、個々の文化財の確実な継承に向けた保存活用制度の見直しなどを内容とする改正が行われ、また、令和３年に、無形文化財及び無形の民俗文化財の登録制度を新設し、幅広く文化財の裾野を広げて保存・活用を図るなどの改正が行われた。

　このような状況に関して、以下の資料①、②、③を参考にしながら、次の⑴、⑵の問いに答えなさい。

⑴　我が国が文化財の保護を推進する意義について、あなたの考えを述べなさい。
⑵　我が国が文化財の保護を推進する際の課題及びそれを解決するために国として行うべき取組について、あなたの考えを具体的に述べなさい。

資料①　文化財保護法における「文化財」の種類とその対象となるもの

有形文化財	・建造物、絵画、彫刻、工芸品、書跡、典籍、古文書その他の有形の文化的所産 ・考古資料及びその他の歴史資料
無形文化財	・演劇、音楽、工芸技術その他の無形の文化的所産
民俗文化財	・衣食住、生業、信仰、年中行事等に関する風俗慣習、民俗芸能、民俗技術及びこれらに用いられる衣服、器具、家屋その他の物件
記念物	・貝づか、古墳、都城跡、城跡、旧宅その他の遺跡 ・庭園、橋梁、峡谷、海浜、山岳その他の名勝地 ・動物、植物、地質鉱物
文化的景観	・地域における人々の生活又は生業及び当該地域の風土により形成された景観地
伝統的建造物群	・周囲の環境と一体をなして歴史的風致を形成している伝統的な建造物群

（出典）文化財保護法を基に作成

資料②　生活文化等に係る団体※のアンケート調査結果

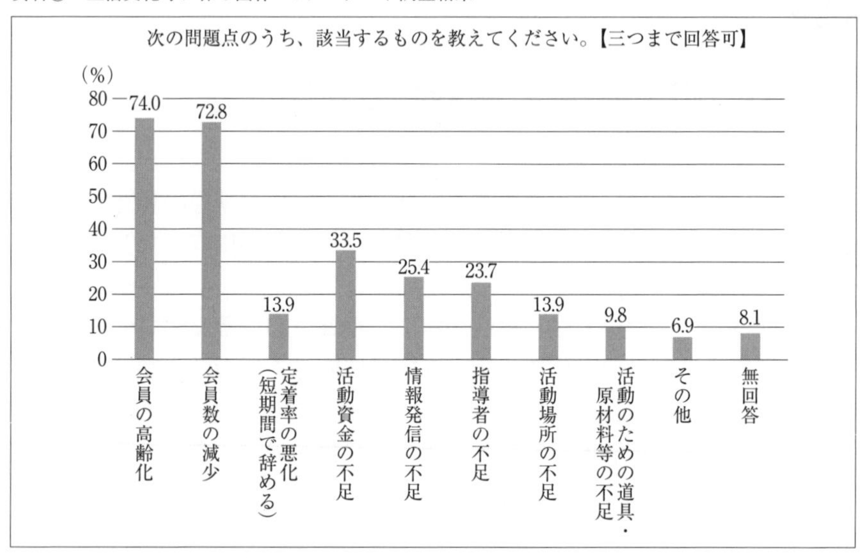

※　文化芸術基本法第３章第12条に「生活文化」として例示されている「華道・茶道・書道・食文化」をはじめ、煎茶、香道、着物、盆栽等の専ら生活文化の振興を行う団体等

（出典）文化庁「平成29年度生活文化等実態把握調査事業報告書」を基に作成

資料③　文化財多言語解説整備事業の概要

訪日外国人旅行者が地域を訪れた際、文化財の解説文の表記が不十分であり、魅力が伝わらないといった課題が指摘されることもあります。文化庁では、文化財の価値や魅力、歴史的な経緯など、日本文化への十分な知識のない方でも理解できるように、日本語以外の多言語で分かりやすい解説を整備する事業として、「文化財多言語解説整備事業」を実施しています。多言語解説として、現地における看板やデジタルサイネージに加えて、QRコードやアプリ、VR・ARなどを組み合わせた媒体の整備を積極的に支援しており、これにより訪日外国人旅行者数の増加及び訪日外国人旅行者が地域を訪れた際の地域での体験滞在の満足度の向上を目指すものです。

これまで平成30年度から令和２年度までの３年間で124箇所を整備済みであり、令和３年度末までには175箇所となる予定です。

（出典）文化庁「文化庁広報誌 ぶんかる」（2021年11月11日）を基に作成

Kさんの体験をひとりごとで再現

12：30着席　基礎能力試験…体感的には、私のような数的を苦手にする人でも結構できるくらいの簡単さだったからなあ。私の得意な一般論文では少しでも点の上乗せをしないと。

12：45開始　「文化財保護」…。文学部だけれど西洋史専攻だからなあ…。こういう時は、しっかりと問題文を分析するんだって山ちゃんは言ってた。

まずは、「文化財の滅失や散逸等の防止が緊急の課題」って、どうしてだろうね。あっ、グローバル化の一つとしてモノの流動性が高まったからかなあ。確か、19世紀後半に浮世絵が多数流失したんだよね。ジャポニズムだったっけ…。現代もクールジャパンと言われているくらいだから、散逸の可能性は高いよね。手塚治虫や藤子不二雄の漫画の原画なんてのもどこ行っちゃうかわからないし…。それから、「民俗文化財」って資料①にあるから、グローバル化によってさらに文化が変質する可能性もあるよね。

⑴我が国が文化財保護を推進する意義。日本国民のアイデンティティの維持…ってみんな書きそうだよね。そうだ、レヴィ＝ストロースだったっけ、「悔しいが日本には比類がない」って言ってたの…だれか不明だからここはぼかそう。ここに上で述べたことを書けばいいかな。

⑵課題及び取組。課題を先に述べないとね。資料②から生活文化団体の構成員の高齢化・会員数の減少が課題だよね。まとめれば担い手不足ってことだ。コロナ禍でイベントが行われなかったことも…でも平成29年だからコロナ前だ。資料③はどうなんだろう…。外国人インバウンドへの広報だよね。あっそうか、担い手不足の現状＋これからの人口減少を考えれば、何も担い手は日本人であるという必然性

	はないのかもしれないね。文化財保護の「関係人口」を増やして、そこから担い手を作っていくという取組もアリだよね。
13：00頃	知らないうちに15分。構成をしっかりやって一気に書くぞ。

Kさんのメモ

(1) 日本の文化財の特徴、ある社会人類学者…
⇒グローバル化＝モノの流動性の高まりによる文化財散逸の危険性
かつてのジャポニズムによる浮世絵の散逸
「クールジャパン」の状況で、従来の文化財に加えて、有名漫画家の原画等の現代文化財の流失の可能性
⇒グローバリズム＝ヒトの流入による文化の変質の可能性
古くは中国・朝鮮文化、新しくは西洋文化の影響を受け、自らの文化を形成してきた
これからそれがさらに影響を受けていき、これまでの文化が放擲されてしまう可能性がある

(2) 課題：資料②から、文化団体の高齢化・会員数の減少など、文化財保護の担い手不足が明らか
⇒人口減少の局面では、我が国の文化財保護を日本国民だけでなしうるとするのは現実的ではない
取組：資料③は、訪日外国人旅行者への我が国の文化財の魅力の伝達＝我が国の文化財のいわば「関係人口」の増加を図る
⇒このうちの数%でも我が国の文化財保護に関心を持つ⇒外国人を対象とした文化の担い手を育成する取組が必要

13：15頃	あと30分しかない。一直線に書いていこう。

Kさんの答案　約1,000字

問い(1)について

序論

　ある社会人類学者に、文化に関して「悔しいが日本には比類がない」とまで言わしめたのが我が国の文化である。その文化の具体化でもある文化財を保護することは、我が国の国民ばかりでなく人類にとっても一つの優れた文化体系を守るという大きな意義を持つ。

●(1)は資料①を活用して記述すべき問いです。法が保護の対象としているもののリストから、自分なりの問題意識を持って意義を考えましょう。

本論

　とりわけグローバル化が進展した現代社会では、モノの流動性が極めて高いものとなっている。かつてジャポニズムの風潮で多くの浮世絵が西洋社会に散逸した。現代においては、「クールジャパン」の流れの中で、従来の文化財に加えて有名漫画家の原画等の現代文化財の散逸の危険性は相当に高まっているともいえる。さらに、グローバル化の波の中では人の流動性も高まる。事実、我が国に居住する外国人は近年増加の一途をたどっている。古くは中国・朝鮮の文化、新しくは西洋の文化を取り入れて新たなものを作り出してきたのが我が国の文化でもある。そのような歴史を考えれば、文化の変質に伴って、従来の文化財が放擲されてしまう可能性もあるだろう。これは資料①にある民俗文化財が大きく関わる問題でもある。

　我が国が文化財の保護を推進する意義は、以上のような社会情勢の中で、上述のような価値を有する文化を未来に継承するという意義があると考える。

問い(2)について

　資料②によれば、文化団体の会員の高齢化・会員数の減少、すなわち文化財保護の担い手の不足が課題であることは明らかでもある。この調査の後コロナ禍で会員が集まる機会が大きく減少したことを考えれば、さらにここにメスを入れる必要があるだろう。

　しかし、我が国は人口減少時代に入り、しかも人口構成においては「少産多死」型の社会に突入している。そのような状況下で、文化財保護の担い手を日本国民に限定していくことは非現実的であるだろう。

そこで注目されるのが、資料③にある訪日外国人旅行者に対する文化財の魅力を伝えていくための試みである。この環境整備を進めたうえで、我が国の文化財のいわば「関係人口」を増加させる。そのうちの数%でもよいので、我が国の文化財保護に関心を持ってもらう。そのためには、文化財保護の「コト体験」のための取組が必要となる。その次には、彼らの中で文化財保護の担い手となる人々への教育施設の設置が必要となる。

このような取組は、上で述べた意義ばかりでなく、世界に我が国が開かれた文化大国であることを示すことにつながるであろう。

山ちゃんの講評

Kさん

さすがKさんと思わせる小論文ですね。問いの要求にこたえるばかりでなく、論文自体の結論まで示すことに成功しています。⑴⑵は別々の問いになっているのでそれぞれで序論・本論・結論となっていますね。因みに、Kさんの記憶通り、ある社会人類学者とはレヴィ=ストロースですね。

2022年 国家一般職 一般論文試験

我が国は、2020年10月に、2050年までにカーボンニュートラル*を目指すことを宣言した。また、2021年４月には、2030年度の新たな目標として、温室効果ガスを2013年度から46％削減することを目指し、さらに50％削減に向けて挑戦を続けるとの新たな方針を示した。なお、世界では、120以上の国と地域が2050年までのカーボンニュートラルの実現を表明している。

＊　カーボンニュートラルとは、温室効果ガスの排出を全体としてゼロにすること

上記に関して、以下の資料①、②を参考にしながら、次の⑴、⑵の問いに答えなさい。

⑴　カーボンニュートラルに関する取組が我が国にとって必要な理由を簡潔に述べなさい。
⑵　カーボンニュートラルを達成するために我が国が行うべき取組について、その課題を踏まえつつ、あなたの考えを具体的に述べなさい。

資料①　日本のエネルギー起源CO_2排出量※1とカーボンニュートラル達成イメージ

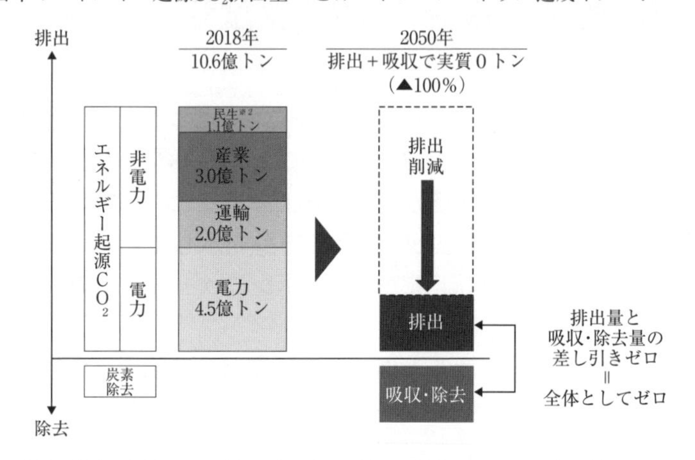

※１　燃料の燃焼、供給された電気や熱の使用に伴って排出されるCO_2の排出量
※２　一般の人々の生活（家庭部門）や、店舗などの第三次産業（業務部門）のこと

（経済産業省ウェブサイトを基に作成）

資料②　各種発電技術のライフサイクルCO_2排出量※1の比較

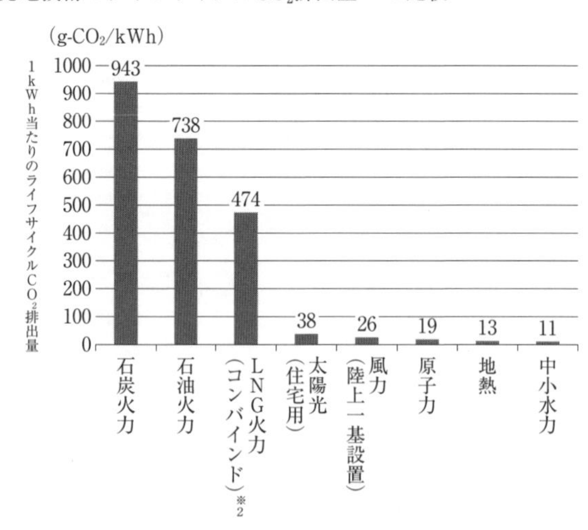

※１　発電燃料の燃焼に加え、原料の採掘から発電設備等の建設・燃料輸送・精製・運用・保守等のために消費される全てのエネルギーを対象としてCO_2排出量を算出
※２　ガスタービンと蒸気タービンを組み合わせた、熱効率の高い複合発電方式

（経済産業省ウェブサイトを基に作成）

A君の体験をひとりごとで再現

12：30着席　基礎能力試験…体感的には、どの過去問よりも簡単な気がする。後半の専門で最低でも30点は取れるだろうから、一般論文では平均レベルの点は確保しないと。

12：45開始　「カーボンニュートラル」…。環境問題の用語としては記憶しているけれど、改めて直球で問われると…。こういう時は、しっかりと問題文を分析するんだったね。

⑴カーボンニュートラルが我が国にとって必要な理由かあ。国際貢献？　まあそれもアリだね。もっと考えよう。そうだ！　気候変動による自然災害の多発だ。これを書いちゃえば点数も上がるかな。

⑵行うべき取組と課題。課題を先に述べないとね。資料①からは、やはり電力の4.5億トンだよね。たしか、産業界の排出はもはやギリギリって山ちゃんが言ってたもんな。民生は期待できないし、そもそも効果発生時間がかかりそう。で資料②はライフサイクルCO_2排出量って何よ。あっ、発電だけではなく、その前提となる発電所建設などによる排出も含めるんだ。再生エネルギーのエース太陽光発電も少なからず排出するんだな。もっとコストのかからない再生可能エネルギーの開発も考えていいかもしれない。メガソーラーなんて環境破壊とも言われているしね。その間の時間稼ぎは…やはり原発なのかな。とにかく、確か30%以上を占める石炭火力をはじめとした化石燃料依存から脱却しないと。

12：55頃　あっちゅう間に10分。構成をしっかりやって一気に書くぞ。

A君のメモ

(1) パリ協定に対して、公害を克服した環境先進国としての、その目標実現に寄与すべきという国際貢献の意義
国内で近年多発する、気候変動が原因による自然災害を減らすという国内の安全確保の意義

(2) 課題：化石燃料依存からの脱却→石炭火力からの脱却
再生可能エネルギー→新たな発電方式の開発
実現すれば、コペ転
⇔つなぎとして、安全・環境負荷の少ない原子力発電の展開

13：15頃 | あと30分あるから、じっくりと書いていこう。

A君の答案　約860字

問い(1)について

カーボンニュートラルに関する取組が我が国にとって必要な理由は、国際貢献の観点と自然災害の防止という国内の安全確保の二つである。

我が国は、公害を克服した環境先進国である。120ある国々の中でいち早くカーボンニュートラルを実現すれば、環境先進国として大きな国際貢献になるであろう。

また、近年、気候変動に基づく自然災害が多発し、各地に被害を及ぼしている。カーボンニュートラルを実現し、このような気候変動由来の災害を減少させなければならない。

序論

問い(2)について

カーボンニュートラル実現の課題は、なんといっても電力における化石燃料依存からの脱却である。資料①で示される産業における削減は限界に達していると言われて久しいし、民生は効果発生まで時間がかかりそうである。もちろん両者とも削減を目指すべきではあるが、やはり2030年までの削減目標を考えれば、電力における削減が喫緊の課題とも言える。そして、化石燃料を使った石炭火力・石油火力・LNG火力は、資料②が示す通り、他の発電技術に比して、ライフサイクルCO_2排出量がけた違いに大きい。ここからの脱却こそが、カーボンニュートラル実現への課題となることは明らかである。

資料②からもわかる通り、地熱や再生可能エネルギーでもライフサイクルCO_2排出量は少なからずある。したがって、さらに排出量の少ない再生可能エネルギーの開発に人的にも経済的にも資源をつぎ込むべきである。もし、これが実現できれば、我が国のアキレス腱ともいえるエネルギーが強みとなる。まさにコペルニクス的転回が実現する。ただ、その開発には時間がかかるであろうから、原子力発電の安全かつ環境負荷の少ない運用を続けていくべきである。これは、核兵器開発を伴わない原

本論

● 資料①、資料②の両方に目配せしながら論述を進めています。「参考にしながら」という指定があるので、その条件を意識していることをきちんと示すようにしましょう。

子力の安全利用という点で、被爆国である我が国だからこその意義を有するものでもある。

以上のような取組によって、カーボンニュートラルが実現すれば、国際社会における敬意を集め、安全で安心して生活できる我が国の社会が実現されるであろう。

A君

小論文が苦手なはずのＡ君にしては…（失礼）。「問い」に見事にこたえた、しかも内容のある論文になりました。これならば、満点も望むことができるのではないでしょうかね。あっぱれです。

2021年 国家一般職 一般論文試験

厚生労働省「国民生活基礎調査」による我が国の「子どもの貧困率」は、2018年時点で13.5％と、子どもの約７人に１人が貧困線*を下回っている。このような状況に関して、以下の資料①、②、③を参考にしながら、次の⑴、⑵の問いに答えなさい。

なお、同調査における「子どもの貧困率」とは、17歳以下の子ども全体に占める、貧困線に満たない17歳以下の子どもの割合のことである。

＊　貧困線とは、等価可処分所得の中央値の半分の額をいい、等価可処分所得とは、下記により算出した所得である。なお、2018年の貧困線は127万円である。

等価可処分所得＝(総所得－拠出金（税金や社会保険料))

÷ √世帯人員数（所得のない子ども等を含む)

⑴　我が国の子どもの貧困問題が社会にどのような影響を及ぼすのか、子どもの貧困に関する現状を踏まえながら、あなたの考えを述べなさい。

⑵　我が国が子どもの貧困問題に取り組む上でどのようなことが課題となるかについて、あなたの考えを具体的に述べなさい。

資料①　子どもがいる現役世帯の貧困率等の年次推移

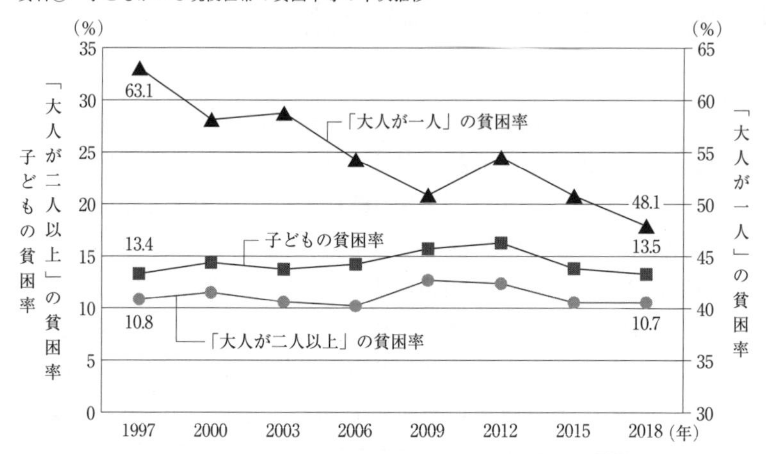

(注)「大人が一人」の貧困率：現役世帯のうち「大人が一人と17歳以下の子どものいる世帯」(例えば、ひとり親家庭等) に属する世帯員の中で、貧困線に満たない当該世帯の世帯員の割合をいう。

「大人が二人以上」の貧困率：現役世帯のうち「大人が二人以上と17歳以下の子どものいる世帯」に属する世帯員の中で、貧困線に満たない当該世帯の世帯員の割合をいう。

(出典) 厚生労働省「2019年　国民生活基礎調査の概況」を基に作成

資料②　子供の大学等進学率の内訳 (2017年)

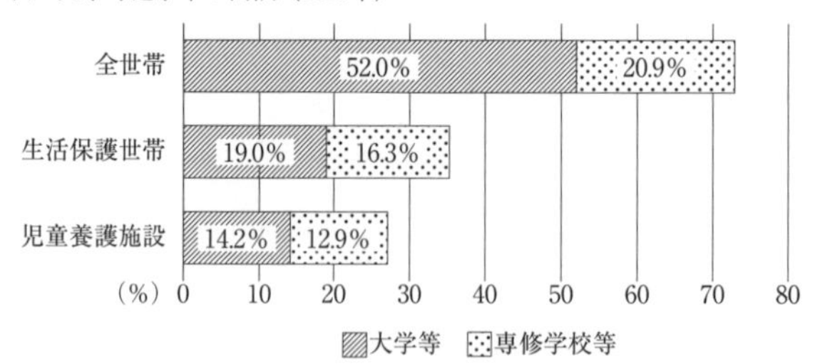

(出典) 第6回　子供の貧困対策に関する有識者会議 (2018年5月17日開催)
資料1「子供の貧困に関する指標の推移」を基に作成

資料③　子供の貧困に関する指標（抜粋）

指標	直近値
生活保護世帯に属する子供の高等学校等中退率	4.1%
全世帯の子供の高等学校中退率	1.4%
母子世帯の親のうち、就業している者の割合	80.8%
就業している母子世帯の親のうち、正規の職員及び従業員の割合	44.4%
スクールソーシャルワーカーによる対応実績のある学校の割合（小学校） （注）スクールソーシャルワーカーが機能する体制の構築等を通じて、ケースワーカーや児童相談所等と教育委員会・学校等との連携強化を図り、苦しい状況にある子供たちを早期に把握し、支援につなげる体制を強化するとされている。	50.9%

（出典）「子供の貧困対策に関する大綱」（令和元年11月）を基に作成

Kさんの体験をひとりごとで再現

12：30着席	基礎能力試験…去年並みの感じなのかな？　数的処理が苦手な私にとっては、むずかしいほうがよかったのに。1次は合格できるとしても、ギリギリかもしれない。得意の小論文で、最低でも5点は取らないとね。
12：45開始	えっ…「子どもの貧困」…。今さら？　たしかに盲点だった…。でも、資料の熟読が「基本」って山ちゃんが言っていたから…。資料①は…。あれっ？　「大人が一人」の貧困率は1997年から16ポイントも下がっているのに、「子どもの貧困率」はほとんど変わっていない。これは「大人が二人以上」の数が多いから？　…そんなことないよなあ。母子家庭だけでなく、父子家庭でも貧困家庭が多いと聞いているし、リーマンショック後に父子家庭でも児童扶養手当が支給されているんだし…。えっと、問題は何だったかな？えっ、いつもの⑴課題⇒⑵施策の流れではない…。何だかな～。
12：52頃	て考えていたら、もう7分も経っちゃった。まず⑴は、子どもの貧困に関する現状を踏まえだから、資料②と③かな。貧困家庭の子どもは大学等への進学率も低いし、高校中退率も高い。「将来」に対する希望が持ちにくいのかなあ。子どもは過去ではなく将来に向かって生きていく存在だからね。進学面だけだとしても、選択できないのでは将来の希望はないものね。これが社会に及ぼす影響は…「暗さ」だけれど、将来の暗い社会とはどんな社会なのだろうね。国民は後ろ向きになる？　企業も将来への備え、つまり守りに入ってしまい、経済は沈滞化する…。この流れが現在の日本なんだよね。では⑵は…、さっきの疑問は解消できていないけど、「大人が一人」の貧困率が改善されている

のは、社会政策の進展なのかもしれない。でも、子どもの貧困率は改善されていない。ここが課題だよね。学校にスクールソーシャルワーカーがいても、苦しい子どもたちを支援する施策がなければダメだものね。やはり、子ども自身を金銭的に支援していくというのも一つだ。そうなったら、貧困児童ベーシックインカムみたいな制度があればいいのかな。財源の課題はあるけれど、「子どもへの投資は未来への投資」とでも書いて逃げよう。あれ、⑵が求めているのは課題だけ？　施策はいらないのかな？　どうしよう。でも、課題だけ述べてというのも中途半端だし。まあ「考え」だから施策にも触れてみよう。

Kさんのメモ

⑴　資料②③の現状：貧困家庭の子どもの進学率・中退率
⇒進学面では選択の幅が狭い
＝将来に対する希望を持ちにくい
⇒日本社会の閉塞感・経済の沈滞の一要素

⑵　「大人が一人」の貧困率の改善
⇔子ども・「大人が二人以上」は動かない
課題：世帯に対する支援ではなく貧困児童そのものに対する支援の必要性＝課題
施策：貧困児童ベーシックインカム制度
⇒子どもに対する投資は将来に対する投資

13：15頃　あと30分しかない。もうぶっこむしかないね。

Kさんの答案　約1,070字

問い(1)について

序論

資料②及び資料③から、貧困世帯の子どもが少なくとも進学面では、選択肢が狭められていることが明らかである。高校に進学しても中退し、無事卒業に至ったとしてもその先には進めない。数字には表れていないが、そもそも高校進学すら諦めざるをえなかった子どもも少なからずいたはずである。将来の選択肢が狭められていては、将来への希望も抱けない。そもそも子どもは将来に向かって生きる存在であるのに、将来への希望を持てないのであれば、そこには閉塞感しかないであろう。

本論

近年の日本社会が抱える将来への閉塞感は、このような子どもたちの閉塞感が大きな要素となっているのではないであろうか。企業は将来のわが国市場に対する閉塞感から設備投資をせず、金融市場で得た利益は将来に対する不安を理由に内部留保にまわす。政府が賃金増加をはやし立てても実現することがなく、消費は鈍る一方である。

●(1)、(2)の問いがそれなりに独立した内容であるため、「本論→結論」を2回反復する構成としています。

子どもは社会の鏡ともいわれるが、鏡に映る姿に閉塞感しかなければ、本体である社会のマインドも閉塞感に包まれるのである。これが子どもの貧困が社会に与える影響である。

問い(2)について

本論

資料①によれば、「大人が一人」世帯の貧困率は、未だ半数近くに高止まりしてはいるものの、1997年と比較すればかなりの改善をみせている。児童扶養手当法の改正などによる社会政策の拡充が功を奏しているものともいえる。

しかし、であるにもかかわらず、子どもの貧困率はほとんど動いてはいない。つまり、世帯の貧困線突破は実現しても、子ども一人ひとりは、依然として貧困に苦しんでいるのである。

以上から、わが国の子どもの貧困問題での取組みの課題は、子ども一人ひとりの貧困の解消であると考えられる。将来に希望を持つはずの存在である子ども自身が貧困によって将来への希望を抱けず、閉塞感を感じている。この閉塞感を取り除くためには、世帯ではなく子ども自身の貧困を解消することが必要なのである。資料③でスクールソーシャルワーカーの体制による支援が述べられているが、そもそも子ども自身を支援しえなければ、問題は解決しないであろう。

施策としては、貧困児童ベーシックインカム制度の導入を考えたい。貧困の児童そのものに対し、将来への投資として一定額を支給する制度である。もちろん、財源面からの反対もあるであろう。しかし、子どもに対する投資は将来への投資であると考え、将来のリターンによって十分に回収することができるはずである。

以上のような政府による投資こそが、子どもたちの閉塞感ばかりでなく(1)で述べた社会の閉塞感も払拭してくれるものであるとも考える。

山ちゃんの講評

Kさん

本問は、受験生にとって悩み多き出題でした。いつものように、出題自体に(1)課題提示⇒(2)施策提示という流れが見受けられなかったからです。しかし、Kさんは答案でその流れをつくっていますね。その流れだけでもお見事です。(2)で課題のみを提示するかのような論題になっていますが、もし私が受験生でも、やはり何らかの施策は「考え」として書くでしょうね。少なくとも点を引かれることはないでしょうから。

番外編 2 意表を突く問題の対処法

私たちは、好むと好まざるとにかかわらず、日々「お金」と関係しながら暮らしている。

しかし、「お金」について、我が国では、「人生の幸福は、お金では買えない。」、「子どもに対して、早くからお金について教えることは良くない。」、「お金を増やすことばかり考えると、人間は働かなくなる。」などの意見にみられるように、「お金」に関して否定的なイメージで捉えられることが少なくない。他方、「お金」に関することは生活をする上での基本的なスキルであり、人前で「お金」の話をすることを恥ずかしいと考えたり、金儲けの話をタブー視する風潮はおかしいとする意見もある。

また、近年、我が国では、ペイオフの解禁、金融商品・サービスの多様化、IT化を含めた販売チャンネルの多様化など、金融を取り巻く環境が大きく変化しつつあり、多重債務問題や詐欺犯罪などのようにお金をめぐるトラブルも起きていることから、義務教育などの早い段階においてもお金に関する正しい知識を身に付けさせるため、金融教育の必要性が指摘されている。

これに関して、①及び②の問いに答えなさい。

① 上記の意見を参考にしつつ、あなたにとって「お金」とは何であるか、また、その「お金」とのかかわり方について論じなさい。

② 金融教育のメリットとデメリットを比較した上で、金融教育を実施することの是非について論じなさい。

(参 考)

金融教育の内容について一義的に定まったものはないが、例えば、以下のようなものが考えられる。(金融広報中央委員会ホームページから抜粋)

・生活設計・家計管理に関する分野（資金管理と意思決定、貯蓄の意義と資産運用、生活設計）

・経済や金融のしくみに関する分野（お金や金融のはたらき、経済把握、経済変動と経済政策、経済社会の諸課題と政府の役割）

・消費生活・金融トラブル防止に関する分野（自立した消費者、金融トラブル・多重債務、健全な金銭観）
・キャリア教育に関する分野（働く意義と職業選択、生きる意欲と活力、社会への感謝と貢献）

（2008年 国家Ⅱ種）

 山ちゃんのレスキュー

このような全く考えもしなかった問題が出題された場合には、どう対処すればよいでしょうか？

答えは一つ！　**問題をキチンと読む**ことです。特に、この問題のように**問題文が長い場合には、その中にヒントがたくさん隠されている**ものです。そのうえで、これまでに自分が学習してきたことを重ねていけばいいだけです。本問でも、第１段落と第２段落の対比から、「お金＝欲望の対象・生活に必要不可欠な道具」という点が読み取れ、第３段落でその「恐ろしさ⇒金融教育の必要性」が展開されています。そのうえで、（参考）で金融教育の多義性について触れられていることにも留意すれば万全です。

A君のメモ

1　「お金」とは何か・「お金」とのかかわり方
　①お金＝欲望の対象＋商品世界の価値の基準として生活に必要不可欠な道具
　　➡二重の存在
　②二重の存在
　　前者…自己目的化したときの恐ろしさ
　　後者…収入に見合った使い方での判断で有用性を発揮する
2　金融教育実施の是非
　メリット…欲望の対象としての恐ろしさを教える
　　　　　　使い方に関する判断力を養う
　デメリット…働くことの実感のない子どもに投資を教えることは、労働意欲を損ねる
　➡デメリットは、メリットの裏面でもある
3　まとめ　金融教育の実施は是と考える

A君の答案　約950字

本論

①「お金」とは何か・「お金」とのかかわり方について

　私にとって、「お金」とは欲望の対象であるとともに、商品世界の価値の基準として生活に必要不可欠な道具である。つまり、二重の意味を持つ存在である。前者の側面が全面に出ると、「お金」は欲望の対象として自己目的化し、それを求めての奪い合いが生じてしまう。昨今のマネー・ゲームで、何百年かかかっても使い切れない額のお金を求めて戦い、その結果人々の生活に不可欠な原油価格が高騰して、世界中の人々を困らせているのはその例である。つまり、この面では、「お金」は恐ろしさを持つ存在である。これに対し、後者の側面は、使い方しだいでその有用性を発揮するものである。収入に見合った使い方を判断できる力があれば、非常に有用な存在でもある。私は、この二面性を認識したうえで、労働

● 設問の文章じたいに、「お金」を取り巻く問題があらかじめ示されています。答案を序論めいた言説で始めると、設問の反復になってしまうことから、ここではいきなり核心から切り込む変則的な構成をとっています。

に見合った収入を稼ぎ、その収入に見合った適切な使い方を判断できる力が、「お金」と上手にかかわっていく方法であると考える。

②　金融教育実施の是非について

「お金」が二重の存在である以上、そのことを前提に金融教育もなされるべきである。参考にある消費生活・金融トラブル防止に関する分野の教育は、「お金」が欲望の対象となったときの恐ろしさを教えるという点で有効である。また、生活設計・家計管理に関する分野の教育は、「お金」の有用性を発揮する判断力の養成に役立つであろう。

この点、労働に対する実感のない子どもたちに投資教育をすることは、労働意欲を損ねてしまうというデメリットも考えられる。しかし、一瞬にしてゲームソフト何十本分もの「お金」が消えてしまうことの恐ろしさを子どもに教えることは、かえって労働意欲を育てることにつながるのではないだろうか。失敗から学ぶことは、それだけ大きいともいえよう。

本論

そもそも、ここにいう金融教育は、投資教育のみを意味するものではないことは参考から明らかである。自立した消費者、生きる意欲と活力という教育内容から考えると、それは「お金」を使って生きる力を育てることにほかならない。「お金」という存在の二重性を前提にした、このような金融教育は、これからのわが国を支える子どもたちに生きる力を与えるものとして、必要不可欠ともいえよう。したがって、私は、この意味での金融教育の実施に賛成である。

結論

山ちゃんの講評

A君

一見すると「意表を突いた」出題も、よく考えればいつもどおりの国家Ⅱ種試験（当時）の出題であることを、A君は見事に見破り、問題文をヒントにして、問題の要求する流れで解答しています。

「お金」が二重の存在であることによく気がつきました。でも、これも「上記の意見を参考にしつつ」という問題文にヒントがあったものです。「お金」が二重の存在であることを、マルクスは、動物世界の中で「動物」という存在が歩き回っている、そんな奇妙な存在だ、といっています。少々難解なたとえ話ですが、「お金」が商品世界の価値の尺度でありながら、商品と同じように欲望の対象となっていることをとらえたものです。この二重性を前提に論旨を展開できている点も秀逸ですね。

コラム 合格者の 小論文対策 ⑥

このページでは、公務員試験の合格者が実際に行っていた小論文対策を紹介します。

試験直前、仕上げにどんな対策をすればいい？

試験本番の１か月くらい前になると、いよいよ「直前」という感じがしてきますね。いままで積み上げてきたことを仕上げる段階だけど、小論文は直前期にどんな対策をするのがいいのかな？

直前期は**試験時間を意識**した答案作成が大事。初めて取り組むテーマについて、実際の試験時間に合わせて、検討して、答案構成を考え、実際に書くところまで**きちんと間に合うか**試していました。

小論文の配点が高いうえに時間が短い受験先だったので、特に重点的に対策しました。出題が予想されるような主要10テーマくらいについては前もって答案構成を頭の中でつくっておきました。

これまでと同じように**答案を書き続ける**のももちろん大事。ペースを崩さずに、**週に１、２題程度**は答案を書くことをギリギリまで続けていました。

山ちゃんからのアドバイス

自治体によっては60分未満のところもあるため、試験時間を意識した対策は必須ですね。

主要テーマについて答案構成まで含めて頭に叩き込んでおくと安心材料になりますが、当日きちんと問題文や資料を読み込むことも忘れずに。焦って自分が用意していたものをそのまま書いてしまうと、問題が問うていることと微妙にピントのずれた答案になってしまうこともありますからね。

あとがき

皆さん、いかがでしたか？ 「チョット賢い受験生」になれたでしょう！ここまで読んでくださった皆さんに、感謝の意を表します。

本書を読んでいただければ、「チョット賢い受験生」の完成です。そして、その先の**「賢い合格者」「賢い公務員」になるためには、これからも問題意識を持ってさまざまな問題について考えていただきたい**と思います。

今、行政は、課題が山積みです。それを解決して、さらに「**よき社会**」**をつくっていくのが皆さん**です。法律学者我妻栄先生の言葉を借りていえば「**公務員は、社会への問題意識を伴わざるかぎり盲目であり、問題意識の政策への反映を伴わざるかぎり空虚である**」と考えます。

皆さんが、問題意識を持った「賢い公務員」としてよき社会を導いてくれると信じています。がんばってください。

山下純一

『小論文の秘伝』読者特典！

～ 過去の小論文試験の出題内容をご覧いただけます。

過去の小論文試験の出題内容につきまして、TAC出版書籍販売サイト「**TAC Cyber Book Store**」にて公開しております。

こちらもあわせてご利用ください。

で
検 索

TAC Cyber Book Store（**https://bookstore.tac-school.co.jp/**）

読者様限定！書籍連動ダウンロードサービス　＊バナーをクリック！

※本書のダウンロードページのアクセスには下記のパスワードが必要となります。

202510911

ねんどばん　こうむいんしけん　しょうろんぶん　ひでん
2025年度版　公務員試験　小論文の秘伝

2024年1月25日　初版　第1刷発行

著　者　山下純一
発行者　多田敏男
発行所　TAC株式会社　出版事業部
(TAC出版)
〒101-8383
東京都千代田区神田三崎町3-2-18
電話　03(5276)9492（営業）
FAX　03(5276)9674
https://shuppan.tac-school.co.jp
組　版　株式会社　グラフト
印　刷　日新印刷株式会社
製　本　株式会社　常川製本

ISBN 978-4-300-10911-3
N.D.C. 317

公務員講座のご案内

無料体験入学のご案内

3つの方法でTACの講義が体験できる!

教室で体験 迫力の生講義に出席

予約不要! 最大3回連続出席OK!

1. 校舎と日時を決めて、当日TACの校舎へ

TACでは各校舎で毎月体験入学の日程を設けています。

2. オリエンテーションに参加(体験入学1回目)

初回講義「オリエンテーション」にご参加ください。体験入学ご参加の際に個別にご相談をお受けいたします。

3. 講義に出席(体験入学2・3回目)

引き続き、各科目の講義をご受講いただけます。参加者には体験用テキストをプレゼントいたします。

- 最大3回連続無料体験講義の日程はTACホームページと公務員講座パンフレットでご覧いただけます。
- 体験入学はお申込み予定の校舎に限らず、お好きな校舎でご利用いただけます。
- 4回目の講義前までにご入会手続きをしていただければ、カリキュラム通りに受講することができます。

※地方上級・国家一般職、理系(技術職)、警察・消防以外の講座では、最大2回連続体験入学を実施しています。また、心理職・福祉職はTAC動画チャンネルで体験講義を配信しています。
※体験入学1回目や2回目の後でもご入会手続きは可能です。「TACで受講しよう!」と思われたお好きなタイミングで、ご入会いただけます。

ビデオで体験 校舎のビデオブースで体験視聴

TAC各校のビデオブースで、講義を無料でご視聴いただけます。(要予約)

各校のビデオブースでお好きな講義を視聴できます。視聴前日までに視聴する校舎受付までお電話にてご予約をお願い致します。

ビデオブース利用時間 ※日曜日は④の時間帯はありません。

① 9:30～12:30 ② 12:30～15:30
③ 15:30～18:30 ④ 18:30～21:30

※受講可能な曜日・時間帯は一部校舎により異なります。
※年末年始・夏期休業・その他特別な休業以外は、通常平日・土日祝祭日にご覧いただけます。
※予約時にご希望日とご希望時間帯を合わせてお申込みください。
※基本講義の中からお好きな科目をご視聴いただけます。(視聴できる科目は時期により異なります)
※TAC提携校での体験視聴につきましては、提携校各校へお問合せください。

Webで体験 スマートフォン・パソコンで講義を体験視聴

TACホームページの「TAC動画チャンネル」で無料体験講義を配信しています。時期に応じて多彩な講義がご覧いただけます。

TACホームページ **https://www.tac-school.co.jp/**

※体験講義は教室講義の一部を抜粋したものになります。

書籍のご購入は

1 全国の書店、大学生協、ネット書店で

2 TAC各校の書籍コーナーで

資格の学校TACの校舎は全国に展開!
校舎のご確認はホームページにて

資格の学校TAC ホームページ
https://www.tac-school.co.jp

3 TAC出版書籍販売サイトで

CYBER BOOK STORE TAC出版書籍販売サイト

TAC 出版 で 検索

https://bookstore.tac-school.co.jp/

新刊情報をいち早くチェック!

たっぷり読める立ち読み機能

学習お役立ちの特設ページも充実!

TAC出版書籍販売サイト「サイバーブックストア」では、TAC出版および早稲田経営出版から刊行されている、すべての最新書籍をお取り扱いしています。
また、無料の会員登録をしていただくことで、会員様限定キャンペーンのほか、送料無料サービス、メールマガジン配信サービス、マイページのご利用など、うれしい特典がたくさん受けられます。

サイバーブックストア会員は、特典がいっぱい!(一部抜粋)

通常、1万円(税込)未満のご注文につきましては、送料・手数料として500円(全国一律・税込)頂戴しておりますが、1冊から無料となります。

専用の「マイページ」は、「購入履歴・配送状況の確認」のほか、「ほしいものリスト」や「マイフォルダ」など、便利な機能が満載です。

メールマガジンでは、キャンペーンやおすすめ書籍、新刊情報のほか、「電子ブック版TACNEWS(ダイジェスト版)」をお届けします。

書籍の発売を、販売開始当日にメールにてお知らせします。これなら買い忘れの心配もありません。

書籍の正誤に関するご確認とお問合せについて

書籍の記載内容に誤りではないかと思われる箇所がございましたら、以下の手順にてご確認とお問合せをしてくださいますよう、お願い申し上げます。

なお、正誤のお問合せ以外の**書籍内容に関する解説および受験指導などは、一切行っておりません。**
そのようなお問合せにつきましては、お答えいたしかねますので、あらかじめご了承ください。

1 「Cyber Book Store」にて正誤表を確認する

TAC出版書籍販売サイト「Cyber Book Store」の
トップページ内「正誤表」コーナーにて、正誤表をご確認ください。

CYBER BOOK STORE TAC出版書籍販売サイト

URL:https://bookstore.tac-school.co.jp/

2 1の正誤表がない、あるいは正誤表に該当箇所の記載がない ⇒ 下記①、②のどちらかの方法で文書にて問合せをする

★ご注意ください★

お電話でのお問合せは、お受けいたしません。
①、②のどちらの方法でも、お問合せの際には、「お名前」とともに、
「対象の書籍名(○級・第○回対策も含む)およびその版数(第○版・○○年度版など)」
「お問合せ該当箇所の頁数と行数」
「誤りと思われる記載」
「正しいとお考えになる記載とその根拠」
を明記してください。
なお、回答までに1週間前後を要する場合もございます。あらかじめご了承ください。

① ウェブページ「Cyber Book Store」内の「お問合せフォーム」より問合せをする

【お問合せフォームアドレス】

https://bookstore.tac-school.co.jp/inquiry/

② メールにより問合せをする

【メール宛先 TAC出版】

syuppan-h@tac-school.co.jp

※土日祝日はお問合せ対応をおこなっておりません。
※正誤のお問合せ対応は、該当書籍の改訂版刊行月末日までといたします。

乱丁・落丁による交換は、該当書籍の改訂版刊行月末日までといたします。なお、書籍の在庫状況等により、お受けできない場合もございます。
また、各種本試験の実施の延期、中止を理由とした本書の返品はお受けいたしません。返金もいたしかねますので、あらかじめご了承くださいますようお願い申し上げます。

TACにおける個人情報の取り扱いについて
■お預かりした個人情報は、TAC(株)で管理させていただき、お問合せへの対応、当社の記録保管にのみ利用いたします。お客様の同意なしに業務委託先以外の第三者に開示、提供することはございません(法令等により開示を求められた場合を除く)。その他、個人情報保護管理者、お預かりした個人情報の開示等及びTAC(株)への個人情報の提供の任意性については、当社ホームページ(https://www.tac-school.co.jp)をご覧いただくか、個人情報に関するお問い合わせ窓口(E-mail:privacy@tac-school.co.jp)までお問合せください。

(2022年7月現在)